区域智慧教育建设与应用手册

主编　曲　飞　姜　涛　田春宇
编委　梁　宇　胡　仪　李俊峰
　　　王静平　孙世明　苏晓坡
　　　王　珏

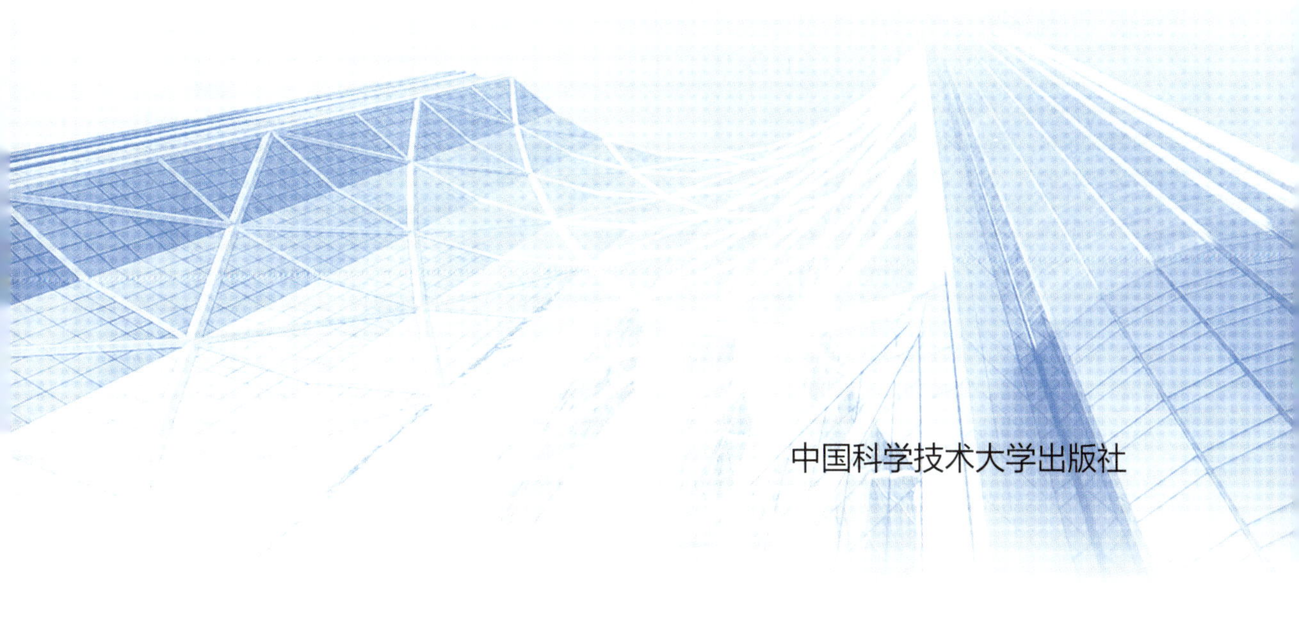

中国科学技术大学出版社

内 容 简 介

沈阳市大东区是省市两级智慧教育示范区创建单位和试点区，构建了智慧教育“1 + 1 + 3”发展模式，通过引入科大讯飞等智慧教育平台实施科技赋能、数据驱动，探索出以教育数字化转型助推学生全面发展、促进教育公平的实践路径，有效巩固了“双减”成效，引领助推了数字时代的教育变革。本书旨在梳理建设经验，形成可复制、可推广的应用模式工具箱，为智慧教育在建设标准、制度保障、区域场景、学校场景、学科场景、作业场景、管理场景、科研场景等方面提供参考路径，沉淀优质案例。

本书可作为教育管理者、教师等提升智慧教育应用水平的参考书。

图书在版编目(CIP)数据

区域智慧教育建设与应用手册 / 曲飞，姜涛，田春宇主编. -- 合肥 ：中国科学技术大学出版社，2025.6. -- ISBN 978-7-312-06343-5

Ⅰ. G434-62

中国国家版本馆 CIP 数据核字第 202522H12R 号

区域智慧教育建设与应用手册

QUYU ZHIHUI JIAOYU JIANSHE YU YINGYONG SHOUCE

出版 中国科学技术大学出版社
安徽省合肥市金寨路 96 号，230026
http://press.ustc.edu.cn
https://zgkxjsdxcbs.tmall.com

印刷 合肥市宏基印刷有限公司

发行 中国科学技术大学出版社

开本 787 mm×1092 mm 1/16

印张 12.25

字数 304 千

版次 2025 年 6 月第 1 版

印次 2025 年 6 月第 1 次印刷

定价 60.00 元

技术赋能与教育本真的共振之道

——论大东区智慧教育改革的范式意义

（代序）

当生成式人工智能以每天进化1%的速度重塑人类文明时，教育这座千年灯塔正经历着自印刷术发明以来最剧烈的震荡。这场静默的革命不仅改变着黑板上的粉笔轨迹，更在重新定义“人才”二字的重量级——当人工智能（AI）的认知边界以月为单位向外拓展，人类社会对教育产出的期待值已从培养面向2035年的“十倍效率人才”跃升至培养面向2045年的“万倍价值创造者”。在这场关乎文明存续的赛跑中，中国教育系统既需要保持战略定力，又亟须建立面向智能时代的育人新范式。

AI引发的教育底层逻辑重构，首先体现在人才培养目标的维度跃迁。在大模型已能秒级完成专业文档撰写、代码编写的当下，未来人才的培养目标将转变为培养借助AI技术的“十倍效率人才”，通过智能技术的加持获得十倍于普通人的专业效率；在未来20年后更将升级为“万倍效率人才”，即能够驾驭AI创造新质生产力的创新者。这启示我们，智能时代的教育真谛，不是与机器比拼计算速度，而是培养驾驭智能的“元能力”。

教学关系的根本性变革，正发生在每间教室的认知重构中。教师不再扮演知识权威角色，而是引导学生调取多个AI工具进行多维度分析。这种从“知识传输”到“认知导航”的转变，正在重新定义教师的核心竞争力。相关研究数据显示，采用AI增强型教学法的班级，学生高阶思维能力提升幅度显著优于传统课堂，这种跨越式进步印证了“教师＋智能体＋工具生态”新模式的巨大潜力。

在实践层面，智能教育的落地正在经受四重伦理拷问。首先是目标校准之问，智能教育必须建立价值锚点，坚守“培养完整的人”的根本目标。需要构建AI教育伦理审查机制，将创造力、批判性思维等核心素养量化为可评估的指标体系。其次是教学适配之问，智能教育需要建立“AI布鲁姆分类法”，将记忆、理解等低阶目标交给AI，而把分析、评价、创造等高阶目标留给师生深度互动。再次是方法协同之问，探寻“人机协同”在教育领域应用的最佳耦合点，AI承担知识传递、过程记录等基础功能，而情感交流、价值引领等教育本质工作必须由教师主导。最后是技术理性之问，警惕技术异化，通过设计参与式作业、项目化学习等机制，保持教育的人文温度。

当全球数字化转型浪潮与东北振兴战略形成历史性交汇，大东区作为沈阳市传统工业核心区，其教育变革承载着双重使命。这片曾孕育新中国工业文明的热土，不仅需破解老工业基地优质教育资源不均衡的沉疴，更要探索人工智能时代人才培养的新范式。这种转型的迫切性让人不禁想起德国鲁尔工业区“从煤矿到数据矿”的教育重生历程——技术革命往往在产业转型的阵痛中孕育教育创新的火种。《区域智慧教育建设与应用手册》正是这样一部镌刻着时代印记的实践启示录。书中翔实记录的智慧教育三年行动，不仅为区域教育数字化提供了可复制的操作方案，更在理论与实践的交汇处勾勒出中国式教育数字化转型的独特路径。

翻开这部凝聚实践智慧的著作，大东区的教育图景跃然纸上。作为东北地区首个整区推进教育数字化转型的示范区，大东区的探索始于对教育痛点的清醒认知。这里既有城市中心校与城乡接合部学校的资源落差，又面临人口老龄化带来的生源结构变化；既要应对传统教育模式与数字原住民学习需求间的代际鸿沟，又需在有限财政投入中寻找最优解。正是这些复杂的现实挑战，催生了“三轮驱动”战略的诞生：以制度创新破解体制机制壁垒，以技术赋能重塑教育流程，以生态重构培育可持续发展动能。这种顶层设计的智慧，使得大东区实践既避免了常见的“重硬件轻软件”误区，又跳出了“技术至上主义”的认知陷阱，展现出教育治理的现代性思维。

在新时代教育变革浪潮中，大东区以智慧教育为支点撬动“双减”政策深度落地，通过构建“1＋1＋3”发展模式（基础环境升级行动，“互联网＋教育”大平台，教师素养提升、教学提质增效、学生全面发展三大工程），形成了数字化赋能基础教育改革的区域样本。作为辽宁省唯一入选教育部信息化支撑学生综合素质评价的试点区，其创新实践为全国基础教育高质量发展提供了可复制的经验。

政府主导的顶层设计构筑起智慧教育的制度基石。在大东区委、区政府统筹下，建立由主管区长领衔的智慧教育专班，形成教育、财政、大数据中心等多部门协同机制。将智慧教育纳入区域“十四五”规划重点工程，通过“一把手负责制”“捆绑推进制”“落实清单制”确保项目高效实施。这种制度创新破解了传统教育改革中常见的资源分散、执行乏力等难题，为教育数字化转型提供了坚实的组织保障。

在基础设施层面，大东区完成了教育环境的“数智化”跃升。全区 43 条千兆教育专线织就高速信息网络，727 间智慧教室、10 间 AI 创新实验室及智慧操场等新型空间重构教学场景。2.64 万个学生终端与 4745 个教师终端的全面配置，使“终端即学具”成为教育新常态。建设的沉浸式智慧教育中心，将VR/AR等前沿技术深度融入教学过程，标志着区域教育装备从数字化向智能化跨越。“互联网+教育”大平台的建成，实现了教学全流程数据贯通。平台整合智慧教学、学习与管理三大核心模块，构建起覆盖课前预习、课堂互动、课后拓展的全场景服务体系。资源建设实施“三步走”战略：系统整理存量资源，实施“双百计划”打造精品资源库，开发专题化特色资源。专家团队主导的持续更新机制，保障了资源库的动态进化，目前累计建设区本资源1.7万条，云端资源超8000万条，形成支撑精准教学的强大数字底座。

教学提质增效工程重塑课堂生态。依托智慧课堂系统，构建起“三段式”教学模式：课前通过智能推送引导学生自主探究，课中利用实时学情数据实施分层教学，课后基于精准诊断进行个性化巩固。教师备课时长减少29.7%，作业批改效率提升15.2%，学情获取及时性提升14%，这些数据印证了技术对教学效能的实质性提升。初中学段个性化作业占比达68%，学生重复练习减少36.4%，错题解决率提升57.5%，实现减负与提质的双重突破。

学生全面发展工程创新育人模式。构建涵盖思想品德、学业水平等五大维度的302项评价指标体系，通过智能终端全程记录成长轨迹。区域特色“5+2”课后服务平台，集成选课、开课、评价等功能，将课后服务从看护托管升级为素养培育。智慧体育、AI美育等创新课程的开设，使学生适性扬长、全面发展，素质教育成果显著。

教师素养提升工程打造专业发展新路径。建立教师数字画像系统，从基础信息、教学能力、科研水平等维度构建发展模型。通过“未来教师培养计划”培育智慧教育骨干，组建校际教研共同体，形成智库专家引领、骨干教师示范、全员参与的梯队发展格局，教师专业成长成效显著。

在实践创新维度，大东区创造了多个全国领先的“第一”：率先完成全域数字校园向智慧校园转型；建立全国首个“双减”背景下的数智化精准教学模式，被认知智能国家重点实验室认证为有效路径；构建贯通小、初、高的综合素质评价体系，实现学生发展全要素追踪。这些创新成果累计获评全球智慧教育大会优秀案例等国家级荣誉9项，被《中国教育报》、新华社等主流媒体报道300余次。

教育均衡发展取得实质性突破。通过云端资源共享、智慧教研协同，薄弱学校获取优质资源效率大幅提升。名师课堂直通车覆盖全区所有教学点，区级优质课资源全方位共享。智慧管理系统实现校际资源智能调配，使新建校、乡村校在三年内达到区域平均办学水平，家长对教育公平的满意度大幅上升。

站在教育信息化2.0时代的新起点，大东区继续深化智慧教育建设，这些探索不仅关乎区域教育质量提升，更肩负着为全国基础教育改革探路的重要使命。当数字化真正成为教育进化的基因，大东实践正在书写“双减”背景下教育现代化的生动答卷，为办好人民满意的教育注入强劲动能。这些实践不仅响应了《中国教育现代化 2035》提出的“推进教育治理能力现代化”要求，更在操作层面给出了实现路径。

掩卷沉思，这部图书给予我们最深刻的启示，或许在于重新锚定了智慧教育的价值坐标。在技术狂飙突进的时代，大东区的教育者始终保持着清醒的认知：智慧教育的终极目标不是建造技术奇观，而是让每个孩子获得适切的发展。这部图书的出版恰逢其时，2025 年 4 月 11 日，教育部等九部门联合印发了《关于加快推进教育数字化的意见》，大东区的经验为“新基建”如何落地提供了区域样本。书中翔实的案例、可复制的模式、反思性的思考，不仅是对既往探索的系统总结，更是面向未来的行动指南。它告诉我们：教育数字化不是选答题而是必答题，不是面子工程而是里子革命，不是技术专家的专利而是每位教育者的责任。这种认知的普及，或许比技术本身更具革命性意义。

作为东北师范大学的教育研究者，我见证了大东区智慧教育从蓝图到现实的蜕变历程。三年来，我们团队深度参与区域教育同仁的多次实地研讨、协同研发的调研报告、亲临现场的课堂观察，见证了大东区的同事们逐步构建出这部理论与实践交融的著作。在这个过程中，最令人动容的始终是教育者的创新勇气，这些鲜活的改革故事，构成了中国教育现代化进程中最动人的篇章。

站在数字文明的门槛上回望，大东区的探索犹如一颗火种，照亮了区域教育变革的道路。它证明：在技术赋能与教育本真的共振中，我们既能守护“人”的价值尊严，又能释放“数”的创新动能。这种平衡之道，正是破解智能时代教育迷思的关键密钥。期待这部凝聚实践智慧的著作，能激发更多教育同仁的创造激情，共同书写中国教育现代化的壮丽史诗。教育的真谛，从来不在技术的炫目光芒中，而在每个教师点亮学生眼眸的瞬间，在每个孩子获得适性成长的微笑里。这或许就是大东实践留给时代的最好答案：当技术浪潮席卷而来时，真正的教育者永远知道何时应扬帆，何处需筑堤。

张　海①

2025 年夏初于长春

① 张海，东北师范大学教授、博士生导师，东北师范大学现代教育技术研究所所长，吉林省教育与人工智能融合创新工程研究中心主任。

前　言

随着新一轮科技革命和产业变革加速发展，全球范围内的数字化转型步伐不断加快和走向纵深，引发了世界范围的教育数字化浪潮。党的二十大报告明确提出，推进教育数字化，建设全民终身学习的学习型社会、学习型大国。习近平总书记在中共中央政治局第五次集体学习时指出，教育数字化是我国开辟教育发展新赛道和塑造教育发展新优势的重要突破口，进一步推进数字教育，为个性化学习、终身学习、扩大优质教育资源覆盖面和教育现代化提供有效支撑。2023 年 6 月召开的全国教育数字化现场推进会强调，要站在推进中国式现代化的高度去认识教育数字化的重要战略意义，把握发展规律，抓住历史机遇，充分利用现代技术手段，加快教育、科技、人才一体化发展。要大力推进国家教育数字化战略行动，加快建设教育强国。可见，推进教育数字化是支撑中国式教育现代化的战略要求，以数字化引领教育领域系统性变革和创新，已成为新时代教育发展的重要使命。

当前，如何解决义务教育阶段学生过重的课业负担和学生身心健康发展之间的矛盾、以学业水平为主要标准的单一评价体系与国家对多样化人才需求之间的矛盾以及教育资源分配不均与人民群众享受公平教育意愿之间的矛盾等问题，已然成为现今教育改革发展不可回避的必答题，而教育数字化转型显然为诸多矛盾的解决提供了全新的破解思路和途径。建设以数字化为支撑的高质量教育体系，是应对数字时代新质人才培养挑战的必然选择。而智慧教育作为教育数字化转型的高级形态，涉及教学内容的数字化呈现、教育资源的数字化共享、教学方式的数字化互动以及教育管理的数字化决策等多个层面，是教育模式的创新与重塑，是“数字中国”在教育领域的具象呈现。这一教育新生态，正逐步成为新质人才培养的重要推手，为教育发展开启了崭新篇章。

智慧教育突破了传统时空限制，让学习可以随时随地发生。互联网和智能设备的普及，使得线上教育平台和数字资源库得以建立，学生可以根据自己的需求，灵活选择学习时间和空间，进行个性化和自主化的学习。这种学习方式极大地提高了学习的灵活性和便捷性，有助于激发学生的学习兴趣，促使他们主动探索，这对于培养具有独立思考能力的新质人才至关重要。

智慧教育促进了教学方式的革新。借助先进的信息技术，传统的课堂教学正在向互动式、体验式教学转变。人工智能技术可以帮助教师根据学生的学习情况提供个性化指导，虚拟现实技术能够创建逼真的模拟环境供学生进行实践操作。这些技术的应用不仅丰富了教学手段，还增强了学生的实践能力和创新意识，为培养具备解决问题能力的新质人才提供了有力支持。

智慧教育强化了学习数据的分析和利用。通过大数据分析，教师可以更准确地掌握学生的学习进度和理解程度，从而制定更为精准的教学策略。同时，学生也可以通过数据反馈了解自己的学习强项和弱点，进行有针对性的复习和提高。数据驱动的教学和学习模式，让教育更加精准高效，有助于培养具有自我驱动能力的新质人才。

智慧教育也提出了新的挑战。它对教师的数字素养、学校的硬件设施、教育政策的支持以及社会的广泛参与都提出了更高的要求。如何在保护学生隐私的前提下合理利用数据，如何确保教育公平而不是加剧数字鸿沟，如何确保每个学生都能享受到智慧教育带来的红利，这些都是我们在推进智慧教育过程中必须面对和解决的问题。

基于以上背景和思路，沈阳市大东区根据党的二十大报告“推进教育数字化”战略要求，激发数字技术对教育高质量发展的放大、叠加、倍增、持续效应，推动发展新质生产力，提出了“1＋1＋3”智慧教育建设总体框架，即开展基础环境升级“一项行动”，建设互联网＋教育“一大平台”，实施教师素养提升、教学提质增效、学生全面发展“三项工程”，在智慧教育环境建设、教育教学改革、深度融合应用等方面进行大量实践探索，寻求创新突破。从顶层设计到基础设施升级、数字资源建设、应用模式创新，完成了智慧教育区域布局，实现了区域教育“智慧升级”，构建了教育发展新机制、新模式。本书主要从新质教育环境打造、新质教师发展、新质人才培养、新质治理策略四个方面，详细介绍了大东区大规模教育数字化实践过程，以期为智能技术助推教育数字化转型的实践提供借鉴和参考，积极为教育改革发展贡献“大东方案”，与教育同行携手并肩，不断探索和完善智慧教育的理念与实践，最终培养出能够引领未来社会发展的新时代人才。

本书在撰写过程中得到了各级领导及行业专家的指导和帮助，众多一线教育工作者提供了大量实践案例，在此一并表示衷心感谢！由于撰写时间仓促，加上作者水平所限，书中可能存在许多不足之处，敬请批评指正！

目　录

第 1 章　建设背景与策略

推进教育的数字化转型，不仅是大势所趋、发展所需、改革所向，也标志着教育信息化正在步入一个全新的数字化转型发展阶段。随着全球教育数字化的发展，利用智能技术加速这一转型并引领教育领域的系统性变革，已经成为智能时代下教育发展的重要任务。

1.1　教育信息化发展进入数字化转型新阶段

党的二十大报告中明确指出要“推进教育数字化”。目前，我国正在积极实施教育数字化战略行动，加速推进教育的数字化转换和智能化升级。2023 年 6 月举办的全国教育数字化现场推进会强调，从中国式现代化的角度出发，理解教育数字化的重大战略意义，掌握其发展规律，把握历史机遇，充分利用现代技术手段，加快教育、科技、人才的一体化发展。以互联网为代表的颠覆性技术的发展，为教育变革注入了新的动力，推动教育创新实践不断涌现。教育数字化转型已成为数字教育发展的不可逆趋势，也为教育领域的系统性变革和创新发展带来了重要的机遇。

1.1.1　国家背景

1.1.1.1　从我国宏观战略看，教育数字化转型是推进中国式教育现代化的有效支撑

党的二十大报告明确了“以中国式现代化全面推进中华民族伟大复兴”这一中心任务，并专门强调了教育、科技、人才是全面建设社会主义现代化国家的基础性、战略性支撑。推进中国式教育现代化，既要坚持教育优先发展，遵循教育自身规律，实现教育自身的现代化，又要坚持为党育人、为国育才，支撑和服务国家的现代化。没有信息化就没有现代化，教育信息化是教育现代化的基本内涵和显著特征，教育信息化与教育现代化依存与促进关系的本质是将数字化作为教育系统变革的动力引擎，推进中国式教育现代化发展。党的二十大报告明确提出，“推进教育数字化，建设全民终身学习的学习型社会、学习型大国”。习近平在中共中央政治局第五次集体学习时强调，建设教育强国，是全面建成社会主义现代化强国的战略先导，是实现高水平科技自立自强的重要支撑，是促进全体人民共同富裕的有效途径，是以中国式现代化全面推进中华民族伟大复兴的基础工程。从教育大国到教育强国是一个系统性跃升和质变，必须以改革创新为动力。教育数字化是我国开辟教育发展新赛道

和塑造教育发展新优势的重要突破口。进一步推进数字教育，为个性化学习、终身学习、扩大优质教育资源覆盖面和教育现代化提供有效支撑。因此，推进教育数字化是支撑中国式教育现代化的战略要求，以数字化引领教育领域系统性变革和创新，促进教育现代化建设和高质量发展，是新阶段加快教育强国建设和教育、科技、人才一体化发展的战略举措。

1.1.1.2 从我国教育发展看，教育数字化转型是数字中国在教育领域落地的现实需要

党的十八大以来，以习近平同志为核心的党中央高瞻远瞩，抓住全球数字化发展与数字化转型的重大历史机遇，系统谋划、统筹推进数字中国建设。“十四五”时期，我国信息化进入加快数字化发展、建设数字中国的新阶段。教育作为整个社会的一个子系统，实施教育数字化转型战略是数字中国建设的组成部分，是教育发展的必然选择。为顺应科技潮流，紧抓数字化转型发展机遇，推动教育系统变革与升级，构建高质量教育体系，我国政府主动布局，出台了一系列重要规划和政策。当前，我国教育信息化建设进入数字化转型的重要阶段，教育数字化转型是教育信息化发展的成果，也是数字中国在教育领域落地的现实需要。《中华人民共和国国民经济和社会发展第十四个五年规划和2035年远景目标纲要》专篇部署数字中国建设，其中将智慧教育作为九大数字化应用场景之一。《“十四五”数字经济发展规划》强调要深入推进智慧教育，推动“互联网+教育”持续健康发展。《数字中国建设整体布局规划》强调大力实施国家教育数字化战略行动，完善国家智慧教育平台。可见，落实国家教育数字化战略行动，发挥国家智慧教育平台引领作用，加快教育数字化转型，发展智慧教育，是数字中国建设的重要内容和任务。在2022年度联合国教科文组织教育信息化奖颁奖仪式上，联合国教科文组织教育助理总干事贾尼尼评价：“中国国家智慧教育平台是确保公共数字学习平台普遍访问和有效使用的杰出举措，向世界展示了如何利用数字技术使教学和学习更加普及，为全球数字教育变革提供了有益经验。”

1.1.2 区域背景

沈阳市大东区委、区政府高度重视区域教育，成立网络安全和信息化领导小组，全面统筹规划，确立将教育信息化建设作为一项重大民生工程，纳入大东区经济社会发展“十四五”规划，以督导评估方式予以全力推进。保障充足的教育经费投入信息化发展中，基础硬件环境进行了大规模的提升和建设，区内所有学校全部实施了高标准数字校园建设，并梳理总结学校数字校园应用模式，搭建校际展示交流平台，推进信息化应用落地落实，形成了大东区教育信息化工作的一校一特色。其中二台子小学数字设备的应用拉齐学校短板，振东中学运用大数据分析学生学习过程，第五十中学通过微课带来课堂变革，第一中学应用智慧教育平台助推学校发展，第五中学开展创客活动，静美教育集团应用智慧教育教学App，东站小学在教学活动中融汇信息技术，第三十五中学探索智慧教育对教与学的变革等实践，都取得了良好效果，有效促进了信息技术在学校的广泛应用。以“新媒体、新技术应用”为专题进行顶层设计，坚持持续开展系列培训；成立如“探路者联盟”“创造者联盟”等应用特色联盟，探讨“无界学校”“数据与智能在当今的价值”“微信在教育中的行动”“在线培训模式探讨”“自媒体在教学中的渗透与应用”等内容，提升教师应对未来教育的能力；每年组织大东区信息

技术与课程融合大赛、翻转课堂教学模式展示与研讨、智慧课堂教学模式展示与研讨、微课程设计大赛等活动，获得国家级优秀课 68 节，省级优秀课 112 节，获市以上优秀课及优秀作品教师 384 人次，晒课 4403 节。大东区人人通空间基本实现每名教师有学习空间、每名学生有学习空间，师生信息素养得到普遍提升，一条符合区情的教育信息化发展之路初步形成。

1.2 大东区智慧教育建设实践策略

在深刻认识教育数字化转型的战略意义基础上，聚焦教育数字化变革实践，采取“顶层设计、要素驱动、技术赋能、素养培养、机制创新”等推进策略，充分发挥智能技术优势，促进教育全要素和全场景的系统性变革，建立适应数字时代的包容、公平、绿色、高质量和可持续的智慧教育体系。

1.2.1 整体实践策略

1.2.1.1 做好顶层设计，统筹规划，系统推进

在智慧教育建设实践没有相对成熟的经验可以借鉴的情况下，宏观设计既要符合我国国情和教育发展实际，又要在区域落地上可操作和执行。明确发展目标、主要任务和重点工程，研制教育数据、资源、装备、业务、应用、运营等标准与规范，健全组织架构和职责分工，不断完善相关管理体制和运行机制。同时，建立政府上下联动、学校紧密协调、企业社会积极参与的系统推进机制，保障智慧教育建设顺利实施。

1.2.1.2 以要素驱动，深层应用，发挥效应

国家教育数字化战略行动以资源和数据为新生产要素，注重扩大资源建设与应用规模，以数据驱动规模化因材施教、智能化教育治理，发挥资源和数据的放大、叠加、倍增作用，持续推进教育数字化转型纵向深化、横向融通。从资源要素看，既要不断提升优质教育资源服务供给能力，又要注重区域优质数字教育资源共建共享，加强优质教育资源开发，创新资源形态，促进资源融通和共享。从数据要素看，加强教育数据互联互通，增强数据的可回溯性和管理的科学性，重视深度挖掘教育数据价值，为数据要素驱动实践创新提供保障。

1.2.1.3 强调技术赋能，场景创新，模式重构

充分发挥数智技术引领创新、驱动转型、塑造优势的先导力量，在个性化学、差异化教、科学化评等各方面发挥独特优势，探索在作业、五育、教研、评价等场景中的应用机制，撬动课堂教学发生深层次变革，创新教育教学模式、人才培养模式、教育管理和评价效能，推动教育生态重构。

1.2.1.4 注重素养培养，理念更新，能力提升

数字社会需要具有价值信念、数字素养、创新能力、终身学习能力的新质人才。要培养

和激发学生数字化学习力、适应力与创造力；要培养教师及时主动更新教育教学理念和知识观念的意识，恰当、合规、熟练地利用数智技术开展教育教学活动的能力，提升教师数字素养和育人能力；要敦促管理者提升数字化领导力与治理能力，增强数字化意识，培养数字化思维。

1.2.1.5 力求机制创新，多元参与，协同发展

教育数字化转型是一项关乎全局、关乎长远的时代课题，一方面要不断完善多主体协同创新发展机制，建立决策部署与跨部门统筹协调机制，明确主体责任，推动区域协同发展，形成“政府强力统筹、学校积极探索、社会广泛协同”的发展格局；另一方面要促进政产学研合作交流，构建教育数字化转型研究体系，深入开展基础设施建设、共性技术突破、伦理规范完善等方面的前沿研究，充分发挥领域专家作用，创新教育研究范式。因此，大东区梳理总结先进经验和前瞻性成果，为教育信息化发展贡献大东理念、大东方案和大东模式。

1.2.2 具体实施策略

大东区委、区政府从区情、教情、学情的实际出发，站在让智慧教育助力“双减”、成为“幸福教育”重要抓手的高度，前瞻性地将“智慧教育”建设工作列入大东区政府重点建设项目，建立区政府、区教育局两级工作专班，凝聚共识、上下联动、同向发力，实现教育数字化转型。

大东区作为东三省首个整区统筹谋划教育全流程数字化转型工作的区域，以落实立德树人、坚持“五育并举”为根本任务，以办好“幸福教育”为根本目标，以促进学生全面健康成长为根本要求，充分发挥数字技术、智能技术的优势，采用整体规划、分期建设的模式进行智慧教育建设。提出“1+1+3”智慧教育建设总体框架，即开展基础环境升级“一项行动”，建设“互联网+”教育“一大平台”，实施教师素养提升、教学提质增效、学生全面发展“三项工程”，高位推动数字技术深度融入、全面贯通教育教学各场景，实现数据汇集无痕化、分析诊断自动化、数据应用智能化、指导反馈智慧化，形成全员、全学科、全过程、全育人的常态化应用态势，实现区域规模化因材施教，打造区域教育新样态(图1.1)。

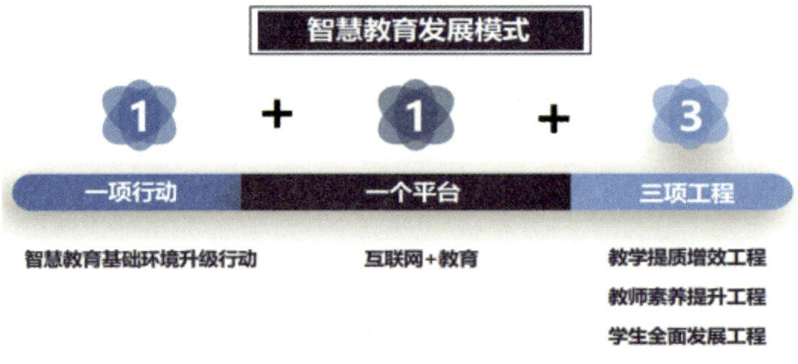

图1.1 智慧教育发展模式

1.2.2.1 基本原则

1. 完善机制、激发活力

完善政府投入、多方参与的激励保障机制，调动教育系统各单位、相关机构的积极性，增

强智慧教育发展合力。

2. 深度融合、创新引领

探索数字技术、智能技术与教育深度融合，推动教育理念、教学方式和学习方式创新，实现教育创新、技术创新、服务创新、评价创新。

3. 应用驱动、共建共享

开发应用优质数字教育资源，创新多元数字资源形态，促进现代信息技术融入教学和管理核心业务，实现技术赋能、数据驱动、智慧育人。

4. 统筹规划、协同推进

统筹整体规划，强化顶层设计，加快资源整合，推进集约化建设。鼓励差异发展、分层指导、分类推进、分步实施，整体提升智慧教育建设效益和应用水平。

1.2.2.2　实施行动

按照“1+1+3”智慧教育建设总体框架，推进智慧教育建设工作。

1. 实施基础环境升级行动——由数字校园转向智慧校园

一是完成校园网络带宽扩容，实现网络 1000 Mbit/s 到校，50 Mbit/s 进班，为智慧教育发展修好“高速公路”，满足各类校端应用的网络带宽需求。

二是完善网络及信息安全管理，加强各学校在专线网络、无线网络、智慧运维方面的集中可视化管理，建设覆盖大东区所有学校的网络与信息安全预警体系，促进数字校园应用深入普及。

三是实现教与学智能终端全覆盖，更新台式机，提供办公、备课及教研一体化移动教学终端，为学生配备绿色护眼的智能学习终端，保障融合信息技术的教育教学工作顺利开展。

四是创设智慧教学支撑环境，打造“智慧教室”，升级录播教室实现“智慧课堂”功能，建设高级别 AI 创新实验室、智慧操场、智慧书法、智慧体育等设施，配备英语听说教考、生涯规划等软件系统，支撑智能化、情景化教学形式的开展。

2021 年，完成初中段基础环境升级改造，构建智慧学习环境。

2022 年，逐步推进到小学高年段和高中段。

2023 年，完成小学高年段和高中段基础环境升级改造，构建智慧学习环境。

2024 年，完成新建校智慧校园建设。

2. 搭建大东智慧教育云平台——由经验管理转向智慧管理

一是实现“一平台多应用”。建设全面服务于大东区教育综合发展的大东智慧教育云平台，以智慧教学、智慧学习、智慧管理三大中心应用数据聚合为核心，实现教学应用覆盖全体教师、学习应用覆盖全体学生、管理应用覆盖主要业务，便捷地提供学、研、教、练、评、管“全链条”便捷化智慧服务与管理，实现“一平台多应用”。

二是实现教育资源有效供给。盘活区、校两级教育资源，探索资源有效供给模式。根据“因材施教”智慧教育新模式需要，成立资源建设与应用专家团队，实施优质沉淀资源、双百计划、专题资源“三步走”建设计划，逐步建设基于 2022 版课程标准的全学科、全学段、全教学环节的特色资源，有效解决校际优质教学资源分布不均的问题，实现优质教育资源共建共享。探索第三方优质资源引入机制，推进以混合式学习、泛在学习为主的应用模式，提升优质教育资源服务供给能力，满足教师对教育教研及学生个性化发展的需求，最终汇聚衍生大东区教育资源库。

2021 年，实现全域深度使用区校一体化学业数据采集与分析平台，学校能熟练应用大数据采集分析系统实现智能题库、智能组卷、智能阅卷、数据分析等功能，基本实现教学策略精准化。

2022 年，搭建完成大东区智慧教育云平台，基本实现教学应用覆盖全体教师、学习应用覆盖全体适龄学生、智慧校园覆盖全体学校、管理应用覆盖各主要业务。全区教育系统基本消除数据孤岛，实现基于大数据的教师、学生、学校综合评价及管理流程再造。成立资源建设与应用专家团队，组织各学科教研员和骨干教师细化任务分工，通过多轮研讨优化、专家指导把关，逐步建设基于课程标准的全学科、全学段教学设计、预习导学案、预习课件、预习微课、预习达标检测题、授课课件、课堂过关检测题、重要知识点微课等特色资源，形成形式多样、内容丰富的教材配套资源体系，把各类资源的相互关系结构化、体系化，实现智能推荐和自适应学习，供全区师生使用，并持续更新，实现优质教育资源共建共享。

同时，积极探索第三方优质资源引入机制，引入并建设 AI 教研平台，利用 AI 教研平台，打破教研活动时空限制，构建“线上 + 线下”高效协同的一体式教研模式，过程性教研成果即时转化为数据资源随时共享，教师教学水平、专业素养快速提升；建设智慧安全监管云平台，136 所校园（含幼儿园）全部接入，引入安全教育、国防教育课程，校园安全实现数字化保障；建设智慧心育平台，试点心理健康教育“1233”心育工程，建立学生心理健康水平三级预警网；开发智慧德育课程，升级智慧课堂 5.0 版本，率先应用教育星火认知大模型，投入使用省内首个智慧教育沉浸式展示及学习中心；建设区域特色“5 + 2”课后服务平台，一站式完成选课、报名、开课、巡课、评价。

2024 年，将大东智慧教育云平台升级为“数字基座”；以基座、生态、数据为关键词，以整区推进“标准化 + 个性化”的方式，实现区域教育资源共享、应用联结与数据联通，创新区域教育信息化治理模式，形成独有的教育数据资产；与沈阳智慧教育平台和大东区大数据中心横纵互通的数据交换通道，为数字基座建设，提供大东样板。

3. 推进三项工程——由传统教育生态转向智慧教育生态

（1）教学提质增效工程——由经验教学转向精准教学

一是常态化开展精准教学。逐步推进基于 AI + 大数据驱动下的“智慧课堂”系统常态化应用，通过对学生课前预习、日常测评、练习作业等全场景学业数据的采集和精准分析，结合学生学习行为、知识点分析等海量日志记录，实现教学决策数据化、评价反馈即时化、交流互动立体化、资源推送智能化。转变学习方式，提升学生自主学习的主动性与趣味性，让教师真实掌握课堂教学情况，实现基于数据支持的精准教学。

二是标准化建构学习流程。通过构建“课前教师推送资源，学生在线自测；课中教师实时监测，学生深度学习；课后教师差异诊断，学生巩固练习”组成的三段式课堂教学闭环学习流程，重构教学设计，在“课堂用、经常用、普遍用”的基础上，讨论制定多种类型教学模式，建立教与学统一、可持续发展的标准化智慧学习流程，有效减轻教师的备课负担和学生的作业负担，让“因材施教”成为大规模行为。

三是制度化完善评价机制。根据后台师生相关数据，按照“四不、两直接”的原则进行常态化督导,定期反馈各学校、各学科使用数据,评价使用效果,以评促用,以评促改。

四是品牌化树立示范典型。按照“一校一策”的原则打造智慧教育示范校,形成具有区域特色的智慧教育创新示范教学模式,并逐校开展“智慧教育”全景式轮展。以校为本,整校推进,凸显特色。以点带面,以点连面,最终形成大东区“智慧教育”预期图景。

2021 年,确定智慧教育首批试点学校 2 所,先期升级基础设施,开展培训、教研、观摩、交流等工作,提炼经验,推广示范。

2022 年,逐步推进“智慧课堂”系统常态化应用;构建三段式课堂教学闭环学习流程,打造第一批 8 所市级智慧教育示范学校和培育单位,逐校开展“智慧教育”全景式轮展。

2023 年,建成 12 所以上市级智慧教育示范学校,形成具有区域特色的有价值、可推广、可借鉴的智慧教育创新示范教学模式,实现教师精准化教学、学生个性化学习,显著提升区域教育质量。

2024 年,以精准教学为切入点,深入开展“基于人工智能技术的精准教学研究”课题研究,申报主题为“大数据驱动,精准化引导区域基础教育‘双减’落地见效”的沈阳市基础教育教学成果。

(2) 学生全面发展工程——由共性发展转向个性发展

一是个性化提供学习服务。紧紧围绕以人为本、因材施教的理念,全方位、多层次伴随式采集学生学习过程数据,形成精准的数据分析报告,构建以学习者为中心的学业评价体系。同时,运用大数据、知识图谱构建等智能技术,精准定位薄弱点,为每个初中学生提供数学、物理、化学、英语学科个性化学习服务,有效解决学生学业负担过重、学习效率低下的问题,实现从“千人一面”到“千人千面”,提高学生的学习效率和学习质量,最终形成“整体提高,拔尖增多,落后减少”的良好局面。

二是鲜活化健全素质评价。紧紧围绕“五育并举、立德树人”的核心目标,在已有的学业评价模块基础之上,将学生的个人信息(基本信息、个性特长、人生规划、担任干部情况、获奖情况)、思想品德、研究性学习、校本课程学习情况、身心健康、运动经历、艺术素养、社会实践、综合评定(自我评定、教师评语)、活动照片等模块纳入评价体系,以综合报告的形式阶段性呈现给教师、学生和家长,使评价结果不再是冷冰冰的升级数据、文字记录,而是一个个被还原的、立体鲜活的生命形态,促进学生综合素养提升,实现全面发展。

三是一站化实施课后服务。依托中小学课后服务管理系统,落实课后服务“5+2”。帮助各级管理者高效处理选授课工作组织、机构入校人员管理、数据提报统计、过程监管、资金托管等课后服务工作开展中面临的难题;通过移动应用,落实课后服务“5+2”,学校与家长无缝衔接,选课、报名、开课、巡课、评价一站化完成,让学生家长更及时地了解孩子学情,快速反馈教学效果,有效参与孩子成长,增强参与感和获得感,实现学生综合素养提升。

2021 年,通过数据采集和 AI 技术,精准定位学生薄弱知识点,智能整理高频错题及推送个性化习题,形成个性化学习手册,实现课后作业“私人定制”。学生利用个性化学习手册和智能终端实时推送的学习资源,及时查看错题解析和视频讲解,进行精准化、个性化错题再练,清除薄弱知识点,作业布置由重复海量型转向精准实效型。

2022 年,通过全学段、全场景归集与分析学生成长数据,实现实时客观评价学生综合素质水平,促进学生适性扬长、全面发展。构建涵盖思想品德、学业水平、身心健康、艺术素养、社会实践五大维度 302 个指标的学生综合评价系统,评价方式由“主观性+终结性”评价转向“过程性＋阶段性”评价。建设区域特色“5＋2”课后服务平台，一站式完成选课、报名、开课、巡课、评价，家长和学生的参与感和获得感不断增强，实现数智技术与幸福成长的“双向奔赴”。

2023年，依托教育部信息技术支撑学生综合评价试点区建设项目，与北京师范大学专家团队合作，完善顶层设计，创新评价工具，实现大东学生综合素质评价平台数据与教育部SEED平台有效对接，完善数据驱动的学生综合素质评价解决方案，形成了学生全学段、全过程、全维度的综合评价体系，为每名学生生成“数字成长日记”，达到多角度促进学生适性扬长、全面发展的评价目标。

2024年，建设区域“智慧心育”平台，试点心理健康教育“1233”工程，建立学生心理健康水平三级预警网；开发智慧德育课程，升级智慧课堂5.0版本，率先应用教育星火认知大模型；投入使用省内首个智慧教育沉浸式展示及学习中心，打造数智技术赋能五育发展制高点。

(3) 教师素养提升工程——由螺旋进阶转向快速迭代

一是开展教师素养提升服务。组织开展教师信息技术与学科融合优质课比赛、各级各类信息化教学课例比赛、时空教研设计比赛、主题论坛、“未来教师”培养计划、智慧教育“智库专家”经验交流、智慧教育案例征集展示等活动，推动教师更新观念、重塑角色、提升素养、增强能力。

二是创新教师综合评价维度。探索教师增量评价体系，在完善教师基础信息模块的基础上，以教师个人发展为立足点，以教师成长档案的方式呈现，实现教师的教学情况、教科研情况数字化，实现教师评价过程中的相对公平，激发教师教育活力；将教师信息化素养提升与区域教师五级梯队建设有机结合，重点培养信息化专家型学科教师，遴选优秀教师参加人工智能之旅、名师工作室、学科工作坊等，实现教师快速成长促进学校发展，学校发展反哺教师成长的良性格局，有效为上级部门对全区教师队伍建设相关决策提供支撑依据。

2021年，着眼于提升教师的智慧课堂教学能力，融合为主，应用为王。通过各层级的设备使用培训及实际操作考核，让学校管理层和一线任课教师初步掌握智慧教育技术，熟知基本的操作流程，确保人人过关。

2022年，着手拓展教师的综合评价维度，引领全面发展，助力专业提升。构建教师发展评价系统，从基础信息、专业发展、教科研能力3个维度102个指标采集教师发展信息，分析并形成教师素养提升订单，精准开展骨干教师五级梯队建设和素养提升服务。

2023年，着力推动管理者和教师的观念更新、角色重塑、信息素养发展。基于行政主导、教师主体、教研主场的推进思路，搭建区校联动、以校为本、扎根课堂、聚焦应用、动态评测的“学习、实践、指导、研究”的教师数字素养与技能提升服务框架。通过分层多维论坛、线上课程、智慧教育与学科融合创新赛事、外出交流学习等活动，着力提升管理者数字化领导力和教师数字化教学力。

2024年，利用AI教研平台，打造“线上＋线下”高效协同的“自研、教研、科研、展研”一体化的新型教研模式。开展“名校＋新校”“名师＋新人”“优势学科＋薄弱学科”等智慧教研结对活动，应用平台的语音撰写技术，将过程性教研成果即时转化为数据资源随时共享，促进教师信息获取和加工、技术批判思维等信息素养显著性提升，有效拓宽教研思路、改进教学策略；启动“未来教师”培养行动，遴选391名“未来教师”，以形成学校及区域的骨干智慧型教师队伍;梳理形成沈阳市教育信息化应用典型学校和个人。

1.2.2.3　保障措施

1. 强化组织领导

充分认识智慧教育在破解教育难题、引领支撑教育未来发展的重要作用,建立智慧教育工作领导机制和有效运行工作机制,加强统筹协调,明确职责分工,细化政策措施,形成强大合力,确保各项任务落到实处。

2. 强化队伍建设

相关科室按照职责分工,通力协作,统筹智慧教育工作。各级学校配齐管理人员及工作人员,打造一支信息素养高、执行能力强的技术队伍。加强信息化理论学习和宣传,凝聚社会力量,形成人人知晓智慧教育工作、人人支持智慧教育工作的良好氛围。

3. 强化安全责任

明确单位主要负责人为网络安全工作的第一责任人,建立网络安全和智慧教育统筹协调的领导机制。完善网络安全工作管理制度,强化安全应急保障体系,健全网络安全应急预案。全面落实网络安全等级保护制度,建立健全教育网络安全监测预警体系,加强对教育各类网站的监测。开展网络安全专项教育和培训,提高全体人员的网络安全意识和安全防范能力。

4. 强化督导考核

建立长效监督机制,完善督导评估制度,根据实施进程对重点学校开展专项督导,督导评估结果作为考核的重要依据。建立考核奖惩机制,对教师信息素养能力水平进行大数据监控和实操抽测,并对先进单位和个人进行表彰奖励。

第 2 章　制度制定与保障

智慧教育建设是一项系统工程，涉及基础设施建设、教学内容与方法改革、师资培训等多个方面，需要科学的顶层设计和统筹协调。因此，建立一套科学的智慧教育建设推进制度，可以明确目标、整合资源、保障质量、促进创新，为智慧教育建设的健康发展提供坚实的保障。

2.1　智慧教育建设制度制定的意义

建立健全的智慧教育相关制度不仅有助于规范化和标准化智慧教育建设流程、整合和优化教育教学资源、促进个性化学习、提升教师教学能力和教育质量、监控和评估教育教学过程，而且可以帮助推动智慧教育向更高层次、更广领域发展，以教育信息化带动教育现代化，实现教育领域的全面进步。

1. 建立智慧教育建设制度，有助于明确目标与方向

通过制度的确立，可以对智慧教育的发展目标、实施步骤、具体要求进行明确规定，使所有参与各方都能清晰地了解智慧教育建设的全局和各自的位置，确保工作的方向和目标。

2. 建立智慧教育建设制度，有助于整合资源，提高利用效率

智慧教育建设不仅需要大量的物质资源，如硬件设备、软件系统等，还需要知识和人才资源的支撑。通过制度建设，可以更好地整合政府、学校、企业和社会各方资源，形成合力，避免资源浪费和重复建设，提高资源利用效率。

3. 建立智慧教育建设制度，有助于保障质量，促进持续优化

智慧教育建设制度可以设立明确的质量控制标准和评估机制，对建设过程中的各个环节进行监督和评价，及时发现问题并加以解决。这有助于保障智慧教育建设的质量，促使其在实践中不断优化和完善。

4. 建立智慧教育建设制度，有助于促进创新，推动持续发展

智慧教育建设不是一蹴而就的，它需要不断地探索和创新。制度的建立可以为教育信息化建设提供稳定的政策环境和充足的实验空间，鼓励各方面积极尝试新技术、新模式，推动智慧教育持续发展。

2.2　智慧教育建设制度制定框架

大东区以实现规模化因材施教为导向，围绕教育生态蝶变，聚焦数字化转型，在全国首创智慧教育“三轮联动”制度体系，建立智慧教育管理、数智场景应用、综合评价考核“三轮”联合发力、咬合推动的制度框架。制度包括总则、组织机构、管理制度、应用制度、考核制度 5 个方面，共计 19 项具体制度，涵盖智慧教育建设的全维度、全场景和全要素，为数字化转型提供制度遵循和支撑，保障智慧教育建设制度化实施及推进。

2.2.1　提出智慧教育区域实施“新标准”

落实立德树人根本任务，坚持数字技术、智能技术与教育教学深度融合的核心理念，建立健全智慧教育可持续发展机制。深入推进规模化、常态化的实践应用，构建建、管、评、学、教、研、练全链条强力驱动的智慧教育建设制度体系，形成“制度智慧链”，并不断整合智慧链上下游各环节，以满足建设、管理、应用、考核多维标准有机联动、各级各类数据有机流转的需求，为省、市提供可借鉴、可复制的基础教育数字化转型及智慧教育建设制度化实施标准。

2.2.2　运行智慧教育全面建设“新机制”

建立区政府、区教育局两级工作专班，推行教育、财政、大数据中心等部门参与的“联合议事制”，凝聚共识、上下联动、同向发力，实现教育数字化转型和高质量推进。实施局长与校长“一把手负责制”，行政与教研“捆绑推进制”，项目与措施“落实清单制”，学校与部门“定期汇报制”，确保智慧教育建设高位运行、统筹推进。坚持融合为主、应用为王、科研牵动、培训跟进，实现全学段、全场景、全学科、全课型的差异化应用。

2.2.3　实施智慧教育考核评价“新方法”

实施“数字化＋督导”，利用大东智慧教育云平台“宏观成效驾驶舱”和“精细化诊断中心”模块开展智慧监管和评价。通过智能分析教师教学、学生学习、资源建设等情况，实现行政主管部门对学校建设和应用的实时监管；通过实时监控教师备课、授课、作业、互动等情况，实现校长对教师教学的实时监管；通过实时评估学校教学及学生知识点掌握效果等情况，实现教科研部门对学科教学的实时监管，并通过数据晾晒、“四不两直”实地督导、不定期下发《督查通报》等方式，实现线上监管与线下督导闭环管理，有效提高管理决策水平，实现教育考核评价的数字化转型升级。

2.3 建立智慧教育建设组织机构

2.3.1 区管理层级

坚持政府牵引,成立由主管区长任组长的智慧教育工作建设专班,建立教育、财政、大数据中心等多部门议事制度,实行跨部门一体化工作模式,教育局负责需求调研、组织学校应用,财政局负责项目经费保障,大数据中心负责项目招投标和组织实施,各部门合力保障智慧教育项目建设工作。

2.3.2 局管理层级

成立大东区智慧教育建设工作领导小组,具体负责研究制定大东区智慧教育工作发展规划,统筹布局设点、智慧课堂创建、师资培训、平台建设与维护、需求对接、项目验收建设与应用等工作;组织协调局机关相关科室和基层单位的智慧教育建设与应用工作;研究解决智慧教育工作推进过程中的重大问题;建立健全智慧教育工作推进成效的政策扶持、绩效评估、信息发布、网络安全、监督审查、考核评价等运行保障机制。

2.4 建立智慧教育"三轮联动"制度体系

2.4.1 智慧教育管理制度

2.4.1.1 组织及沟通协调制度

大东区智慧教育建设工作涉及的单位、部门设立接口人,形成建设工作通信录,建立有效工作接口,通过会议、汇报和其他辅助方式(如电话、微信、电子邮件、邮递、面谈、视频会议等),及时处理日常信息交流、文件交流、召集会议等事务。

2.4.1.2 会议制度

1. 例会制度

(1) 根据建设工作需要召开例会,会议召开前一天,建设工作办公室根据建设工作实际进展,与各方接口人确定当次会议的参会人员、讨论议题,以会议通知单(电子/纸质)形式通知各方进行会议组织与准备。

(2) 例会采取分组汇报的形式,汇报包括建设工作的进展(计划完成、实际完成)、存在的问题(问题提出、解决建议)、下周的计划(计划工作、风险预测)等,达到解决过程问题、分析潜在风险、决策重要事宜、形成解决方案的目的。

(3) 例会结束后，由建设工作办公室负责编制会议纪要，会议结束后 48 小时内发送到各方接口人，各方如有异议，收到会议纪要后 24 小时内反馈建设办公室方接口人，由建设工作办公室下次例会打印纸质版本，协调各方签字接收。

2. **专题性会议**

除工作例会外，根据需要组织召开技术研讨会、专家评审会等专题性会议。

2.4.1.3　工作报告制度

大东区智慧教育建设项目承建单位在项目建设期间每天 16：00 前、每周四 16：00 前、每月最后一个星期五 16：00 前向建设工作办公室提交工作日报、周报、月报。报告内容至少包括工作进展(计划完成与实际完成的对比，如果与原计划发生进度偏离，需对偏离原因加以说明，并提出处理措施)、存在问题(质量、施工过程、协调、变更等方面问题)、下步计划(对下步工作实施可能出现的问题预警，并提出规避措施，供建设工作领导小组参考决策)。

2.4.1.4　文档确认制度

(1) 承建单位提交的建设工作管理、技术和阶段性成果等关键性文档，须经承建单位授权人(建设工作负责人)对相关文档确认，并由建设工作监理单位审核后，交建设工作办公室存档。

(2) 建设工作监理单位发出的建设工作过程记录文档(会议纪要、监理月报、评审报告、旁站记录等)，如在规定时间内(发出 24 小时内)参建各方均无异议，由参建各方接口人在下次监理例会时对纸质版进行签字确认。

(3) 承建单位实施过程中提交的各类关键性技术和管理文档，如作为建设工作实施权威依据，则由承建单位授权人(建设工作负责人)进行确认后方可提交建设工作领导小组及监理单位评审。

2.4.1.5　评审制度

(1) 在项目实施过程中，承建单位提交的各类设计、方案、计划、测试、变更等相关文档，由监理单位、建设单位、承建单位组成的项目管理组进行评审。评审通过后出具评审意见，承建单位方可执行，否则其产生的工作量不予认可。需评审的文档应提前一周提交项目相关方进行评审，并在项目管理组认可的时间内进行答复。承建单位各阶段的实施文档，需在开始实施前一周提交监理单位进行评审，保证评审的规范性，评审通过后方可实施。

(2) 在项目实施过程中，出现的重大问题或决策(如总体技术与实施方案的评审、项目验收、重大变更等)，邀请相关领域内经验丰富的专家进行评审，并出具专家意见。在项目实施过程中，如需组织专家论证或邀请专业人员进行讨论和技术交流的，费用由承建单位负责。

2.4.1.6　变更制度

(1) 建设工作实施过程中如有涉及设计方案、合同内容、人员等方面变更的，承建单位要提前一周提交变更的详细说明和变更的解决方案，由监理单位进行评估，建设单位根据评估结论做出批准或拒绝变更的决定。

(2) 建设单位如同意变更，承建单位在 24 小时内正式提出申请，参建各方签认后方可进行变更，否则不允许变更。

2.4.1.7 档案管理制度

建设工作各方接口人协助监理单位按实际进度同步建立规范的项目档案，监理单位按要求、类别、阶段及时收集、整理、归档，进行统一编号、统一规格和统一管理，并编写规范的检索目录，易于管理和查询。各类文档应设立统一封皮，关键类文档应经项目负责人及相关技术负责人签发并加盖公章，应做好各类文档版本管理，及时更新版本历史信息，各文档封面形式、内容格式、版式、字体应统一。

2.4.1.8 施工安全制度

项目建设过程中承建单位必须安全文明施工，建立对危险源、危险因素的识别和控制机制，并对现场环境卫生等文明施工情况进行管控，制定安全文明控制计划和方案，确保建设过程中不发生安全责任事故，签订《安全文明施工协议》。

2.4.1.9 安全保密制度

建设工作所涉及的各方必须加强对建设工作文件、资料的管理，确保文件和资料的制作、复制、使用、传递、保管、归档和销毁各个环节的保密安全，防止项目相关信息资料被非法泄漏、复制、篡改。各方应承担项目保密责任，签订《项目保密协议》。

2.4.1.10 计划管理制度

承建单位在建设工作启动前，提供建设工作实施计划，由监理单位审核通过后，提交建设工作领导小组审定。在项目实施计划制定过程中，应对建设内容各项工作进行分解，确定分步实施的时间安排，明确各阶段的参与方及产出物，应包括项目阶段、任务/子任务、任务描述、开始时间、结束时间、持续时间、涉及单位及职责、实施人员、输出物、实施地点等要素。

2.4.1.11 项目验收制度

(1) 验收主体：由建设单位组织，用户单位配合验收。

(2) 软硬件及网络服务验收：承建单位完成供货安装调试后进行 7 天试运行。试运行期满后，向建设单位和用户单位提交验收申请，收到验收申请单后 3 日内由用户单位反馈产品使用意见，建设单位收到反馈意见后 3 日内，按照辽宁省政府采购履约验收管理办法进行验收，验收标准为合同的数量及参数要求。

(3) 服务确认：针对教师信息素养提升服务，分 3 年分别进行服务确认，由建设单位、用户单位及承建单位共同完成服务确认。合同服务期满前一个月，承建单位提供履约佐证材料，由建设单位和用户单位对服务内容与合同的一致性进行确认。

(4) 验收流程：按建设工作实施计划，承建单位自检合格后，建设单位未提出书面异议，由承建单位提交项目总结报告及佐证材料，由监理单位和建设单位进行核查通过后，承建单位以书面形式向建设单位递交验收申请（验收申请表、验收方案、项目总结报告），同时向监理单位提交验收文档，监理单位审核通过后，建设单位安排具体日期组织验收。验收通过后，建设单位、监理单位和承建单位共同签订验收报告。项目验收的具体步骤和内容如下：

① 建设工作进入验收阶段必须满足以下全部条件：

a. 项目合同的建设目标和建设内容全部实施完成。

b. 各种技术文档和验收资料完备，符合项目开发合同要求。

c. 外购的各类产品（操作系统、数据库、中间件、开发工具等）符合知识产权相关政策法规的要求。

d. 各分系统软/硬件产品已置于软件配置管理下。

e. 完成系统测试、系统试运行、用户培训工作。

f. 用户满意。

g. 合同或附件规定的其他验收条件。

② 监理单位对验收条件进行核查与确认并对验收申请材料评审后，如达到所需验收条件，监理单位呈报建设单位，提议组织验收。

③ 建设单位组织参建各方进行最终审议，如无问题，确定验收形式，完成验收方案的完善及修订，参建各方确认后，正式开始验收工作。

④ 建设单位组织参建各方（如进行专家验收，需邀请3名及以上专家（专家人数为单数）根据验收方案进行，勘察现场并对系统功能等进行集中现场演示，对测试结果进行现场确认。

⑤ 承建单位负责记录、汇总后生成项目验收报告，参建各方签署验收结论，完成验收工作（如进行专家验收，还需出具验收专家意见）。

⑥ 验收时，承建单位还需根据项目招标文件、合同，编制完整的运行维护方案，提交监理单位进行评审，由建设单位进行确认，通过后作为运行维护的实施文件。

⑦ 资产划拨和移交：服务期满后，承建单位须委托第三方机构对项目硬件设备资产进行评估，出具评估报告，并协助配合建设单位和用户单位完成对硬件设备的资产划拨和移交。

2.4.1.12　信息安全制度

1. 信息安全领导小组组织架构

成立网络安全领导小组，为智慧教育云平台系统提供安全运维保障，包括安全责任人员、技术支持人员、系统管理人员和调度管理人员4人。安全责任人员负责指导信息安全、整个信息系统以及人员的管理；技术支持人员负责系统网络管理、监控记录、日常维护，定期对信息网络系统进行病毒检测、记录等；系统管理人员负责系统日常运行以及通过本系统对教育局的实际业务进行调整与管理；调度管理人员负责系统的日常运行所需的人员调整与分配（图2.1）。

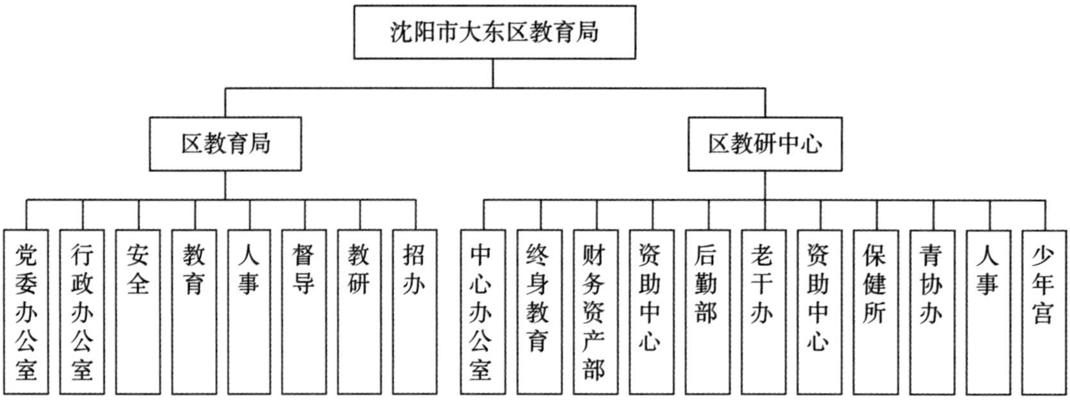

图 2.1 信息安全领导小组组织架构示意图

2. 信息安全管理制度

沈阳市大东区教育局制定的信息安全管理制度涉及的文档信息如表 2.1 所示。

表 2.1 信息安全文档名称及内容

序号	文 档 名 称	制 定 目 的
1	《信息安全工作总体方针》	明确信息安全工作的总体方针，描述信息安全的方针、目标和原则，实现信息系统安全可控、能控、在控
2	《信息安全保密制度》	根据《中华人民共和国计算机信息系统安全保护条例》等相关法律法规规定，明确各岗位人员安全保密协议书的签订细则
3	《人员管理制度》	根据人员安全管理需要，规定人员录用、离岗离职流程、交接流程、接任岗位须知，并对流程进行详细说明
4	《存储介质管理制度》	根据信息安全管理需要，规定移动存储介质配发、使用和销毁的全过程管理，确保计算机内网信息与外部信息交换过程中的信息安全
5	《值班管理制度》	根据安全管理需要，对值班人员、时间、值班工作内容等内容做出规定
6	《计算机日常维护管理办法》	根据安全管理需要，对日常维护管理、计算机软件、硬件、网络及打印机等内容做出规定，当各部门出现计算机故障时，应及时填写《计算机报修记录单》，并安排好维护时间和维护人员
7	《信息安全培训制度》	根据人员管理的需要，规定定期组织培训的时间、培训的人员、需要考核的人员等内容
8	《防病毒管理制度》	根据信息安全需要，规定防病毒软件的安装和升级，并定期汇报防范日志
9	《信息系统变更管理制度》	根据信息安全需要，对信息系统设备、软件、配置等进行变更管理，应减少变更对系统运行的影响，提高信息系统安全运行水平
10	《数据备份与恢复管理制度》	根据信息安全需要，对信息备份的方式、频度、介质等方面进行说明等规定

续表

序号	文档名称	制定目的
11	《信息系统应急预案》	根据信息安全需要,设立信息安全管理工作领导小组,并由各部门负责人担任组员,由安全管理员联络各项事宜
12	《信息资产安全管理规定》	根据资产安全需要,规定资产分发和流转,确保信息资产的保密性、完整性和可用性能够实现
13	《恶意代码防范管理规定》	根据网站安全需要,加强信息系统安全保护,避免遭受恶意代码攻击和病毒感染
14	《网络运维规范》	规范各级部门网络运行维护工作,提高网络管理和维护水平,保障各级信息网络运行平稳、有效
15	《检查管理办法》	规范检查工作,促进合规管理,提高工作管理水平,保障业务安全、持续、稳健发展,根据国家信息安全法律、法规要求,结合管理实际情况
16	《机房管理办法》	进一步规范机房管理,切实保障计算机信息系统运行环境安全可靠
17	《网络安全领导小组》	指导信息安全工作
18	《运维管理制度》	规定部门职责、岗位职责、现场管理制度、请示报告、维护作业、设备管理、故障管理、网络安全管理
19	《人员安全管理制度》	规范人员管理,保证沈阳市大东区教育局的秘密不被泄露,根据实际情况,从人员录用和选拔、人员配置、人员离岗离职、人员考核、安全意识教育和培训及外来人员访问控制五个方面对人员安全管理进行规范
20	《网络安全管理制度》	加强网络系统的安全性,降低网络系统存在的安全风险,确保网络系统安全可靠地运行
21	《信息安全方案设计管理规定》	规范信息系统安全方案的设计管理,进行合理投入,分级保护,分类指导,分阶段实施,保障信息系统安全并正常运行
22	《信息安全工作管理办法》	建立行之有效的信息安全保障体系,健全信息安全管理组织架构,落实信息系统安全保障责任,保障信息系统的安全稳定运行,确保信息的机密性、完整性和可用性,进而保障业务的持续开展
23	《信息安全体系方案》	信息安全建设按照针对性安全问题和支撑性安全技术两条主线展开,这两条主线在安全建设过程中的关键节点又相互衔接和融合,最终形成一个完整的安全建设方案,并投入实施
24	《信息系统建设管理规范》	按国家信息安全相关政策法规和标准的规定进行信息系统建设的管理工作
25	《灾难恢复预案》	完成信息系统的灾难恢复工作,包括灾难恢复规划和灾难备份中心的日常运行、关键业务功能在灾难备份中心的恢复和重续运行,以及主系统的灾后重建和回退工作,还涉及突发事件发生后的应急响应

续表

序号	文档名称	制定目的
26	《信息系统授权审批制度》	对沈阳市大东区教育局的信息系统的可靠性、稳定性和有效性进行授权、审批，降低信息安全风险，维护沈阳市大东区教育局切身利益
27	《信息安全产品采购使用管理制度》	推动信息系统管理的规范化、程序化、制度化，加强信息安全产品的管理，规范安全设备购置、管理、应用、维护、维修及报废等方面的工作

2.4.2 智慧教育应用制度

2.4.2.1 课堂教学制度

(1) 课前要针对不同课型进行基于诊断性测验或学情报告的精准化学情分析。教师通过智慧教育平台向学生推送测验试题和相关测验要求，学生根据要求在规定时间内完成试题的作答并提交作答结果。教师根据各种类型的分析报告，对教学资源、教学流程、作业布置、数据利用等方面进行针对性设计，进而对教学目标、教学资源、教学策略进行精准准备。

(2) 课中要通过情境化问题设置、探究式学习方式、智能及多元化课堂互动、实时化测评反馈等途径进行智能化课堂实施。

(3) 课后要依据每个学生课堂学习情况，进行个性化作业编排及推送，并基于学生课后作业完成的数据结果，对学生进行针对性辅导和帮助。同时，教师根据学生回答问题、参与活动、讨论发言、作业完成等方面的表现，对学生的学习态度、知识理解、技能掌握全面进行多元化学习评价。

2.4.2.2 作业实施制度

依据中共中央办公厅、国务院办公厅发布的《关于进一步减轻义务教育阶段学生作业负担和校外培训负担的意见》和沈阳市《关于印发〈以"双减"试点为引领打造"幸福教育"实施方案〉的通知》要求，为深入贯彻党的十九大和十九届五中全会精神，有效减轻学生过重作业负担，提升育人水平，满足人民群众对更好教育的期盼，制定作业实施制度。

1. 常规性作业

(1) 健全作业管理机制。学校要完善作业管理办法，加强备课组、年级组作业统筹，合理调控作业结构，确保难度不超过国家课标。建立作业校内公示制度，加强质量监督。建立家长、学生反馈机制，设置班级作业协调委员，及时反馈，及时调整。严禁给家长布置或变相布置作业，严禁要求家长检查、批改作业。

(2) 提高作业设计质量。发挥作业诊断、巩固、学情分析等功能，将作业设计纳入教研体系，借助智慧教育技术，系统设计符合年龄特点和学习规律、体现素质教育导向的基础性、个性化作业。学校和教研部门合作，制定各学科作业设计指导意见，搭建作业展示平台，探索"基础＋拓展""基础＋特色"等多种类型的作业形式。坚持以学生自主完成为前提布置作业，鼓励布置分层、弹性和个性化作业。

(3) 加强作业完成指导。教师要认真批改作业，及时利用智慧教育平台做好反馈，加强面批讲解，认真分析学情，做好答疑辅导。

(4) 科学利用课余时间。学校和家长要引导学生放学回家后完成剩余书面作业，进行必要的课业学习，从事力所能及的家务劳动，开展适宜的体育锻炼，开展阅读和文艺活动。引导学生合理使用电子产品，控制使用时长，保护视力健康，防止网络沉迷。家长要积极与孩子沟通，关注孩子心理状况，帮助其养成良好的学习生活习惯。

(5) 加强作业管理与监督。实行作业三级监管制度，各职能科室和区学校教师定期对各初中智慧作业管理进行业务指导和检查反馈。学校实行作业管理校长负责制，制定作业管理办法，统筹各学科作业量，建立作业每周公示制度，主动接受社会监督。

2. 个性化作业

(1) 智能学伴端

智能设置控制作业总量。利用大数据收集诊断学情，设置推送练习题的最大数量和完成时长，依据学生答题情况智能生成个性化作业。

教师二次诊断确保作业质量。基于智能个性化作业，教师要进行集体教研，再次对智能推送的作业进行二次筛选和加工，确保智能个性化作业精准和有效，生成"一生一案"的智能个性化作业。

课后答疑实现因材施教。学生个性化作业在自主学习后仍然无法完成的知识点，老师进行课后点对点答疑辅导，实现针对性解决问题，让因材施教发挥最大效益。

深挖学情数据，把握教学方向。教师要深挖数据反馈的问题，通过集体教研进行归因分析，及时调整后期教学内容和策略，精准把握教学方向。帮助学生跳出题海，避免重复性、机械性、无效性作业，有更多时间归纳和整理学习内容，提升学习兴趣和学习效率。

(2) 个性化学习手册(纸质版)

① 个性化学习手册根据教学需要进行整体打印，学校要安排教学主任或专管校长进行签收并组织发放。任课教师要根据教学实际，合理布置及指导学生应用其个性化学习手册，保证完成质量；教务处定期检查学生完成情况、教师批阅情况，并及时反馈检查结果。

② 任课教师要依据教师手册中的共性问题进行针对性讲评，并安排时间帮助学生解决个性化问题，建立学科答疑制度。

个性化手册管理机制如图2.2所示。

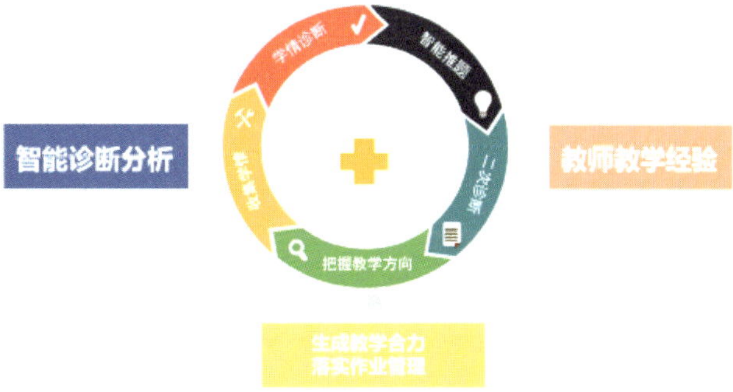

图2.2　个性化手册管理机制

2.4.2.3 课后服务制度

为进一步做好全区中小学生课后服务工作，根据《辽宁省教育厅办公室关于转发〈教育部办公厅关于做好中小学生课后服务工作的指导意见〉的通知》（辽教办发〔2017〕20 号）、《沈阳市教育局关于进一步做好中小学生课后服务工作的通知（沈教发〔2020〕59 号）》、《关于印发〈沈阳市关于义务教育阶段学校提升课后服务工作水平的指导意见〉的通知（沈委教领发〔2021〕7 号）》等文件精神，结合大东区实际，制定课后服务制度。

1. 基本原则

（1）坚持以学生为本。充分尊重学生的需求和意愿，围绕学生身心健康成长，科学合理安排课后服务内容。坚持自愿原则，严禁强制或变相强制学生参加课后服务。

（2）坚持规范管理。强化落实主体责任，统筹规划校内外课后服务资源，完善课后服务管理制度，实行“一校一策”管理方式，保障课后服务规范开展、优质高效。

（3）坚持公益普惠。充分体现学校课后服务的公益性和非营利性，采取财政补贴、服务性收费或代收费等方式筹措经费，减轻家长的经济负担。

（4）坚持安全第一。完善安全管理制度，明确安全保障责任，落实安全保障措施，制定应急预案，落实常态化疫情防控要求，确保师生人身安全。

2. 具体要求

（1）保证课后服务时间，实现工作日课后服务全覆盖。每周提供 5 天课后服务，每天不少于 2 小时。各学校放学后依次提供普惠性课后服务和个性化课后服务各 1 小时，课后服务结束时间原则上不早于正常下班时间。课后服务结束后，对有特殊需要的学生，可提供延时服务。

（2）支持探索开展寒暑假托管服务。根据家长和学生的需求，结合学校实际为学生提供假期托管服务。

（3）丰富课后服务内容。工作日普惠性课后服务及周末的小学课后服务内容以指导学生完成作业，进行答疑辅导为主。学校要进一步完善课后服务实施方案，增强课后服务的吸引力。依托区域课后服务平台，实现智能选课、排课，严格监管课后服务时长。个性化课后服务以综合素质拓展为主，可开展科普、文体、艺术、阅读、劳动、兴趣小组和社团活动。

（4）加强课后服务教师队伍建设。学校提供的普惠性课后服务以校内教师承担为主，管理人员及后勤服务人员应做好相应保障工作。个性化课后服务在充分挖掘校内资源的前提下，可充分利用外聘人员开展课后服务。学校外聘人员必须进行准入资格审查。

（5）拓展课后服务渠道。学校可引进非学科类校外培训机构参与课后服务，入选的非学科类校外培训机构必须具备证照齐全、行为规范、信誉度高、无违法违规记录等基本条件。学校要与引入的非学科类校外培训机构签订合同，按双方协议组织实施。

3. 经费使用与管理

（1）依规收费。公办中小学校普惠性课后服务所需费用由市级财政承担，纳入年度财政预算，不向学生收费。参加个性化课后服务依据沈教发〔2019〕88 号文件收费，收费工作由学校负责。

（2）规范支出。课后服务经费要专款专用。

2.4.2.4　设备使用制度

(1) 所有智慧课堂教室内的电子设备专人专用,由学校管理人员集中保管。使用者要按规范要求正确操作使用,注意设备的保管和维护,保证正常运转。

(2) 严禁所有师生不经管理人员同意,擅自使用中小学智慧课堂设备或将设备带出指定教室。若人为造成设备损坏,除追究当事人的责任外,其维修费用由当事人自行承担。

(3) 智慧课堂设备应注意在使用过程中的保管与维护,尤其是禁止学生恶意损坏学生机、禁止在学生机上乱涂乱画、禁止学生在智慧课堂班级内发生争抢等不文明行为、禁止学生私自将设备带出指定教室。

(4) 每个班由班主任指定四位小组长,小组长负责课前从充电柜中拿出设备、分发设备、课后收集设备,由教师带着班长共同维护超脑服务器和班班通设备,课后关闭所有电子设备、清点设备数量、检查设备状态、关闭服务器和班班通,检查教室门窗情况无误后锁上教室门。

(5) 对于出现问题的电子设备,学生应主动请示班主任,教师应主动向设备管理人员报告,禁止擅自维修等不当操作。未经允许,不得自行调换、拆卸、处理任何电子设备。

(6) 学生机有清晰的数量、型号、持有人等信息登记记录,一人一设备,禁止学生上课期间随意调换设备。

(7) 使用过程中损坏、遗失的物品应汇报登记,如有疏忽,将对所带班级教师追究相关赔偿责任。

(8) 智慧课堂设备是学校用于教学目的的投资,是开展教学活动的重要工具。严禁在工作时间浏览与学校工作无关的网页、资料,严禁利用设备玩游戏、观影、网上购物等或进行其他与工作无关的活动,严禁利用设备播放反动视频、访问不健康的网站。严禁在教师机中私自安装游戏等与教学无关的软件。个人不得随便安装网上下载的软件,防止染上“病毒”。发现设备故障及时报告,不得擅自进行维护,防止造成损失。

(9) 因所有电子设备均为智慧课堂定制系统,严禁私自在使用过程中恢复出厂设置、刷机等操作。

(10) 智慧课堂管理人员应注意定期观察设备电量,查看是否需要充电,确保设备的正常使用。若长时间不用,设备应处于关机状态。定期由管理人员安排值日生打扫智慧课堂教室卫生,做好防尘防灰工作。

2.4.3　考核制度

2.4.3.1　“四不两直”督导考核制度

智慧教育领导小组派出工作专班,不定期采取“四不两直”方式对学校开展督导评估,发现存在问题,及时督促整改,持续跟踪问效,并把评估结果作为衡量学校智慧教育工作效果的重要依据。

2.4.3.2 智慧教育工具应用考核制度

(1) 研训结合。组织各校每学期开展不少于 2 场的深化应用专场培训。培训主题包括信息技术在不同学科中的融合教学方式方法、信息技术在教育教学中的创新应用等。同时，大东区每年组织不少于 2 场专家讲堂活动，邀请国内教育学、教育技术学、教育心理学、大数据与人工智能等方面的知名专家和名校名师进行智慧教学展示和专题讲座，形成教育信息化背景下的教学思想和教育艺术分享机制。培训过后，组织学校以培训内容为主题，开展“名师工作坊”研修活动。

(2) 统一考核。面向全区任课教师，每年举行全区智慧教育工具应用水平考核。考核以线上答题与线下实操相结合的方式进行，考核成绩全区通报。对于没有通过考核的教师，统一组织培训及补考。

(3) 常态督导。利用区域教育大数据洞察系统，实时监测全区各校教师在备课、授课、作业等教学环节中的智慧教育应用数据，并进行定期数据晾晒与应用督导。

(4) 两级赛课。每年组织区、校两级智慧课堂赛课活动，通过赛课活动评选出的优质课例通过 AI 教研平台全区共享。

(5) 综评纳管。智慧教育应用是教师发展评价系统的重要指标，通过教师发展评价系统对智慧教育维度的纳管，实现了对教师应用工作的制度激励。

2.4.3.3 智慧教育综合管理考核制度

1. 智慧课堂

(1) 总体统筹智慧教育建设工作，制定学校智慧教育建设方案及三年行动计划，有具体人员责任分工，并对执行结果负责。

(2) 定期召开智慧教育建设工作推进会，总结经验，查找问题，定向整改，有会议纪实、照片、课件等。

(3) 推进智慧课堂深度应用，保证每位授课教师常态化利用系统开展备授课活动。结合学校课改成果，建设具有学校特色的智慧课堂教学模式及评价细则，有各学科、各课型的典型课例。

(4) 以智慧课堂应用为载体开展形式多样、效果明显的学科教研活动。充分利用教研平台开展时空教研等跨域教研活动，有教研纪实、活动纪实。

(5) 中层以上领导包学科，推进该学科常态化应用，听评课有点评、有指导。开展活动有纪实。

(6) 每学期归纳整理出具有学校特色的智慧教育成果集、案例集、心得体会集等。

(7) 校长每学期对全体教师进行一次智慧教育工作培训，有培训课件及培训材料；教学校长每学期对全体教师进行两次智慧教育工作培训，有培训课件及培训材料。

(8) 每学期开展两次智慧课堂应用的学生问卷调研及家长问卷调研，了解应用情况、感受及意见、建议反馈，有问卷结果报告及优化后续工作安排。

2. 智学网

(1) 学校统考学科均能利用智学网开展质量监测且达到考核频次要求。

(2) 充分利用考试报告进行质量分析，针对薄弱知识点，有精准的解决策略，有质量分析课件。

(3) 教师常态化利用系统开展考试测验、试卷讲评、课后练习、作业布置等。

3. 个性化学习手册

保证数学、物理、英语、化学学科考试或练习频次，教师充分利用手册设计课堂教学活动，解决共性问题，指导学生完成个性化学习，解决个性问题。

4. 云平台资源建设

(1) 学校有校本资源建设方案(包含制度、上传、审核、修改等)，具有校本资源特色。

(2) 定期完成区、校两级资源的更新和补充(微课、学案、课件、课例等)。

(3) 能积极主动丰富题库资源，将利用智学网进行的测试资源上传到题库。

(4) 组织学校教师积极参加各级各类教育信息化活动(课题、论文、公开课赛课等)，并且完成成果的沉淀和上传工作。

5. 云平台子系统管理

(1) 学校有专职部门负责学生综合评价系统的管理工作。有专人负责数据填报的审核工作，定期组织学生及班主任及相关人员填报、更新、补充系统数据。在区域统一的评价维度下，建立具有学校特色的评价模块，且符合学校特色建设及发展，数据翔实，内容丰富。

(2) 学校有专人负责教师发展评价数据的填报及核验工作，定期组织及督促教师及时记录和更新系统数据。

6. 设备维护

学校有专业部门负责智慧教育相关设备设施管理工作，形成制度，落实到人，定期检查、维护，有相关管理记录。

7. 云平台安全

学校有专人负责云平台日常运行管理及安全，形成制度。网络安全零事故。

2.5　区域智能化数据综合治理工具的应用

2.5.1　大数据洞察系统

大数据洞察系统是一个旨在为教育管理者提供全面的数据分析和可视化平台的分析工具。该系统通过整合来自不同教育环节的大量数据，帮助管理者深入了解智慧教育工作的推进情况，从而做出更加精准和及时的管理决策。

2.5.1.1　教育管理决策支持

管理者通过大数据洞察系统可以获取区域教育的全景数据，包括基础管理、教师教学、学生学习、资源积累情况等全面信息。系统提供相关数据可视化大屏，直观反映师生的应用情况，帮助管理者一站式把控区域智慧教育工作进展。

2.5.1.2　智慧教学活动监管

管理者通过大数据洞察系统可以查看智慧教学应用情况，并进行详细监管。系统提供的数据维度包括教师智能备课、授课与多元互动情况，学生互动参与率，以及教师在作业布置和批改方面的负担变化等。同时，系统详细记录备课、授课、互动、测练各环节的教师教学动作，确保教学质量的提升。

2.5.1.3　教育资源使用分析

管理者通过大数据洞察系统可以全面掌握区域资源的建设与使用情况，包括资源的使用与贡献情况，如学科、年级分布及资源使用频度和排行等，帮助教育管理者了解当前区域内资源建设和使用情况，评估资源配置的合理性。

2.5.1.4　信息化设备使用监管

管理者通过大数据洞察系统可以获得区域内各类信息化系统的应用情况，通过学校、教师的信息化使用报告，详细了解信息化的具体应用情况。同时，系统对硬件设备的数据进行分析，包括学生设备、教师设备及教室设备的活跃数据和使用时长等指标，帮助教育管理者了解硬件设备资产的建设及使用情况。

通过大数据洞察系统，教育管理者能够实时监控和分析教育过程中的关键数据，实现教育管理的数字化和科学化，有效提升管理效率和教育质量。

2.5.2　安全管理系统

大东区校园安全管理平台结合校园安全管理制度，将安全管控全面应用到出入校管理、访客管理、安全巡查管理、智能预警、隐患排查治理、家校互动、智能安保等核心校园安全应用场景之中，通过利旧接入学校的普通摄像头，利用 AI 智能分析实现学生异常行为预警、黑名单预警、陌生人出入预警、周界翻越预警、人员聚集预警、人员倒地检测等功能，当前已经接入 75 所公立学校。汇聚管辖范围内所有学校的基础信息和三防数据，真正做到事前预防，避免安全隐患，并且有效提高了校园安全管理的效率和效果，能够在第一时间发现和解决安全问题，提高了学生和老师的安全意识，增强了他们的自我保护能力。

2.5.3　可视化运维系统

随着大东区教育数字化转型工作的不断推进和智慧教育的全面引入，区域级学校对 IT 系统的依赖程度越来越高。如何高效地管理、监控和维护复杂的 IT 系统，成了一大挑战。为高效解决 IT 系统的运维管理问题，大东区引入了可视化运维管理平台。

可视化运维管理平台是一种通过图形化界面展示 IT 系统运行状态、资源使用情况、性能数据等信息的系统管理工具。它能够将复杂的运维数据转化为直观的图表、图像,使运维人员能够快速了解系统状况,从而做出准确的决策。

2.5.3.1 整体监控

系统整体页面通过个性化配置,打造根据不同角色人员的关注点和差异性实现个性化的统一首页展现。管理者在进入系统的第一个页面,就对整个网络运行情况了如指掌。

(1) 系统总览:实时展现全网络环境中网络设备、服务器、链路、服务、业务、应用、其他设备的不同状态数量(健康、亚健康、可用、不可用),从总体上查看网络中各种资源的可用、健康数量等情况。

(2) TOPN 条形图:网络设备、服务器 TOPN 条形图,支持自定义配置核心设备、核心指标的 TOPN 数据来源,通过可视化即可一目了然,管理者可对异常提前预知,做好数据分析。

(3) 当前关注:采用动态图表轮播展示的方式直观显示出运维人员所关注资源的当前运行情况,能把多个重要的网络设备、服务器、虚拟化、存储、应用、防火墙、业务、网站等设为我的关注,方便查看。

(4) 异常一览:可根据资源类型、异常等级、恢复及确认状态和时间范围等查看异常信息。

(5) 报表一览:直观查看自己订阅的报表数据,支持快速转发给领导或转发邮件。

2.5.3.2 个性网管

系统可打造个性化自定义界面,管理者可以根据自己的关注点、职责、权限进行多维度多视角的自定义界面搭建,结合日常运维管理,从实际情况出发,打造属于自己的定制性监控界面。

(1) 组件添加:手动添加个人所关注的页面组件,比如资源详细信息、指标分析,在"我的"页面进行统一信息展现。

(2) 自定义布局:支持页面布局及各页面组件显示的内容编排与自定义。

(3) 多视角管理:支持分用户、分角色、分权限的多视角管理。

(4) 关注点建立:支持每个用户建立多个"我的"页面,便于做好不同视角、不同类型的自定义组件关注点。

(5) 内嵌功能:添加第三方页面内嵌功能,将用户关注的第三方平台页面直接在网管中嵌入,进行统一系统查看和管理,提高用户的工作效率。

2.5.3.3 实时管理

通过自动发现机制,识别在线网络设备的具体情况,一览监控提供对 IT 设备的资源管理、性能监控、故障定位、数据分析、资产管理、可视化展现等做到实时监控,将 IT 运维管理设备的运行情况一览无余。

(1) 网络设备管理:系统可对网络设备监控,通过数据可视化的形式进行呈现,把复杂抽象的数据信息以合适的视觉效果动态呈现,直观反映设备各项指标运行情况。

(2) 服务器设备管理：系统可对服务器进行监控，支持多种操作系统，划分 Windows、Linux、Unix 以及国产化服务器中标麒麟、统信 UOS 等主流操作系统。

(3) 安全设备管理：系统将对防火墙、防毒墙、上网行为、负载均衡等安全设备进行全面实时监控，对设备的健康度、可利用率，CPU、内存利用率、性能指标和监控指标进行实时管理，并对当前安全设备的端口状态和性能进行管理，清楚了解每个端口所连接的网络设备和流量数据，对常用性能指标进行实时监控。

(4) 应用管理：系统将实施软硬件结合管理，提供数据库监控功能，对数据库进行管理，对数据库的连接情况以及表空间使用情况进行监控分析和预警，保证数据库的安全，优化数据库的性能。

(5) 故障管理：系统可对故障进行统一展现，通过客户端、邮件、短信、微信、声光等多种方式告知运维人员，并提供知识库，方便用户对所有的异常信息进行受理和诊断。

2.5.3.4 报表分析

系统将提供数据报表，主要包含报表、分析、智能巡检三类报表，通过数据的整合和智能分析，将重要的指标项以内建的模板形式呈现。

(1) 报表对象：网络设备、服务器、链路、服务、应用、业务、网页、综合、异常报表。

(2) 报表功能：模板、订阅、退订、外发。

(3) 报表管理：支持 PDF、Excel 等格式的导出和邮件订阅。

(4) 报表指标：月、年各级指标的实时趋势、历史分析和日、周报表统计以及历史趋势分析。

(5) 报表查看：提供直观简明的图表报告，如条形图、曲线图、饼图，支持 PDF、Excel 格式导出。

(6) 模板策略：系统提供各种类型的报表模板，可直接启动，进行订阅。支持自定义报表模板以及各种类型、时间和权限。

(7) 实时分析：支持提供数据进行分析，提供自定义时间，可对多个设备和多个指标进行对比分析。

(8) 历史分析：支持提供数据进行分析，提供自定义时间，可以对一个设备不同时间的指标进行分析。

(9) 对比分析：支持提供数据进行分析，提供自定义时间，可以对添加的资源和指标类型进行对比。

第 3 章　新质环境建设

智慧教育环境作为新质教育环境，它不仅代表了在教育模式和环境的革新，更重要的是在教育理念、教学模式、治理方式等方面进行了全面的升级和重构。这种新质教育环境为每一个学习者提供了更加公平、高效和个性化的教育服务，推动了区域教育事业的高质量发展。

3.1　新质教育环境建设意义

教育的根本目标是培养造就中国特色社会主义事业合格建设者和接班人。智慧教育指向数字时代的新质人才培养，迫切要求教育教学环境加快变革创新速度，全面推动信息技术与教育深度融合，加速推进大规模个性化教育，构建人本、开放、平等、可持续的教育新生态。

一是智慧教育环境通过集成现代信息技术，如大数据、云计算、人工智能等，重新定义了教育的形态和路径。从核心理念上看，智慧教育不仅是关乎民生的具体行动，更是关乎国计民生的重大战略。它通过科技赋能和数据驱动，推动教育变革，为每个学习者提供适合的教育，实现因材施教的千年梦想。

二是智慧教育突破了传统学校教育的边界，实现了多种类型、资源、要素的多元结合。在这种环境下，学习不再局限于学校的物理空间，而是融合了家庭、社会等多元育人场所，构建了一个人人皆学、处处能学、时时可学的高质量个性化终身学习体系。这种全方位的学习环境不仅提高了学习的便捷性和可达性，还促进了教育资源的共享和优化配置。

三是在智慧教育环境中，教学范式也经历了根本性的创新。智慧教育将物理空间、社会空间和数字空间融合，创新教育教学场景，促进人机融合，培育跨年级、跨班级、跨学科、跨时空的学习共同体。这种教学模式不仅使规模化教育与个性化培养有机结合，还通过智能技术的应用，改变了传统的课堂形式和教学内容的呈现方式，使学习成为一种更加美好的体验。

四是智慧教育环境还以数据治理为核心，推进教育管理与业务流程再造，提升教育治理体系和治理能力现代化水平。这种基于数据和技术的教育治理模式，能够更精准地评估和监控教学质量，推动教育决策和管理方式的现代化，从而提高教育系统的整体效率和效果。

3.2 新质教育环境建设路径

2021年教育部等六个部门印发《关于推进教育新型基础设施建设构建高质量教育支撑体系的指导意见》，提出到2025年基本形成结构优化、集约高效、安全可靠的教育新型基础设施体系，并通过迭代升级、更新完善和持续建设，实现长期、全面的发展。大东区从2014年开始启动智慧校园建设，通过统一标准、逐校推进、应用示范，获得了“全国信息化创新应用典范区”域称号。随着《中国教育现代化2035》及《教育信息化2.0行动计划》等指导性政策的出台，在原有数字校园的基础上，实施智慧教育基础环境升级行动，实现校园智慧化升级。

3.2.1 智慧硬件设施升级

智慧教育基础环境升级行动包括以下四个方面内容：

一是完成校园网络带宽扩容，实现网络1000 Mbit/s到校、50 Mbit/s进班，为智慧教育发展修好“高速公路”，满足各类校端应用的网络带宽需求。

二是完善网络及信息安全管理，加强各学校在专线网络、无线网络、智慧运维方面的集中可视化管理，建设覆盖大东区所有学校的网络与信息安全预警体系，促进数字校园应用深入普及。

三是实现教与学智能终端全覆盖，为全区教师提供办公、备课及教研一体化终端及移动教学终端，保障融合信息技术的教育教学工作顺利开展。为全区四到九年级学生配备绿色护眼的智能学习终端，创造时时可学、处处能学的智慧学习环境。

四是创设智慧教学支撑环境，为每个教室配备智能物联终端，打造沉浸式教学环境，支撑智能化、情景化教学形式的开展，为推进课堂革命、创新教学模式提供基础支撑(图3.1)。

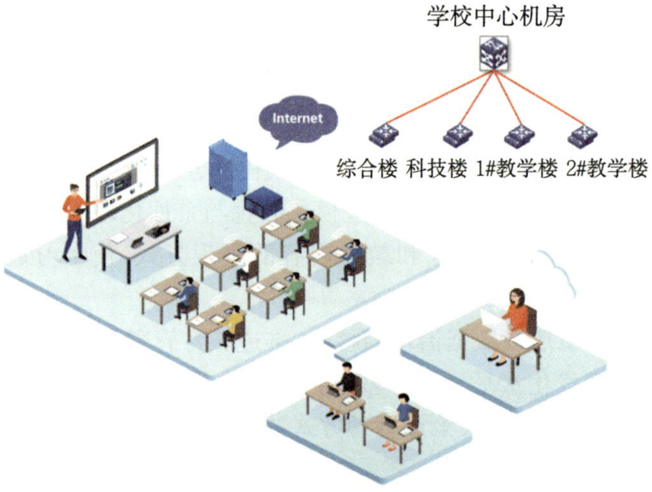

图3.1　智慧教学支撑环境

3.2.2　智慧教育平台建设

2023 年 6 月，教育部召开全国教育数字化现场推进会，强调要大力推进国家教育数字化战略行动，要以数据资源为要素，赋能学生学习、教师教学、学校治理、教育创新，并加强和夯实应用，提高人才培养质量。智慧教育平台作为支撑教育数字化转型的新型基础设施，以数据为核心、生态为基础、能力为导向，构建标准统一、开放共享、技术集成、交互可视的服务支撑体系，支撑教育数据治理现代化、教育决策科学化、教育管理精准化、教育服务便捷化，实现面向教育全场景的数据互联互通、应用生态服务、优质资源普惠。

大东区通过实施建设以三个“一”（一个“底座”，一个“轴心”，一个“加工厂”）为主体、全区统一的“互联网＋教育”大平台（图 3.2、图 3.3），构筑学、研、教、练、评、管便捷化智慧服务，形成“管理智慧链”，并不断整合智慧链上、下游各环节，以“一平台多应用”满足应用有机联动、数据有机流转的需求。

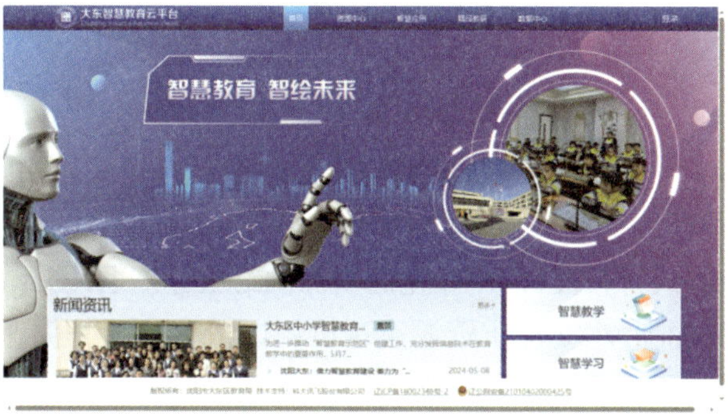

图 3.2　大东智慧教育云平台

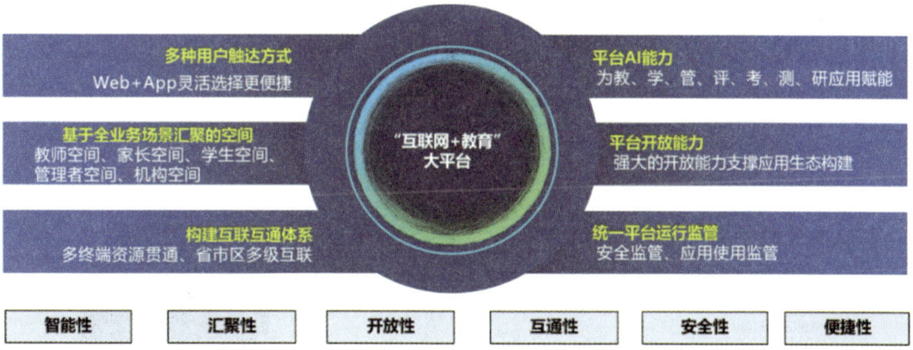

图 3.3　“互联网＋教育”大平台

一是夯实一个“底座”，完善智慧教育基础支撑能力。通过基础支撑平台建设（图 3.4），形成大东区统一的教育信息化应用服务门户，为全区所有教育用户提供统一的登录入口以及消息发布和获取通道，实现统一身份认证和一站式管理。为社会公众、普通用户、教师、学生、教研员以及各级管理者等角色提供统一门户。基于人人通空间建设规范要求，为用户提供网络学习空间服务，将汇聚的课程、资源、内容等在空间中统一呈现。构建统一资源与数据标准,形成开放融合的应用生态体系,上接辽宁省教育资源公共服务平台,下联校级平台,内通现有信息化应用系统,打通业务系统之间的数据壁垒,破除信息孤岛。

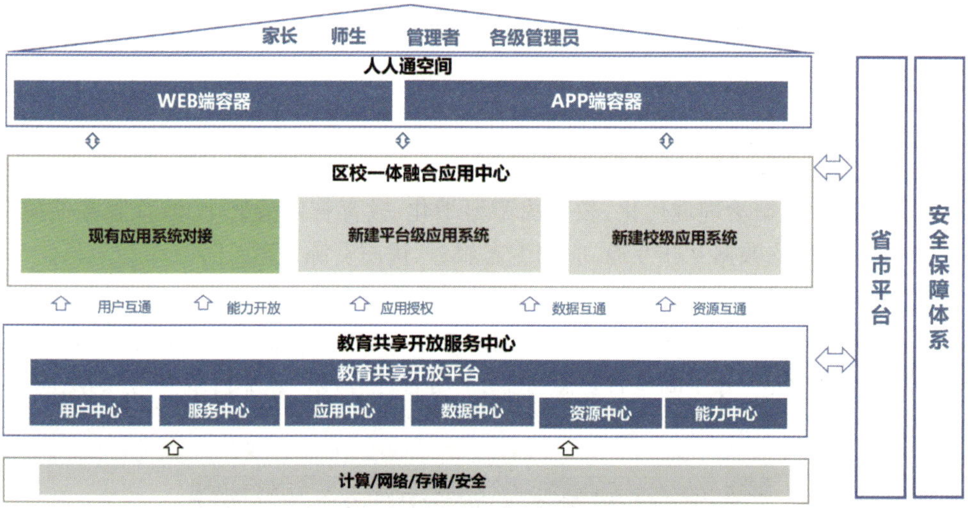

图 3.4 基础支撑平台

二是围绕一个"轴心",实现教育资源供给模式创新。在充分利用大东区现有教育数字资源基础上,以实现教育优质均衡为目标,以人人通空间为抓手,通过统一资源标准,利用整合、购买、共享等多种方式,构建区校一体化的资源供给服务体系(图 3.5)。以学科教研为抓手,统筹全区资源建设标准,建立优质资源遴选机制,通过"一师一优课、一课一名师",实现本地优质资源沉淀与共享。通过师生画像,实现个性化资源精准推送,创新和变革教育资源供给模式,从"人找资源"到"资源找人",为全区教育用户提供高质量的教育资源服务。

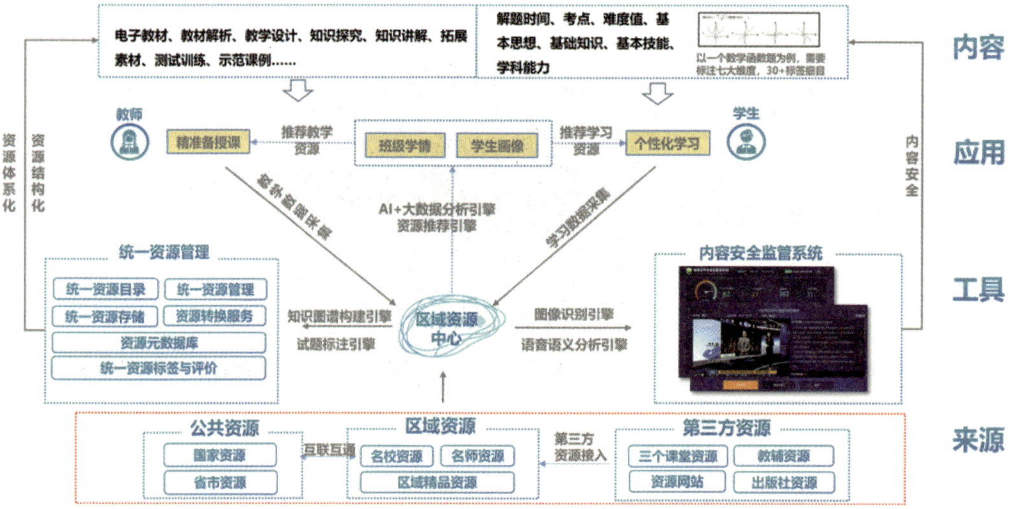

图 3.5 教育资源中心

三是建好一座"加工厂",提升科学决策和教育治理能力。实施教育治理能力优化行动,实现智慧教育应用的数据采集、清洗、储存、分析、建模等一体化大数据处理与应用体系,通过汇聚学籍数据、教学过程数据、考试数据等教学全场景数据，实现大数据驱动的智能化管理服务与教学服务(图 3.6)，提高管理者和教师的教育科学管理决策能力和精准教学能力。一方面，面向教育管理者，整合大东区教育基础数据、学校教学等数据，构建区校两级教育宏观全景分析，全面、精准掌握学校和师生情况，加强区域应用成效监管能力；另一方面，结合教育热点、难点问题，对学校管理、师生教与学过程数据进行深入挖掘分析，为教育各主体提供数据支撑。

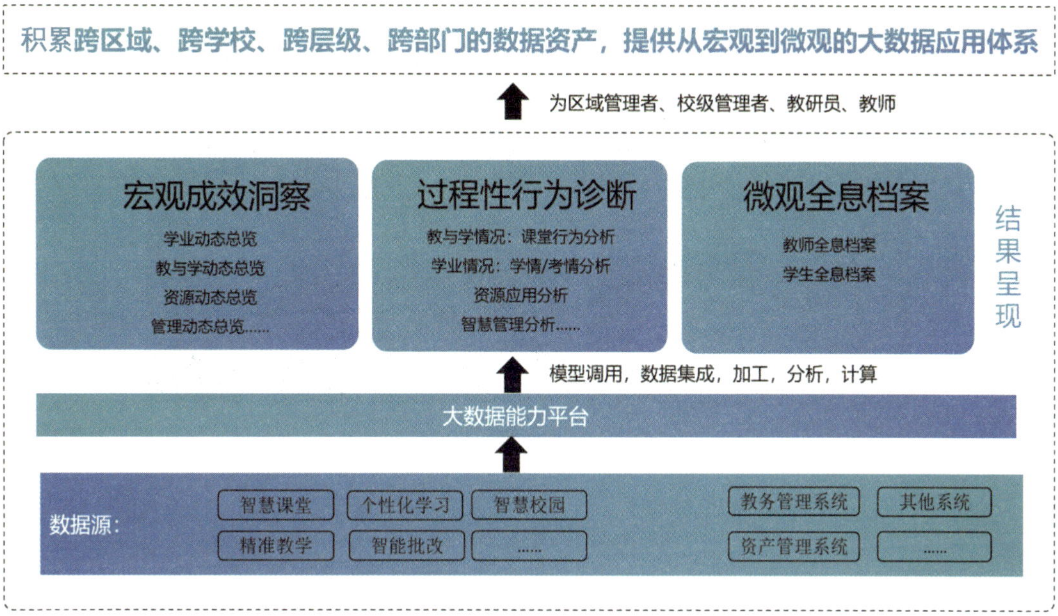

图 3.6　教育大数据中心

3.3　智能教育环境软件部署

为全面升级智慧教育环境，大东区全面部署智慧教育软件，覆盖学科教学、学生作业、自主学习等各个教学场景，助力师生提升信息化素养，提升教学质量，实现减负增效。

3.3.1　智慧课堂

智慧课堂是一款专为现代教育需求设计的综合性教学工具，旨在通过整合人工智能技术和教学资源，为教师和学生提供一个互动、高效、个性化的学习环境。该软件覆盖备课、授课、作业及自主学习等多个教学场景，并依托大数据分析来优化教学过程，实现因材施教，有效减轻师生负担(图 3.7)。

3.3.1.1　备课阶段

智慧课堂为教师提供了一个丰富多样的教学内容库，涵盖了全学科各学段的主流教材版本，同时还引入了大单元教学资源体系，与新课标、新高考、新教材的“三新”理念相契合，配备相应的教学及作业资源。在备课时，教师可以轻松地访问这些资源，包括教学设计、教学课件、经典习题以及拓展素材等，快速调取并加入备课本中，直接用于课堂教学。

图 3.7 智慧课堂

同时，智慧课堂打通了校本资源库，并接入了第三方资源，如学科网，确保教师可以统一备课。

此外，教师还可以利用系统提供的模板，自主制作交互式课件，智慧课堂系统支持如分类活动、语音测评等课堂活动在课件中的直接设置与调用，提升教师备课效率。

3.3.1.2 授课阶段

在授课环节，智慧课堂软件提供了多种教学方式，包括电子课本、课件、板书和作业讲评等，教师可以根据教学需要和个人习惯，选择最适合的方式进行教学。

同时，智慧课堂还提供了丰富的学科工具，使得数字化教学的优势可以在每个授课环节中得以彰显。例如，在语文课上，学生可以通过语音测评工具学习正确的字词发音，通过智能划词搜索直观地了解汉字的形态特征；在数学课上，教师使用几何工具可以实现图形的分割、平移、堆叠，让同学通过动态的观察，更直观地理解数学概念。

此外，在授课环节中，互动工具的运用是智慧课堂的另一大亮点，能够极大地增强师生和生生之间的互动，提升课堂的活跃度和学生的参与感。例如，教师可以利用随机作答、抢答等互动功能进行实时问答，通过学生端设备收集问题并在屏幕上展示，教师可以针对性地讲解，确保学生对课堂内容的理解和掌握；通过分组讨论功能，教师可以依据学生的学习状况和特点，将学生分成不同的小组，进行话题讨论或项目协作。这种形式的互动不仅有助于培养学生的团队合作能力，还能激发他们的创造性思维。在教学过程中，教师还可以利用智慧课堂的投票和调查功能，随时了解学生的意见和反馈，从而及时调整教学内容和方法。

3.3.1.3　作业布置与反馈

在作业布置方面，智慧课堂允许教师根据学生的学习情况布置随堂练习，并在学生完成作业后迅速进行批改。学生可以通过拍照上传纸质作业，系统会自动识别并判断正误，生成全班作答报告。针对错误题目，系统会推送原题和变式习题，帮助学生针对性地巩固知识。

根据学生的学情数据，教师则可以布置个性化分层作业，推送至学生平板，既避免了重复无效的练习，提高了问题解决的效率，又让教师可以及时掌握学生的作业完成情况。

教师在作业批改过程中(图3.8)，可以挑选收录典型作答，在作业讲评课上进行对比讲解，实现精准讲评。这不仅提高了课堂参与度，还提升了作业的实效性。

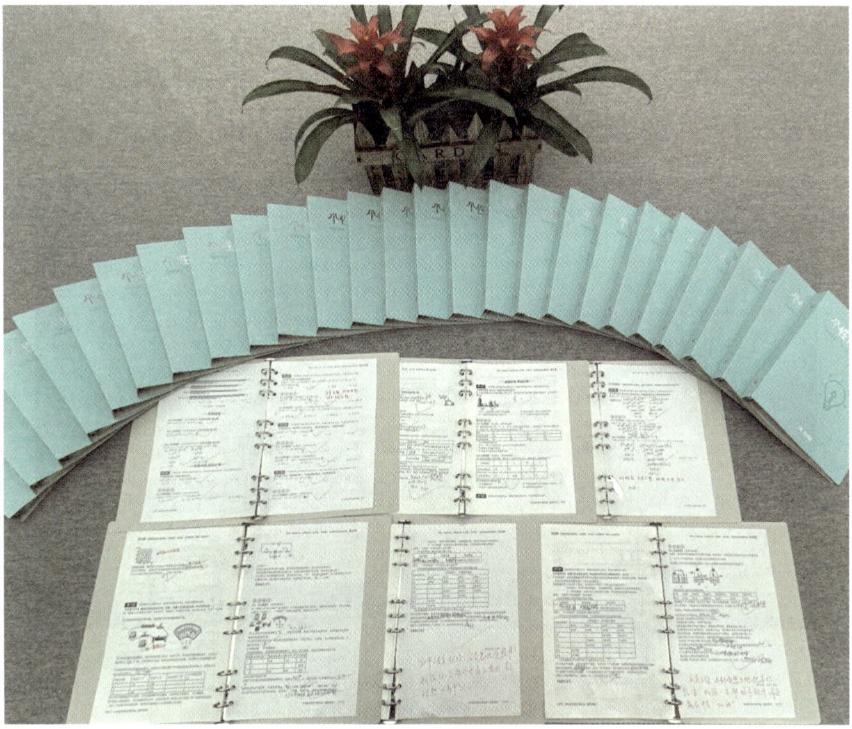

图3.8　作业批改

3.3.1.4　自主学习

智慧课堂软件的规模化应用，有效地推动了学生的自主学习。学生可以通过AI学功能进行快速的知识点测试，找到自己的薄弱点。系统会根据测试结果为学生规划最佳的学习路径，精准推送相关知识点讲解微课及练习题，帮助学生精准地巩固和提升知识。在自主学习过程中，学生可以看到知识点掌握程度的可视化呈现，从而有针对性地解决问题。而老师则可以在教师终端查看全班同学的自主学习情况，从而及时给予必要的指导。

3.3.1.5　数据中心

智慧课堂的数据中心为教学管理和决策提供了数据依据。它能够收集和分析来自考试、作业、课堂互动和学生自主学习等全场景的教学数据。这些数据不仅有助于教师精准教学和开展教研活动，还能帮助管理者科学决策。

对教师而言，数据中心可以提供基于教学场景的数据分析报告，如学情诊断报告和学业波动曲线，帮助他们了解班级学生的学业波动趋势，及时发现问题。

对校长等管理者来说，数据中心提供了学校整体教学产品的部署和使用情况。管理者可以了解教师喜欢使用哪些类型的教学资源，以及学校积累了哪些课程和微课资源。这些数据化为可视化的图表，形成了数据监管看板，为管理者的科学决策提供了依据。

3.3.2 大数据精准教学系统

大数据精准教学系统是一款集成全场景伴随式数据采集与教育评价维度的智能教学平台（图 3.9）。它通过千万级题量的动态更新题库、智能组卷、精准讲评与个性化学习辅导等功能，为教师提供高效减负的教学体验，同时帮助学生实现针对性学习，提升学习成效。

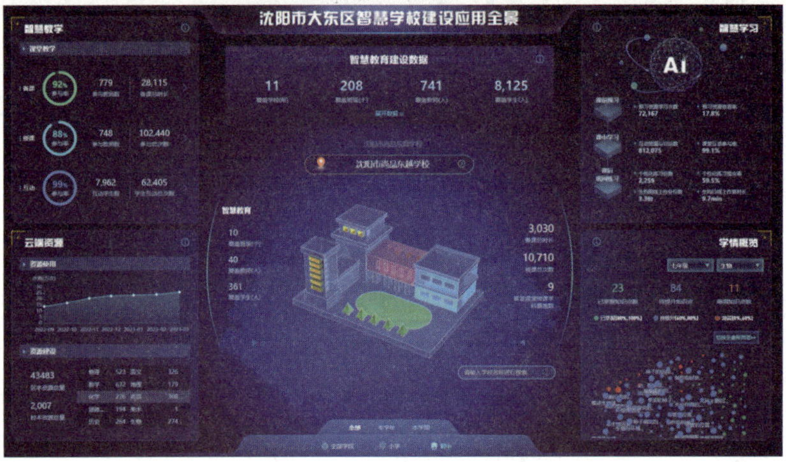

图 3.9 大数据精准教学系统

3.3.2.1 智能组卷与高效命题

大数据精准教学系统提供丰富的题库资源，覆盖全学科全学段，题量达到千万级，包含全国近 300 所名校资源，并每周更新，题库中的每一道试题均包含解题过程、知识点、难易度等信息，教师可通过年级、题型、类型等标签快速筛选题目。系统还支持智能组卷，如使用模拟组卷功能，选择任意一份真题试卷，系统可以自动从题型分布、知识点占比等维度进行全面分析，接下来以真题为模板，沿用系统提取的信息特征，就能生成模拟试卷。海量题库和智能组卷功能让教师能够高效地组织试卷，大大减轻传统命题组卷的负担。

3.3.2.2 智能批改与数据分析

系统具备智能批改功能，配备有强大的自动识别技术，不仅支持填涂答题卡结果的自动识别，还能识别老师原卷批改的痕迹。这显著减少了教师的阅卷工作量，提高了批改工作的效率和准确性。

此外，系统提供深入的学情分析报告，通过多维度数据展示，如学生成绩分布、知识点掌握率、题型得分率等，帮助教师全面了解班级和学生个人的学习状况。分析报告还能揭示学生的学习趋势和潜在问题，为教师制定针对性的教学计划提供数据支持。

3.3.2.3　精准讲评与教学反馈

利用系统的详细分析报告，教师可以精准定位学生的薄弱点，优化作业讲评。传统的讲评课较难抓住重点，现在报告帮助老师预置了讲评重点，错误率较高的优先排在前面，老师可以结合答题情况集中讲解典型题，解决班级的共性问题。在讲解的过程，还能对标注的优秀试卷展示讲解，也可以调取典型错误答案展开分层或分组讨论教学，请对应学生分享答题思路，共同找到错因。同时，系统还会根据学生的薄弱知识点，推荐变式练习，确保学生能举一反三。而在阶段性学情分析中，老师可以查看班级的共性薄弱知识点，针对性开展复习指导。

3.3.2.4　个性化学习与学情追踪

系统为每位学生定制个性化的学习路径，基于其实际水平和需求智能推荐适合的学习资源。通过精准分析每次考试的结果，系统生成个人知识点掌握进度跟踪表，红色标记未完全掌握的知识点，帮助学生及时了解自己的学习状况，明确薄弱环节。

在此基础上，系统还提供实时的学习反馈和进步追踪，使学生能够根据反馈调整学习策略，针对性地强化练习，从而实现学习效率的最大化。这一机制不仅增强了学生学习的自主性，还有效提升了学习成效，促进了学生的个性化发展。

3.3.3　AI 英语听说课堂

AI 英语听说课堂(图 3.10)是一款创新的英语教学工具，利用先进的语音识别和评测技术，通过高度互动和个性化的学习体验，提高学生的英语听说能力，协助教师高效备课、授课。

图 3.10　AI 英语听说课堂

3.3.3.1 资源高效管理

AI 英语听说课堂为教师提供了丰富的平台资源，方便老师高效备课。教师不仅可以访问各类与课程同步的电子教材和试题资源，还可以根据具体教学需求，灵活调配教学内容和上传个性化试题内容。此外，系统还集成了智能演示器，使教师能够免密码登录，通过远程操作进行课件翻页和软件操作，实现更流畅的教学过程。

3.3.3.2 课堂实时互动

在教学过程中，AI 听说课堂支持教师和学生进行实时互动。教师可以便捷地使用数字化教材内容，通过播放标准化的听力材料和课文音频来辅助教学。学生可以通过智能设备参与听力练习和口语训练，系统记录每个学生的作答情况并提供即时评估。这种模式不仅增强了学生的参与度，还帮助教师实时了解班级学习进度，调整教学策略。

3.3.3.3 课后自主练习

学生利用 AI 听说课堂进行课后练习时，可以根据自身学习情况，自主安排学习内容。系统提供丰富的题型和练习模式，如朗读单词、听后排序等，可帮助学生全方位提升听说能力。此外，系统还允许学生自主进行口语考核，自动评估学生的口语表达能力，并提供详细的反馈。这不但能帮助学生巩固课堂所学知识，而且能帮助学生根据个人需求进行针对性的复习和练习，提高学习的灵活性和效率。

3.3.3.4 全面考试准备

针对英语听说考试的需求，AI 听说课堂提供了全面的考试准备功能。系统内的模拟考试模块帮助学生熟悉考试格式，提高应试技巧。学生可以选择进行全真模拟考试，系统提供类似于真实考试的环境，并能在考后提供详细的分析和反馈。此外，根据学生的学习情况，系统会推送个性化的复习材料和练习题，帮助学生针对性地提升自己的弱项，从而更有效地准备即将到来的考试。

3.3.3.5 学习数据追踪

AI 听说课堂内置的数据分析系统能全程追踪学生的学习活动，从课堂教学到课后练习，再到模拟考试，所有数据都会被系统地记录下来。教师和学生均可以获得详尽的学习报告和进步反馈。教师可以通过后台监控每个学生的学习进度和成绩趋势，及时调整教学计划；学生则可以查看个人的学习报告，明确了解自己的学习优势和需要加强的方面。这种全方位的学习追踪和分析功能，确保了教师教学和学生学习始终处于最佳状态。

3.3.4 AI 教研平台

AI 教研平台是专为教育工作者设计的综合性教研工具，结合现代信息技术，为教师提供一个集集体备课、跨校教研、教研活动管理、教师培训与资源积累于一体的一站式平台，实现教研模式的现代化，助力教师专业发展，提升教育教学质量。

3.3.4.1　集体备课与跨校教研

教师通过教研平台可以进行线上集体备课，实时在线编辑和批注教案，并发起多人研讨。通过实时语音和视频连线，教师能够深入讨论教学重难点，所有讨论和备课过程自动记录。形成的教案可以下载供教学使用，实现教学资源的共享和优化。通过这一功能，跨校教研活动得以在线上举行，不同学校的教师能够无缝交流、合作，打破时空限制，促进优质教学资源的区域间共享，提升整体教学质量。

此外，平台还支持线上教研活动专题研讨，方便教师在线讨论疑难问题，支持文字研讨难点问题，通过多人研讨形成活动记录，活动结束后可上传活动总结以共享成果(图 3.11)。

图 3.11　教研活动

3.3.4.2　教研活动组织与管理

管理者通过教研平台可以为线下教研活动提供签到、问卷、投票及上传教案和听课笔记等功能，实现线上线下融合、过程留痕和成果沉淀分享。

同时，平台提供可视化的数据看板，展示线上教研培训数据、教研活动数据等。基于平台对教研过程、教研行为的数据收集，为教研员、管理员提供多维度的数据分析，方便精准高效地开展教研活动和教师培训工作。

3.3.4.3　教师培训与发展

平台提供以多样化课程为核心的共建共享空间，包括平台课程以及区域自主上传的特色课程，帮助教师提升专业技能，掌握最新的教育理念和技术。教师可以利用碎片化时间进行学习、考核和认证，实现自我提升。同时，管理者可以通过平台组织线上教师开展培训活动，培训活动可以以录播课程或直播活动等多种形式开展，满足不同的时间安排需求。

3.3.5 智慧书法系统

智慧书法系统是一款专为书法教育设计的创新教育工具，通过智能化的教学方法和个性化的学习体验提升书法技能学习效率与质量。该系统集成了高质量的教学资源、互动学习功能、即时反馈机制以及个性化的自我评估工具，为传统书法的教学与学习带来了革命性的改变，大大提升了教学的互动性、效率和个性化学习体验，有效地提高了学生的学习体验和书写技能(图 3.12)。

图 3.12 智慧书法系统

3.3.5.1 教学资源集成

智慧书法系统为教师提供了一个全面的专业书法教学资源库，包含了丰富的字体教程、运笔技巧和历史背景解析。这些资源使教师能够轻松地准备课程，确保教学内容的专业性和权威性，从而显著提升教学效率和质量。

3.3.5.2 互动学习体验

智慧书法系统支持课堂上的实时书写演示和名家书法视频播放，学生可以通过大屏幕直接观看和学习。这种直观的学习方式不仅能提高学生的学习兴趣，还能帮助他们更好地理解和掌握书法技巧。系统还支持将实时演示或预录视频与学生共享，增强学习的灵活性和互动性。在练习环节，智慧书法系统可以将课程内容实时推送至学生的个人临摹屏上，便于他们进行书写练习。系统能实时收集并分析练习数据，学生完成作品后可以上传至系统自动进行评分和提供反馈，实现及时且精准的评价，帮助学生快速改进。

3.3.5.3 个性化自评

通过智慧书法系统，学生可以在临摹屏上调整字的大小、笔画粗细及深浅，进行自主练习和测试。系统根据这些调整实时显示分数和改进建议，使学生能够得到及时反馈，主动参与学习过程、自我监督和评估进步。

3.3.6　AI 创新教育实验室

人工智能实验室是专为中小学人工智能教育设计的一个多功能学习与研究环境（图 3.13）。它集成了先进的教材资源、智能教具以及功能强大的教学平台，致力于为学生和教师提供一个全方位、互动性强的学习及教研空间。实验室内部配备有高速计算服务器、多媒体互动教学系统和各类传感器，支持复杂的机器控制任务。人工智能实验室是连接理论与实践、激发创新与合作的现代化教育平台，在这里学生不仅能学习到人工智能的前沿知识，还可以将所学知识应用到实际问题解决中，为将来的科技挑战做好准备。

图 3.13　人工智能实验室

3.3.6.1　集成式教学平台

人工智能实验室统一配备了集成式的教学平台，平台安装了语音合成、唤醒、文字识别、机器翻译等人工智能技术模块，方便师生调用。同时，平台上集合了多样化的教学资源，包括详细的教学课件、教学设计、互动式教学视频和全面的实验指导手册、学习单等。这些资源涵盖了从基础的 AI 概念解释到高级的技术操作演示，支持多种教学需求，帮助教师根据不同课程或学生的进度灵活调整教学内容。

平台还提供了一个高度互动的实验环境，根据感知-验证-探究的三级实验体系，搭建了虚拟实验环境，允许学生从平板端口进入，通过虚拟实验，测试和优化他们的 AI 模型，从而更好地理解理论知识的实际应用。

平台内置的图形化编程界面和传统的代码编辑器两种编程工具，可以支持从简单的拖放编程到复杂的算法开发。学生可以在平台上进行编程练习，实时查看代码执行结果，并与同学和教师共享他们的项目进度。这些工具不仅帮助学生掌握编程技能，还激发他们的创意思维和解决问题的能力。

3.3.6.2 系统性配套教材

AI 创新实验室配备了从小学到高中的所有学段的配套教材，由中央电化教育馆合作开发并精心编著。教材内容生动实用，逐步引导学生深入理解人工智能的基本概念和应用。每个学段的教材都包括理论学习和项目实践，鼓励学生通过动手实践来巩固所学知识，培养解决问题的能力，也为教师授课提供了有效支撑。

3.3.6.3 创新型智能教具

为提升学生的实操经验和创新思维，实验室配备了小飞机器人和未来派开源硬件两类智能教具，不仅让学生能够直观地理解人工智能的运作，还能通过实际操作这些教具，将传统科学教育与现代技术结合。

小飞机器人是一款可编程的智能教具，它集成了语音识别、图像识别和人机对话等多种人工智能技术。通过简易的编程接口，师生可以轻松实现人工智能功能的调用。在教学实践中，小飞机器人可以被应用于探索自动化控制和智能交互等领域，极大地丰富了教学的动态性和互动性。

未来派则包括拼接结构套件和具有人工智能能力的开源硬件，不仅可以像传统的创客教具一样用于搭建各种机械和电子设备，还能通过整合的 AI 技术，实现语音控制、视觉识别和自然语言处理等功能。未来派可以被用来制作相对复杂的机械装置，通过编程实现语音交互、声纹识别、图像识别等智能功能。

3.3.7 智慧体育系统

为响应国家对体育教学的高度重视，解决传统体育教学中数据收集难、教学评估不精确等难题，大东区引进智慧体育系统。该系统依托先进的智能穿戴设备、云计算和大数据分析技术，通过科技手段优化体育教学过程，实现因材施教，同时有效促进学生体质健康水平的全面提升(图 3.14)。

3.3.7.1 课堂分析报告

体育课结束后，智慧体育系统能自动生成详尽的课堂分析报告，包括班级整体表现和个人学生的具体数据。这些报告详细记录学生的平均心率、最高心率平均值及靶心率运动时间等关键指标，并给出科学合理的评语和建议。利用这些数据，体育教师可以轻松评估体育课的运动密度和强度，科学地分析和优化教学计划。学生则可以获得详细的个人运动数据分析，帮助他们了解自身的运动状况，从而更有效地提升体能。

图 3.14 智慧体育系统

3.3.7.2 体测成绩管理

通过智慧体育系统，学校可从多个维度对学生体测成绩进行详尽分析，包括总分、附加分、优秀率等，同时批量导入和导出学生数据，高效管理学生体测成绩。这不仅极大地提升了工作效率，还确保了数据的准确性和透明度。此外，系统还支持直接将成绩上报国家平台，大大简化了传统的数据上报流程。

3.3.7.3 运动处方与学生体质档案

智慧体育系统为每位学生根据其不同的运动状况生成个性化的体质健康报告和运动处方。体育教师可以根据这些个性化信息提供具体的锻炼指导，帮助学生针对性地提升体质健康水平。学生的个人体质档案会持续更新，包括体育课堂的关键数据趋势、运动表现重点数据分析以及国家体质健康测试结果，这为学生提供了一个全面了解自己体质状态的平台，也使得教师能够更加精准地制定教学计划。

第 4 章　新质教师发展

2023 年 9 月，习近平总书记指出，要“整合科技创新资源，引领发展战略性新兴产业和未来产业，加快形成新质生产力”。新质生产力发展的关键是培育新质人才，强化现代化建设人才支撑。教师作为教育变革的主要执行者，是培养新质人才的关键角色。这里的教师不是传统教育生态下的教师，而是具备数字素养，具有人机互动、人机协同能力的智慧教育生态下的新质教师，有效提升教师的数字素养，已是数字化时代教师发展的必然要求。

4.1　教师数字素养是新质教师发展的核心内驱力

教育数字化转型最终要落实到“人本”层面的数字化转型。作为教育数字化转型的核心实施者，要完成从知识的传递者成长为学习引导者、创新促进者和终身学习者的转换，教师数字素养培养与提升是夯实教育数字化转型关键软实力基础的重要举措，也是推动数字时代新质教师发展的重要内驱力。

4.1.1　数字素养是数字时代教师必须具备的核心素养

习近平总书记在北京大学师生座谈会上曾经提到：“随着信息化不断发展，知识获取方式和传授方式、教和学关系都发生了革命性的变化。这也对教师队伍能力和水平提出了新的更高的要求。”在数字化背景下，教育资源突破了传统的时空限制，学习方式更加多样化，交互性更强，教师不再仅仅是知识的灌输者，更是引导者和协助者。这就要求教师要适应数字化时代教育目标、教育环境、教育资源、教学模式发生的新变化，必须具备数字设备的操作能力、网络资源的筛选和整合能力、运用现代信息技术进行教学设计的能力、数据安全和隐私保护的意识，乃至于对数字文化和伦理的理解与认识。数字素养已经成为衡量一个教师专业能力的重要标准，它不仅关系到教师个人的职业发展，更是影响学生未来学习和适应社会的关键因素，因此，教师要更好地应对数字时代人才培养的挑战，更好地胜任未来的工作，成为数字时代高水平的新质教师。

强教必先强师，教师作为推进教育数字化的重要基础，如何切实加快数字时代教师发展速度成为当前教育领域的重点任务。2021 年 10 月，习近平总书记在主持中央政治局第三十四次集体学习时提到，“要提高全民全社会数字素养和技能”。随后，《提升全民数字素养与技能行动纲要》《“十四五”国家信息化规划》《2022 年提升全民数字素养与技能工作要点》等系列政策文件相继发布，强调了数字素养的重要性和必要性。2022 年 11 月 30 日，教育部正式发布《教师数字素养》行业标准，为教师数字素养发展提供了指导方向。而人工智能的加速发展将驱动教育教学从数字化、网络化向智能化转型升级，人工智能技术将在未来的课堂中被广泛应用，教师的 AI 素养变得更加重要，教师需要合理利用人工智能技术减轻工作负担，优化教学活动，创新教学形态，革新教学实践，将教师人工智能素养作为提升教师数字素养的重要一环。提升教师数字素养不仅可以帮助教师适应数字时代发展和促进教育创新变革，还对培育学生数字素养、培养高素质人才起到关键作用(图 4.1)。因此，提升教师数字素养已成为当前我国教师专业发展、队伍建设的重要工作。

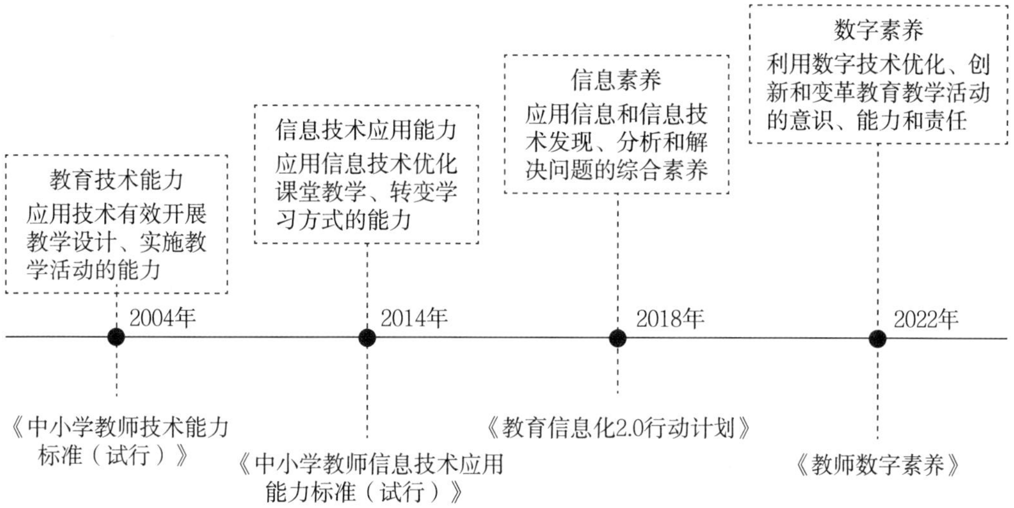

图 4.1　教师数字素养框架图

4.1.2　教师数字素养的核心内涵

教师数字素养是在教师教育技术能力、信息技术应用能力、信息素养等多个概念的基础上发展而来的一个更为高阶、综合的概念。根据教育部发布的《教师数字素养》行业标准，教师数字素养是指“教师适当利用数字技术获取、加工、使用、管理和评价数字信息和资源，发现、分析和解决教育教学问题，优化、创新和变革教育教学活动而具有的意识、能力和责任”。

教师数字素养包括数字化意识、数字技术知识与技能、数字化应用、数字社会责任、专业发展五个方面，五个维度互相支持和联系，共同构成了一个有机整体。其中数字化意识是教师在数字时代有效开展教育教学和持续发展的内在动力体现和前提，能触发教师开展教育数字化实践、探索和创新的积极性、能动性。数字技术知识与技能体现了对教师实现数字技术与教育教学深度融合的基本要求，增强数字技术学习体验。数字化应用是教师实现数字化教育教学的核心要素，需要以工作实践为核心，在实践中灵活运用数字技术设计、实施、评价和改进教育教学活动能力，尤其大概念、单元教学、主题化和项目式教学设计中合理融入虚实融合教学空间、多类型数字教育资源及数字教材的能力。数字社会责任是教师开展公平包容、绿色发展、开放合作的数字教育的根本保障，确保教师道德修养、行为规范与数字教育需求匹配，具有数字安全风险防范能力和数字安全管理能力(图 4.2)。专业发展有效支持教师开展数字化创新应用与实践。

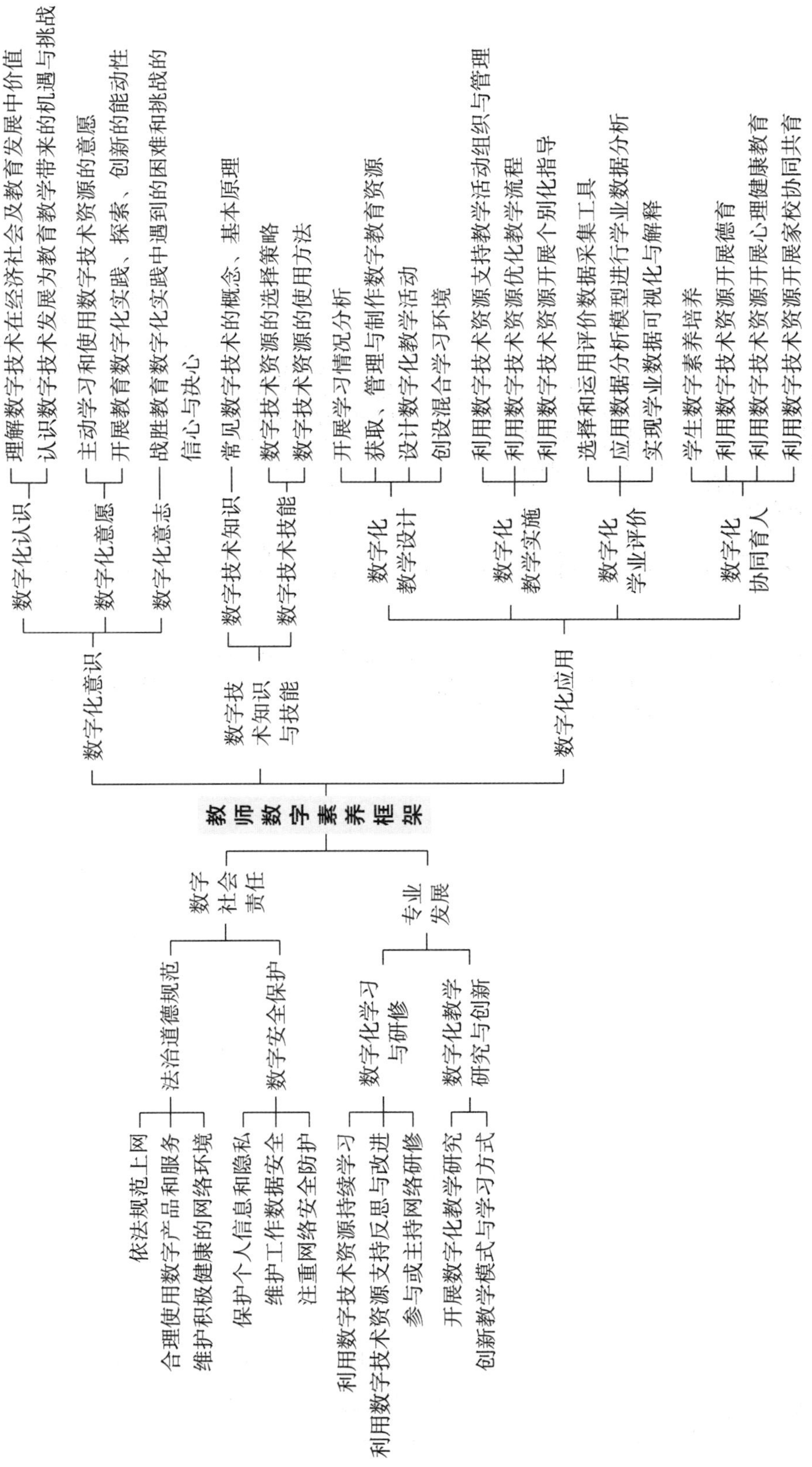

图 4.2 教师数字素养框架图

4.2　教师数字素养存在的问题分析

4.2.1　教师数字素养存在的普遍问题

4.2.1.1　在数字化意识方面

一是认识不足：虽然多数教师认识到数字化教学的重要性，但具体到实施层面时，缺乏足够的数字化意识和积极性，对数字技术的接受度和利用效率不高。

二是应用范围有限：很多教师仅将数字技术应用于非常有限的教学环节，如 PPT 展示，而未能深入课程设计、学生互动等更深层次的教学活动中。

4.2.1.2　在数字技术知识与技能方面

一是技术掌握不全面：部分教师对新型数字技术的了解和应用不足，如智能设备使用、在线交互平台等，导致不能充分利用这些工具来提升教学效果。

二是更新滞后：随着数字技术的快速迭代，一些教师在新技术的学习和应用上显得较为吃力，这影响了他们运用最新技术进行教学的能力。

4.2.1.3　在数字化应用方面

一是教学整合困难：教师在将数字技术与教学内容和方法进行整合时存在困难，往往无法做到科技与教学的深度融合，使得技术应用显得生硬和割裂。

二是创新实践不足：缺少将数字技术用于创新教学方法和开发新教学资源的实例，如 AR/VR、人工智能等高新技术在教学中的运用极为有限。

4.2.1.4　在数字社会责任方面

一是公平性问题：在数字化教学资源分配上，由于资金和政策支持问题，不能提供充足的数字教育资源，这在一定程度上加剧了教育资源的不均衡。

二是伦理与安全：教师在处理数字技术相关的伦理和安全问题时，如学生隐私保护，常缺乏必要的知识和策略。

4.2.1.5　在专业发展方面

一是培训机会有限：虽然有需求，但教师接受数字技术专业培训的机会相对不足，特别是面向新兴技术的应用培训更为稀缺。

二是职业发展规划缺失：在职业发展中，很少有明确将数字技术应用能力作为晋升和评价的重要标准，这影响了教师学习和利用数字技术的积极性。

4.2.2 大东区教师数字素养现状分析

基于目前教师数字素养存在的主要问题，为了更好地了解区域内教师数字素养现状、有效实施教师素养提升工程，大东区开展了专门针对教师素养现状的调研，为后续推进智慧教育建设、落实因材施教的理念和实践提供数据支撑。

调研比较分析了国内外学者对教师数字胜任力概念框架的界定，初步界定了覆盖知识、技能、人格特质、态度与价值观、智慧教学意识、理念与动机 9 个要素的教师数字胜任力理论框架，并据此编制了包含 9 要素、40 维度、160 项指标的评测工具（表 4.1），用于评估与指导智慧教学生态中教师队伍发展质量。

表 4.1　教师教学胜任力理论框架

要　素	维　度	衡　量　指　标	来　源
智慧教学知识	智慧教学视野	我了解人工智能、云计算、大数据等技术	赵忠君等，2020；赵忠君等，2022
		我了解智慧教育的前沿发展动态	
		我积极参与智慧教育教学工作坊，并尝试使用先进的智能技术进行教学	
	智慧教学技术性知识	我能够熟练地使用智慧教学环境，遇到技术问题（例如，网络连接失败蓝屏、软件启动不了等），我知道怎么解决	王思皖，2022；TPACK
		我能够轻松地学会并使用教学中需要的智能技术	
		我经常摆弄（钻研）技术	
	智慧教学数据知识	我具有教育数据相关的基础知识（如数据来源、内涵、特征、价值）	杨现民等，2020；张学波等，2022
		我知道一些学科特定的数据获取、处理或分析工具	
		我能根据数据处理的结果调整教学行为和教学方法	
	智慧教学应用知识	我能够使用适合我讲授的学科教学内容的智能教育软件	范建丽等，2022；韩晓玲等，2022
		我有掌握利用智能技术支持学生开展自主、合作、探究等学习活动的知识	
		我能够把讲授的学科内容、智能技术和教学方法整合到课堂教学中	
	智慧教学经验	我能够根据学生的实际情况灵活调整智慧教学计划和教学策略	吴树雄，2009；林海华等，2022
		我能灵活、冷静地面对智慧教学过程中发生的一些突发状况	
		我能够采用智慧教学手段与学生进行互动，激发学生学习兴趣	

续表

要 素	维 度	衡 量 指 标	来 源
智慧教学技能	智慧教学环境构建与应用	我认为智慧教学环境对于开展智慧教学具有很大的作用和价值	郑旭东等,2021;王艳,2021
		我认为智能教学设备能够很大程度地辅助开展智慧教学	
		我认为通过获取智能教学环境产生的数据能够提升智慧教学的效果与效率	
	智慧教学组织与创新	我认为在实践中使用智能技术能够优化课堂教学管理	韩晓玲等,2022;王艳,2021
		我认为利用智能化技术能够监控学生学习状态,从而提升智慧教学的效果	
		我认为智慧教学设备的创新性使用能够提升智慧教学的效果与效率	
	智慧教学评价与反馈	我认为使用智能技术能够实现多种学生评价方法	韩晓玲等,2022;王艳,2021
		我认为智能技术能为学生提供多样化的形成性评价和终结性评价途径	
		我认为使用智能技术的评价学生比传统评价学生方法更加便捷、高效	
	智慧学习与协作	我经常参与智慧学习活动	郑旭东等,2021;王艳,2021
		我经常借助智慧学习设备、平台和 App 等开展智慧学习	
		我经常与同事讨论如何在教学情境中使用智能技术	
	智慧教学资源组建	我认为通过专业知识和信息化手段整合或开发智慧教学资源能够很好地满足教学需要	王思皖,2022;赵忠君等,2022
		我认为使用智慧教学平台(如“雨课堂”“超星学习通”“智慧教室”等)能够有效地组织学习活动,如推送个性化学习资源、收集学习数据等	
		我认为运用智慧教学平台能够有效地对学生学习行为进行监控,如信息浏览、资源下载、生生交互等	
	智慧教学设计	我认为使用智能技术进行教学设计有利于改进教学、提高教学效果	王思皖,2022;赵忠君等,2020
		我认为选择合适的智能技术进行教学设计能够提升教学效果	
		我认为依据智能技术的特点与原则能够更好地呈现教学内容	

续表

要　素	维　　度	衡　　量　　指　　标	来　　源
智慧教学人格资质	智慧教学积极性	我对智慧教学推动教育发展的作用持乐观、积极、认同的态度	郑旭东，2019；欧盟“DigCompEdu”，2017；挪威“教师专业数字胜任力框架”，2019
		我会经常思考如何将智能设备、技术更好地应用在日常教学中	
		我对智慧教学相关知识，理论、组织形式持有强烈的学习欲	
	智慧教学自信	我相信我通过学习培训，可以胜任智慧教学工作	赵忠君等，2020；郑旭东，2019
		我认为我可以在实际教学过程中，根据不同智慧教学环境不断改进，调整教学策略	
		我认为主动地学习与接受新技术及智能设备，并批判性地思考该项技术与我的学科教学的适配度，这有利于提升智慧教学技术应用水平	
	智能设备应用毅力	我认为使用智能设备并不繁琐，不会为我的教学带来心理负担	赵忠君等，2020；郑旭东，2019
		我相信智能设备的应用会为课堂教学提升效率	
		我愿意长期使用智能设备，并积极将其融入在教学的各个环节中	
	智慧教学责任感	我认为自身作为智慧教学实践的主体，我会积极探索或思考智慧教学方法与模式	赵忠君等，2020；欧盟“DigCompEdu”，2017；挪威“教师专业数字胜任力框架”，2019
		我认为在智慧教学过程中发现问题与缺口，了解智能技术在课堂教学管理中应用的优点和缺点，能提升智慧教学的科学性	
		我会想办法解决问题，弥补缺口，改善智慧教学的缺点	
智慧教学态度与价值观	智慧教学多元融合态度	我认为秉持开放、共享的态度能够更好地进行智慧教学	赵忠君等，2020；郑旭东，2019
		我认为在教学过程中使用多种智能技术能够辅助智慧教学	
		我认为采用混合式、研究式等多种智慧教学模式能够很好地改善教学效果	
	智慧教学价值观	我认为应该遵守智慧教学道德与伦理准则	赵忠君等，2020；郑旭东，2019
		我关注学生在智慧教学过程中公平使用技术的权力	
		我认为智慧教学能够利用智能技术促进学生全面发展，落实立德树人的根本任务	
		我认可智能技术在教学过程中的价值	

续表

要　素	维　　度	衡　量　指　标	来　源
智慧教学态度与价值观	教学环境认同感	我认为智慧教学环境能够对教育发展产生积极影响	欧盟“DigComp Edu”，2017
智慧教学态度与价值观	教学环境认同感	我认为智慧教学环境能够帮助教师减轻工作压力	欧盟“DigComp Edu”，2017
智慧教学态度与价值观	教学环境认同感	我认为智慧教学环境能够帮助学生实现个性化学习需求	欧盟“DigComp Edu”，2017
智慧教学态度与价值观	智能技术倾向	我认为积极、主动地在智慧教学过程中使用智能资源和工具有助于智慧教学能力的提升	挪威“教师专业数字胜任力框架”，2019
智慧教学态度与价值观	智能技术倾向	我认为按需使用多种智能技术、工具与资源能够提升智慧教学效果	挪威“教师专业数字胜任力框架”，2019
智慧教学态度与价值观	智能技术倾向	我认为使用不同的智能技术能够创新教学	挪威“教师专业数字胜任力框架”，2019
智慧教学态度与价值观	数据判断力	我经常参加各种形式的相关技术培训	欧盟“DigComp Edu”，2017；挪威“教师专业数字胜任力框架”，2019；西班牙“通用教师数字胜任力框架”，2019
智慧教学态度与价值观	数据判断力	我对数据具有敏锐的洞察力和判断力	欧盟“DigComp Edu”，2017；挪威“教师专业数字胜任力框架”，2019；西班牙“通用教师数字胜任力框架”，2019
智慧教学态度与价值观	数据判断力	我能够清晰地分辨数据的种类	欧盟“DigComp Edu”，2017；挪威“教师专业数字胜任力框架”，2019；西班牙“通用教师数字胜任力框架”，2019
智慧教学态度与价值观	数据判断力	我认为结合数据与实际情况能够更好地支持智慧教学分析与判断	欧盟“DigComp Edu”，2017；挪威“教师专业数字胜任力框架”，2019；西班牙“通用教师数字胜任力框架”，2019
智慧教学态度与价值观	数据判断力	我认为在数据应用过程中应确保个人信息隐私和教育数据安全	欧盟“DigComp Edu”，2017；挪威“教师专业数字胜任力框架”，2019；西班牙“通用教师数字胜任力框架”，2019
智慧教学理念与动机	智慧教学理念	我经常关注智慧教学相关的教学法或教学模式，并已经形成了自己对智慧教学的见解	范建丽等，2022；赵忠君等，2020
智慧教学理念与动机	智慧教学理念	我对智慧教学的教育目的、教学目标、教学标准、教学原则、服务宗旨、教学任务有一定的想法，知道我要实施怎样的智慧教学	范建丽等，2022；赵忠君等，2020
智慧教学理念与动机	智慧教学理念	我可以根据学生状态调整教学，能够做到突出学生在智慧教学中的主体地位	范建丽等，2022；赵忠君等，2020
智慧教学理念与动机	智慧教学内驱力	我认为智慧教学可以提升我的工作效率，让我更好地从事教育工作	赵忠君等，2022；王艳等，2021
智慧教学理念与动机	智慧教学内驱力	我认为实施智慧教学可以帮助我提升绩效，实践智慧教学可以让我在工作中有卓越表现	赵忠君等，2022；王艳等，2021
智慧教学理念与动机	智慧教学内驱力	我认为实施智慧教学可以让我的学生得到更多的学习资源，开阔学习视野，实现更好的学习	赵忠君等，2022；王艳等，2021
智慧教学理念与动机	智慧教学内驱力	我认为实践智慧教学可以提高自身竞争力，是胜任未来教育工作的必需条件	赵忠君等，2022；王艳等，2021
智慧教学理念与动机	智慧教学兴趣	我喜欢钻研与实施智慧教学，我会阅读和学习智慧教学相关的书籍、文章或网站	田迎春，2022；刘芳，2022
智慧教学理念与动机	智慧教学兴趣	我经常关注智慧教学的形式、方法等细小而重要的事物，精益求精	田迎春，2022；刘芳，2022

续表

要素	维度	衡量指标	来源
智慧教学理念与动机	智慧教学的自我效能	即便没人指导，我也可以实施智慧教学，应用智能设备及软件	韩晓玲等，2022；张学波等，2022
		我相信我可以对智慧教学保持批判性思维，不断完善智慧教学	
智慧教学教师幸福感	智慧教学积极情绪	我在智慧教学过程中是愉快的	兰晶等，2020
		我在智慧教学时情绪是稳定的	
		我认可智慧教学所具有的价值	
	智慧教学满意度	总体上，我对智慧教学比较满意	张懿，2019
		智慧教学对我的专业发展有积极影响	
		智慧教学平台为我提供了丰富的教学资源	
	智慧教学投入	我每天会分配足够的时间进行智慧教学相关的学习活动	兰晶等，2020
		我在进行智慧教学备课等课前准备工作时是聚精会神的状态，时常忘记时间	
		我在进行智慧教学时很兴奋，时常忘记时间	
	智慧教学人际关系	我认为与同事维持良好的学习伙伴关系对智慧教学能力的提升有很大作用	兰晶等，2020；郭静，2018
		我十分愿意与同事交流在智慧教学中遇到的困难与问题	
		在进行智慧教学过程中，我与学生的关系非常融洽	
	智慧教学意义	我认为不断提升自身的智慧教学能力是十分有意义的	兰晶等，2020；张校瑜，2021
		我认为智慧教学实践有助于自身能力的提升	
	智慧教学成就	我对自己教学效果的评价很满意，经常受表扬	兰晶等，2020；郭静，2018 张校瑜，2021
		我认为自身的智慧教学素养(包括智慧教学知识、智慧教学技能)较好，有自信心	
		我在智慧教学实践中能体会到成就感	
智慧教学意识	智慧教学伦理意识	我在进行智慧教学的过程中严格遵守道德法规、注重隐私保护	郑旭东，2019
		我在下载、安装、使用智能教育技术的过程中，会注意它的使用协议与权限	
		我认为应对违反智能伦理规范的数据收集行为进行纠正	
	智慧教学变革意识	我认为使用智能技术能使教学更加便捷	王艳，2021
		我认为智慧教学模式相比于传统教学模式能使学生更好地掌握知识	

续表

要　素	维　　度	衡　　量　　指　　标	来　　源
智慧教学意识	智慧教学终身学习意识	我制定了智慧教学终身学习规划、计划	欧盟“DigComp Edu”，2017
		我十分关注自身关于智慧教学的学习进展和效果	
		我会根据智慧教学的学习效果及时调整计划、改变学习方法	
	智慧教学数据意识	我认为智慧教学过程中产生的数据能够改善教学质量和效率	李新，杨现民，2020；欧盟“DigComp Edu”，2017
		我十分关注与我学科教学相关的数据平台、数据来源	
		我认为将教育数据相关的工具(如常见数据处理工具及其用途)应用到教学中能够提高教学质量和效率	
教师队伍建设	教师信息化素养提升	通过学校建设和发展，我已经掌握信息的获取、分析、加工、利用等相关能力	杨现民，2022；杨现民，李新，2021
		我可以通过信息技术等方式解决教育、教学及工作问题，提升效率	
		我能够批判性地评价、使用信息技术	
	教师综合评价体系建设	我认为智慧教学环境建设有利于促进教师评价	沈阳市大东区智慧教育示范区实地考察
		教师综合评价体系建设有利于教师发展	
		教师综合评价体系建设有利于学生发展	
		教师综合评价体系建设有利于学校管理	
	教研服务提升	我利用信息资源进行教研活动对我实际教学帮助很大	沈阳市大东区智慧教育示范区实地考察
		我可以运用教育数据进行教学反思与教研，提升改进教学策略	
		我认为智慧教学环境拓宽了我的教研思路，为精准教学提供了帮助	
教师职业倦怠	智慧教学压力	智慧教学的实践过程中，学习新技能新知识给我带来了压力	SME 模型；解鸣，2012
		智慧教学将课堂数据或相关信息实时传输给管理者，这让我感觉有压力	
		在实施智慧教学过程中，也带来许多迎检工作或教研考核工作，这让我感到有压力	
	环境因素	我认为现在的社会环境对教师要求偏高，要尽力满足社会期待，这让我感觉很累	
		社会舆论对教师很容易产生影响，这让我感到疲惫	
		家庭的压力让我在工作与生活上尽量平衡与斡旋，让我感到疲惫	

续表

要　素	维　　度	衡　　量　　指　　标	来　　源
教师职业倦怠	个人因素	我时常会感觉人际关系的处理(同事、家长、领导)让我感觉疲惫	SME 模型;解鸣,2012
		当有超出我的认知和应对能力的事件发生时,我会对我的职业产生倦怠的心情	
		当出现与领导、同事、家长等意见相左的情况下,我会感觉力不从心	

4.2.2.1 智慧教学知识内化

智慧教学知识是教师在智慧教学环境下进行教学所需要具备的专业性知识,主要包括智慧教学视野、智慧教学技术性知识、智慧教学数据知识、智慧教学应用知识、智慧教学经验5个维度15项衡量指标(图4.3)。

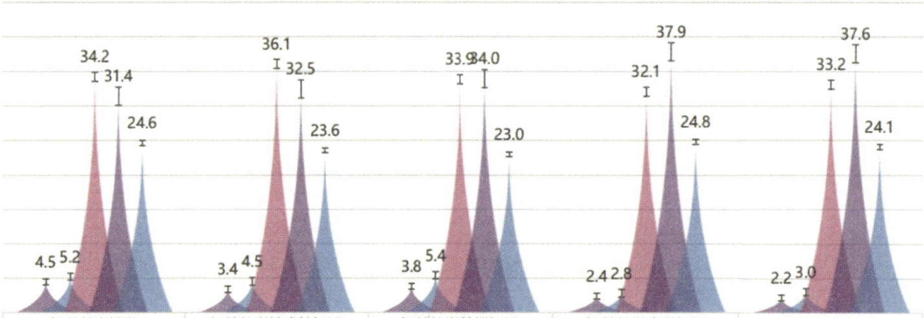

	智慧教学视野	智慧教学技术性知识	智慧教学数据知识	智慧教学应用知识	智慧教学经验
非常不符合	4.5	3.4	3.8	2.4	2.2
不符合	5.2	4.5	5.4	2.8	3.0
一般	34.2	36.1	33.9	32.1	33.2
符合	31.4	32.5	34.0	37.9	37.6
非常符合	24.6	23.6	23.0	24.8	24.1

▲非常不符合 ▲不符合 ▲一般 ▲符合 ▲非常符合

图4.3　智慧教学知识内化

调查发现,虽然教师智慧教学知识在智慧教学视野、技术性知识、智慧教学数据知识(如数据来源、内涵、特征、价值)等方面表现优秀,能够将技术知识与学科教学实践、学习活动有机融合,但仍有三成左右的教师在智慧教学知识层面上明显欠缺。

4.2.2.2 智慧教学技能提升

智慧教学技能是教师开展智慧教学时应该具备的教育教学能力,主要包括智慧教学环境构建与应用、智慧教学组织与创新、智慧教学评价与反馈、智慧学习与协作、智慧教学资源组建、智慧教学设计6个维度18项衡量指标(图4.4)。知识与技能相辅相成,教师拥有良好的知识体系,必然会为教师技能打下坚实基础;反之,教师具备良好的教学技能,也会促进教师的知识建构与再认知。

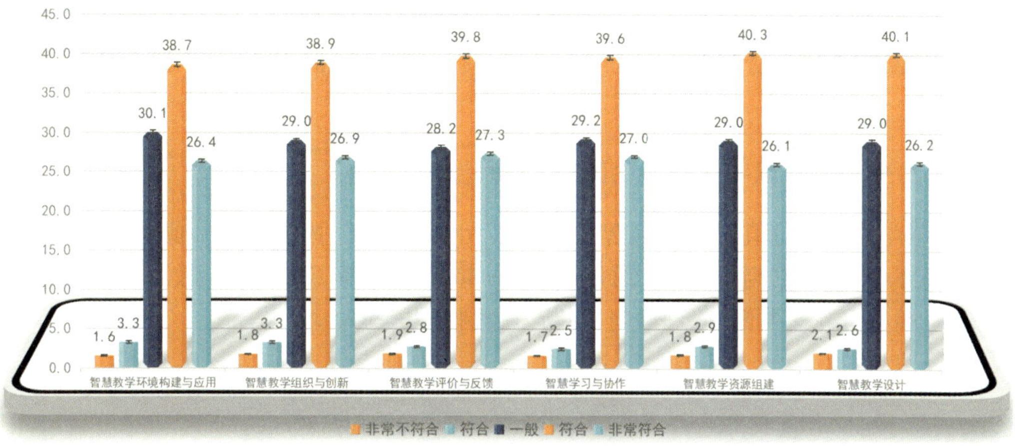

图 4.4　智慧教学技能提升

数据表明，有三成左右的教师在智慧教学技能层面上表现一般，尚未适应智慧教学技术和环境。

4.2.2.3　智慧教学人格发展

教师的智慧教学人格特质划分为智慧教学积极性、智慧教学自信、智慧教学责任感、智能设备应用毅力 4 个维度 12 项衡量指标(图 4.5)，探究了教师是否积极主动学习智慧教学相关理论知识和技能，是否持有将智能技术应用于教学实践的自主意愿，是否持有胜任、改进智慧教学实践的信心，能否对技术和教学进行批判性反思与改进，能否长期坚持开展智慧教学活动而不留负担，等等。

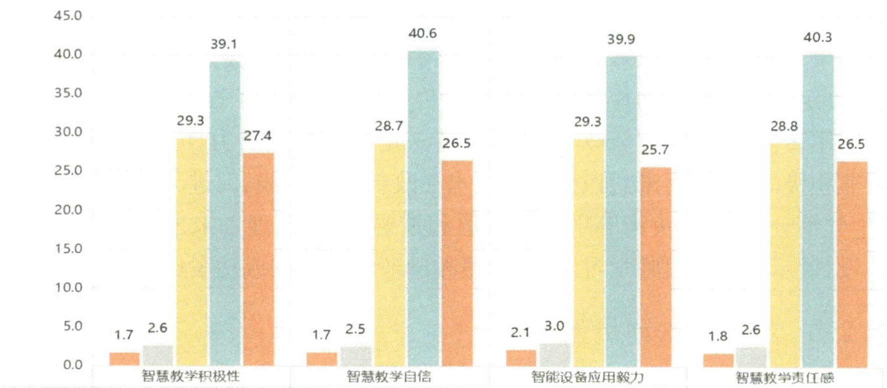

	智慧教学积极性	智慧教学自信	智能设备应用毅力	智慧教学责任感
非常不符合	1.7	1.7	2.1	1.8
符合	2.6	2.5	3.0	2.6
一般	29.3	28.7	29.3	28.8
符合	39.1	40.6	39.9	40.3
非常符合	27.4	26.5	25.7	26.5

非常不符合 符合 一般 符合 非常符合

图 4.5　智慧教学人格发展

从数据来看，66%以上的教师对智慧教育教学持有较高的积极性、认同感、自信心、责任感以及智能设备应用毅力，30%左右的教师对智慧教学的积极性、认同感及胜任智慧教学的自信心持一般水平，仅有 4%的教师认为智慧教学有些烦琐，影响了他们的智慧教学积极性、自信、责任感等；有利于智慧教育道德长久发展与技术的创新性、适切性应用，是较为理想的水平。

4.2.2.4 智慧教学态度与价值观滋养

智慧教学态度与价值观划分为智慧教学多元融合态度、智慧教学价值观、智慧教学认同、智能技术倾向、数据判断力 5 个维度 19 项衡量指标(图 4.6)，探究了教师对智慧教学模式的态度、价值和伦理判断、心理倾向、判断力和洞察力等。

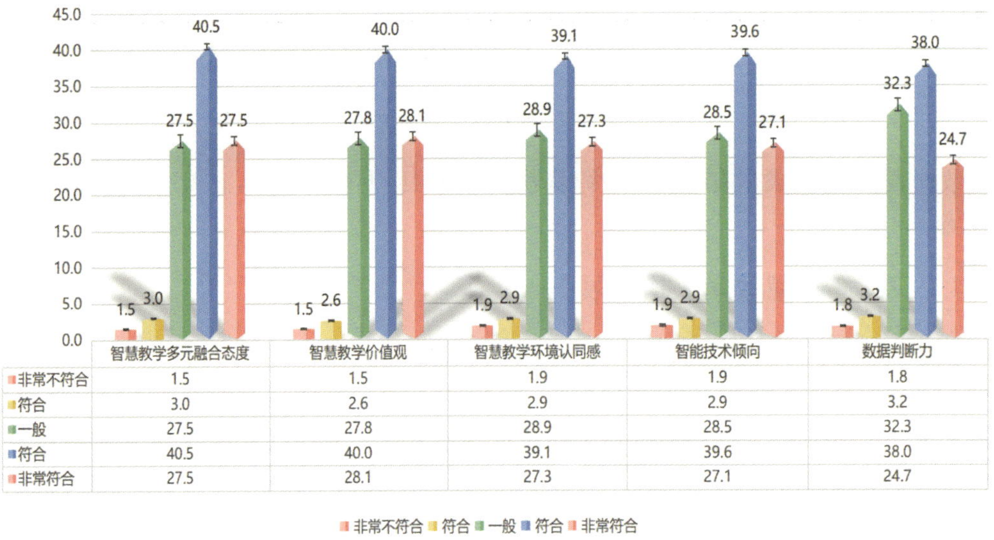

	智慧教学多元融合态度	智慧教学价值观	智慧教学环境认同感	智能技术倾向	数据判断力
非常不符合	1.5	1.5	1.9	1.9	1.8
符合	3.0	2.6	2.9	2.9	3.2
一般	27.5	27.8	28.9	28.5	32.3
符合	40.5	40.0	39.1	39.6	38.0
非常符合	27.5	28.1	27.3	27.1	24.7

图 4.6 智慧教学态度与价值观滋养

调查结果表明，大东区教师智慧教学态度与价值观整体上呈现积极、健康、正向发展趋势，具备了一定的多元融合的智慧教学态度与价值观，并能遵守智慧教学道德与伦理准则，能够按需使用智能技术，并创新教学实践；具备一定的数据判断力，但约 30%的教师对待智慧教学持非积极的态度，尚未意识到智能技术在改善教学实践、促进学生个性化学习和全面发展、学生学情分析、教学决策等层面的价值和重要意义；管理者未来应该加强智慧教学意识形态建设，展示或引领教师学习、观摩智慧教学环境建设的成功案例(图 4.6)。

4.2.2.5 智慧教学动机强化

智慧教学理念与动机要素主要分为智慧教学理念、智慧教学内驱力、智慧教学兴趣、智慧教学的自我效能 4 个维度 11 项衡量指标(图 4.7)，探究了教师的智慧教学意识、智慧教学观念、智慧教学理解、教学动力、目标和行动力等。

调查结果显示，约 64%的教师对智慧教学目标、教学原则、服务宗旨等方面的见解较为积极和完善，63%左右的教师经常关注与智慧教学相关的教学法或教学模式，更新自身的智慧教学模式；教师的智慧教学动机也得到了激发与强化，具有较高的自信心和内驱力，约 66%教师的工作效率或教学实践效果有了很大程度的改善和提升；同时，61%左右的教师有信心能够正确有效地使用智能教学软件与设备,有了更高的智慧教学积极性。

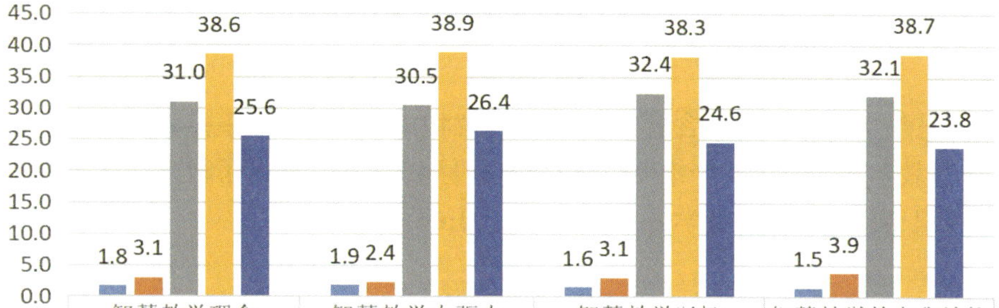

	智慧教学理念	智慧教学内驱力	智慧教学兴趣	智慧教学的自我效能
非常不符合	1.8	1.9	1.6	1.5
不符合	3.1	2.4	3.1	3.9
一般	31.0	30.5	32.4	32.1
符合	38.6	38.9	38.3	38.7
非常符合	25.6	26.4	24.6	23.8

非常不符合 不符合 一般 符合 非常符合

图 4.7　智慧教学动机强化

4.2.2.6　智慧教学幸福感维持

智慧教学教师幸福感要素主要分为智慧教学积极情绪、智慧教学满意度、智慧教学投入、智慧教学人际关系、智慧教学意义、智慧教学成就 6 个维度 17 项衡量指标(图 4.8),考察教师在智慧教学中获得的情绪和情感体验、认知和满意度、工作投入度、认同感、成就感等。

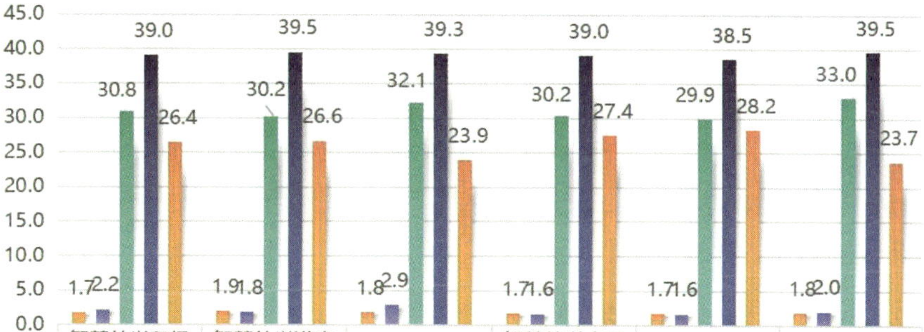

	智慧教学积极情绪	智慧教学满意度	智慧教学投入	智慧教学人际关系	智慧教学意义	智慧教学成就
非常不符合	1.7	1.9	1.8	1.7	1.7	1.8
不符合	2.2	1.8	2.9	1.6	1.6	2.0
一般	30.8	30.2	32.1	30.2	29.9	33.0
符合	39.0	39.5	39.3	39.0	38.5	39.5
非常符合	26.4	26.6	23.9	27.4	28.2	23.7

非常不符合 不符合 一般 符合 非常符合

图 4.8　智慧教学幸福感维持

整体而言,大部分教师认为能从智慧教学过程中获得教学幸福感,并且约 67%的教师十分愿意与同事交流在智慧教学中遇到的困难与问题,具备良好的智慧教学投入度和人际关系，能够在智慧教学过程中以充足的时间和精力保持专注、兴奋的状态以及良好的同事合作学习关系、师生互动关系。

4.2.2.7　智慧教学意识革新

智慧教学意识要素包含智慧教学伦理意识、智慧教学变革意识、智慧教学终身学习意识、智慧教学数据意识 4 个维度 11 项衡量指标(图 4.9)，探析了教师在智慧教学环境中技术伦理意识、变革意识、终身学习意识、数据意识的变化。

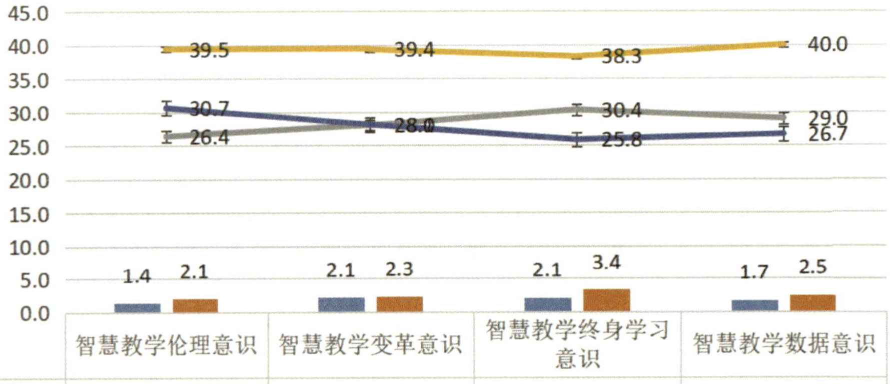

	智慧教学伦理意识	智慧教学变革意识	智慧教学终身学习意识	智慧教学数据意识
非常不符合	1.4	2.1	2.1	1.7
不符合	2.1	2.3	3.4	2.5
一般	26.4	28.0	30.4	29.0
符合	39.5	39.4	38.3	40.0
非常符合	30.7	28.1	25.8	26.7

图 4.9　智慧教学意识革新

调查结果显示，大部分教师在整体上具备积极良好的伦理意识、变革意识、终身学习意识、数据意识等智慧教学意识。68%左右的教师认为，使用智能技术变革自身教学实践可以有效提升教学效率。

4.2.2.8　智慧教师队伍建设

教师队伍建设要素中包含教师信息化素养提升、教师综合评价体系建设、教研服务提升 3 个维度 10 项衡量指标(图 4.10)，探讨了教师获取、分析、加工信息的能力，利用信息技术解决教学问题、进行综合评价、开展教研活动。

研究数据表明，64%左右的教师认为可以促进信息获取和加工、技术批判思维等信息素养提升，促进教师发展、学生成长与学校效能改善；约 66%的教师还希望能借助教研服务系统进行教学反思与教研，拓宽教研思路、改进教学策略。

4.2.2.9　教师职业倦怠祛魅

智慧教学中的教师职业倦怠要素主要包括智慧教学压力、环境因素、个人因素 3 个维度

9 项衡量指标(图 4.11),考察了教师在智慧教学环境中的压力和心理负担,以及社会环境、家庭与工作关系、人际关系等因素的影响。

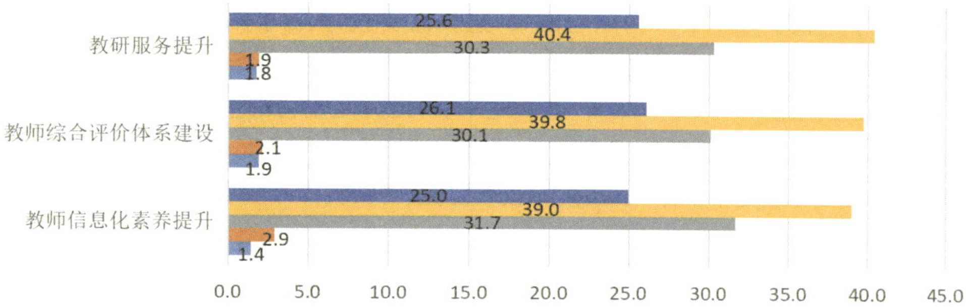

	教师信息化素养提升	教师综合评价体系建设	教研服务提升
非常符合	25.0	26.1	25.6
符合	39.0	39.8	40.4
一般	31.7	30.1	30.3
不符合	2.9	2.1	1.9
非常不符合	1.4	1.9	1.8

■ 非常符合 ■ 符合 ■ 一般 ■ 不符合 ■ 非常不符合

图 4.10　智慧教师队伍建设

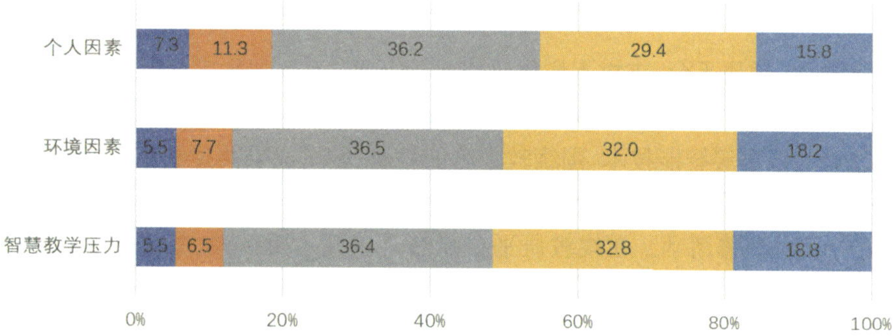

	智慧教学压力	环境因素	个人因素
非常不符合	5.5	5.5	7.3
不符合	6.5	7.7	11.3
一般	36.4	36.5	36.2
符合	32.8	32.0	29.4
非常符合	18.8	18.2	15.8

■ 非常不符合 ■ 不符合 ■ 一般 ■ 符合 ■ 非常符合

图 4.11　教师职业倦怠因素

按照数据统计结果,约 50%的教师在智慧教学中感受到了一定程度的压力。数据显示,教师压力主要有几个来源:一是社会舆论,社会对教育和教师的高期望、高要求等社会环境因素;随着信息社会对人才培养目标的要求不断更迭,教师的教学实践及其自身专业素养亟须更新,教师需要进行充分学习与准备以适应现阶段的智慧教学环境,导致教师产生一定程度的心理负担。二是教师角色身份复杂，要兼顾学校工作与家庭生活；在开展智慧教学的初期阶段，教师需要投入大量时间与精力，在一定程度上可能会激化工作和生活之间的矛盾，从而产生一定的心理压力。三是教师个人因素，教师对崭新的智慧学习环境会产生诸多疑惑，在智慧教学过程中产生很多问题与困难，这就需要教师与同事、管理者对话、交流与共享，而如果教师较为独立或社交能力与意愿较弱，会在一定程度上影响教师智慧教学的效果与效率，使其产生挫败感、压力。然而，辩证地来看，压力是动力的主要来源，长期处于舒适圈的教师往往容易走向教学孤岛、敷衍工作了事等消极境地。因此，管理者理应完善教师奖惩机制，做好教师心理健康工作，增强教师心理韧性，引领教师专业发展从自发走向自觉。

4.3 提升教师数字素养主要路径

针对区域教师数字素养存在的主要问题，大东区在智慧教育“1＋1＋3”建设框架下，实施教师素养提升工程，从系统化视角进行整体性建构教师数字素养提升路径。以师生数字素养标准框架为引领，以智能资源和环境为主要支撑，以优质多元的课程和活动为核心内容，以数智化、创新性的评价为保障，促进师生数字素养的培养与持续提升，为教育数字化转型和教师发展提供内生源动力和持久驱动力。

4.3.1 打造智能化的研修与实训环境

通过构建AI教研平台，支撑多样化研修活动开展，为教师数字化教学实践与学习培训创设数字化、智能化的研修与实践环境。AI教研平台是以网络环境为载体，深度融合智能语音、音视频、大数据等智能技术，围绕教师培训教研、教研成果共建共享以及研修管理等应用场景打造的一体化在线教研平台。

(1) 支持多种研修活动。在线教研平台能够支持开展听评课、集体备课、专题研讨、风采活动等活动，为教研活动的常态化开展提供智能高效的通道。

(2) 自动汇聚与共享教研成果。在线教研平台可自动汇聚、生成与展示研修活动中产生的各类教研成果，有助于构建支持教师数字化教学实践和专业发展的特色资源库。

(3) 教师研修档案。在线教研平台可以过程性采集教师培训、在线备课、教学反思等行为数据，跟踪教师学习和成长历程，形成教师研修档案，为教师评价、科学管理提供数据支撑。

4.3.2 建设优质多样的教师培训课程

充分发挥专家学者、优秀教师以及教育科技企业等多主体的协同力量，建设和开发多样化的教师数字素养培训课程资源。

开发多样化数字素养实训课程，为教师学习先进的数字技术知识与技能提供体系化、高质量的课程支持，构建包括融合数字素养的教师教育课程、通用性课程、拓展性课程等类型“东智云课”课程体系。其中融合数字素养的教师教育课程是在体系化的教师教育课程中融合数字技术相关的课程内容和主题；通用性课程是基于数字素养框架，为教师开设专门的数字素养课程；拓展性课程是汇聚和有效利用教师智能素养、数据素养、评价素养、信息素养等相关素养课程资源，补充和拓展教师数字素养课程内容。课程内容兼顾理论性和实践性，不仅为教师开设专门数字素养理论课程，还设计开发一些适合教师使用的数字教学应用方法的实操课程，提高教师的数字化教学实践能力。

多主体协同推进数字素养实训课程建设，发挥专家学者、优秀教师以及教育科技企业等不同角色的特色与优势，共同打造满足理论性、实践性、体验性三重需求的教师数字素养培训资源。其中，专家学者在把握前沿的教育理论与政策、指导教师基本教学方法的改进与提升等方面经验丰富，可以充分汲取学术专家的理论智慧，将其开发成培训资源供教师学习；优秀教师具备丰富的教学实践经验，可以汇聚整理学校教师的优秀教案、教学课例、教学经验总结等作为实践性资源。

4.3.3　创新教师智能研修方式

通过创新个性化选学、协同性研修、基于数据的精准教研等多种智能研修方式，持续提升教师数字化意识、知识与技能。

基于平台资源的自主性研修是依托线上平台提供多样化研修资源以及资源智能推荐服务，支持教师进行自主、个性化的研修。基于大数据、学习分析等技术建立教师素养与研修画像，对每位教师的课程学习情况及素养水平进行分析建模，精准匹配教师学习需求，为教师推送针对性的优质研修资源，满足其个性化发展诉求。通过名师工作室、虚拟教研室等多种形式构建教师数字化学习共同体，开展名师评课、专题研讨、课例研究、专题讲座等混合式研修活动，实现优质教研资源的共创共享，促进教师数字素养集群化发展。基于虚拟教研室这一数字化空间，教学共同体可以便捷高效地开展协同教学设计、协同教学案例研讨、协同教学资源建设、协同开展教学改革实践等，实现教师数字化教学研究与实践能力的发展。基于对全场景学生学习数据的自动采集与建模分析，教师可以精准发现师生互动规律、协作学习规律和学生认知发展规律等，开展问题分析、方案设计、交流研讨、实践应用、反思调整等一系列研究活动，持续优化和评估数字化教学创新和实践的效果，加速促进经验型教研向精准化教研的方向转变。

4.3.4　开展数智化教师发展评价

探索教师的数字画像，实现动态化、跟踪性评价。通过伴随性地采集教师在数字化教学环境中的行为数据、交互数据、生理心理数据等，实现对教师发展更全面、精准、真实的刻画和评价。基于教师数字素养行业标准框架，进一步细化和明确教师发展评价维度、指标以及采集点，构建教师发展评价模型，以可视化形式输出面向个体、学校、区域的教师数字画像。基于教师素养画像结果，赋能教师自我精准评估与发展提升，助力学校和区域基于评价结果开展有针对性、层次性的精准提升培训。

4.4 教师数字素养提升实施策略

大东区基于本区智慧教育发展现状，以培养能够满足新质生产力发展的人才需求、适应教育现代化转型趋势的教师队伍为目标，通过技术赋能教师发展，精准了解教师需求，精准引领教师成长，精准提升专业能力，推动教研、信息、师训、科研横向协同和跨部门合作，形成“以校为本、基于课堂、学用融合”的可持续发展路径，让教育有情有义有温度，让教师在每一个学生的全面成长中获得职业幸福感。

4.4.1 素养提升对象分级

针对区内教师的不同角色，大东区首先进行了分层规划，为不同教师规划了不同的素养提升目标和培训内容，通过精准定位、个性培养的方式，全面提升教师素养。

4.4.1.1 新任教师

针对新入职的青年教师，培训旨在使其系统掌握智慧教育及现代教育理念的精髓，熟悉并掌握相关教学技巧，从而能够迅速融入智慧教育环境，树立前瞻性的教育视角，为未来的教育事业奠定坚实基础。

4.4.1.2 在职教师

对于已有一定教学经验的教师，培训旨在推动其思想观念的创新与知识结构的更新，提升个人信息化素养，使其能够更好地适应智慧教育的发展趋势，为教育教学工作注入新的活力。

4.4.1.3 教育管理人员

针对区域教育行政部门人员及学校管理层人员，培训着重介绍如何有效支持和推动智慧教育的实施策略，同时深入分析智慧教育对区域及学校教育管理所带来的深远影响，以加快教育管理的现代化进程。

4.4.1.4 教育技术支持人员

针对负责教育技术设施维护与教学支持的工作人员，培训中详细阐述如何为教学活动提供更加高效、稳定的技术支持，并教授相关设备与系统的维护方法，以确保智慧教育的长效运行与持续优化。

4.4.2 素养提升目标规划

基于区域新质教师发展的需求，大东区从以下三个目标维度对培训内容做了统筹规划。

4.4.2.1　动机维度

培养教师持续成长的内在动机，对教育事业的信念感和责任感，对智慧教育的认同感和使命感，激发其主动探索和终身学习的内在动力，使其成为积极主动的学习者和教育创新的推动者。

4.4.2.2　知识维度

培养教师的知识更新与专业素养，提升教师的信息技术应用能力、智慧教育理论水平和教学实践水平，使其能够熟练掌握智慧教育所需的专业知识和操作技能。

4.4.2.3　思维维度

培养教师勇于创新的思维模式，提升教师的创新能力、批判性思考和系统思维能力，使其能够快速适应新质生产力的发展需求，灵活应对复杂多变的教育环境，有效解决教育领域的各类问题，科学引导学生的全面发展。

4.4.3　素养提升培训内容

为实现上述培训目标，大东区设计了配套培训内容。

4.4.3.1　动机维度

一是职业认同与自我效能。组织专家讲座、案例分析和成功经验分享，强化教师的职业认同感，激发其对教育事业的热情，同时提升教师的自我效能，使其在智慧教育背景下坚定信念，自信面对挑战。

二是教育情怀与社会责任。研讨教育使命、价值导向和未来发展趋势，加深教师对教育工作的理解，强化其作为教育引导者和变革者的角色意识，激发其承担社会责任的情怀和担当。

三是生涯规划与激励体系。引导教师制定终身学习规划和个人职业生涯规划，鼓励其不断更新知识结构，进行自我反思与提升。同时，建立健全激励和支持体系，为教师持续发展提供有力保障，确保其能够适应教育变革的需求。

4.4.3.2　知识维度

一是教育理论与应用实践。提供智慧教育的基础知识及案例分析，组织教师学习相关理论、理念、模式等，使教师了解智慧教育的内涵、特点和优势。组织信息技术基础、多媒体教学软件应用、在线教学资源平台使用等培训课程，提升教师的信息技术应用能力。安排教师参与信息技术应用实践活动，如公开课比赛、教学资源制作等，让教师在实践中掌握信息技术应用技能。

二是技术融入与学科整合。分析智慧教育典型案例，探讨智慧教育在不同学科、不同学段的应用策略和方法。指导教师如何整合科技资源进入课程设计，形成有效的知识传授体系。推广大数据、云计算、人工智能等技术在教育教学中的应用，优化教学过程，提高教学效率和质量。

三是精准教学与数据决策。培训教师利用数据分析指导教学策略调整和学生学业成效提升的能力。加强教师对学生学业数据的分析和管理能力，提高教学决策的精准性和科学性。引导教师开展个性化教学尝试、高效化课堂设计和创新性模式探索。

4.4.3.3 思维维度

一是创新思维培养。组织创新思维工作坊和实践活动，鼓励教师探索新的教学方法和思路，创造性运用智慧教育工具，提高工作效率。通过培训和实践，充分激发教师的创造力和想象力，促进教育教学的创新和发展。

二是批判性思维发展。通过案例分析和反思练习，培养教师的批判性思维能力，使其能够客观评估信息和论据的真实性及有效性。同时，引导教师正确评价教育理论和教育技术的适用性与局限性，结合自身教学实际进行合理运用。

三是解决问题策略与方法。模拟教学场景中的问题情境，训练教师运用不同的策略和方法解决问题。提高教师从全局出发综合考虑问题的能力，鼓励其在教学实践中进行反思和总结，形成自我提升的良性循环。同时，加强教师之间的团队协作和交流，促进教师之间的互相学习和共同进步。

4.4.4 素养提升实施路径

4.4.4.1 订单式引领

构建教师发展评价系统，从基础信息、专业发展、教科研能力 3 个维度 102 个指标采集教师发展信息，梳理并汇总常见困惑与问题，依据教师的个性化需求制定培训内容，分析并形成教师素养提升订单，精准开展骨干教师五级梯队建设和素养提升服务。

4.4.4.2 混合式学习

一是线上与线下相结合。线上学习平台将提供便捷的理论知识学习途径，而线下活动则注重实践操作和经验分享。通过“东智云课”与“线上专家讲堂”等在线课程，结合“线下专家讲堂”与“区域教育治理能力建设论坛”等现场互动，为教师提供全方位的学习体验(表 4.2 至表 4.10)。

二是外出与引入相结合。外出与引入相结合的方式可以充分利用外部和内部的优质教育资源，提高培训的效果和质量。组织核心管理者和骨干教师赴国内智慧教育先进地区或学校进行实地学习，参与研讨会、学术会议等活动，以拓宽视野、汲取经验。同时，邀请知名教育专家、学者来本地开展讲座、研讨等活动，促进本地教师与外部优质教育资源的交流与学习(表 4.11)。

表 4.2　大东区“东智云课”线上培训活动小学段(第一期)课表

课程序号	类别	分类/学科	课程名称	性质	学分
1	通用功能	通用学科	录课专题	必修	2
2			如何使用智慧课堂备课:基于课件、资源备课	必修	2
3			如何使用智慧课堂备课:基于电子课本备课	必修	2
4			如何使用智慧课堂布置作业与讲评	必修	2
5			多样化资源助力高效备课	必修	2
6			思维导图的制作及使用	必修	2
7		课堂活动卡片的制作及使用	课堂活动分类活动卡片的制作及使用	必修	2
			课堂活动画廊活动卡片的制作及使用	必修	2
			课堂活动连线活动卡片的制作及使用	必修	2
			课堂活动翻翻卡的制作及使用	必修	2
8		电子白板使用指南	电子白板基础功能介绍	必修	1
			电子白板语文工具介绍	必修	1
			电子白板英语工具介绍	必修	1
			电子白板数学工具之“函数”介绍	选修	1
			电子白板数学工具之“尺规”介绍	选修	1
			电子白板数学工具之“几何”介绍	必修	1
9	特殊功能	语音评测卡片的制作及使用	中文朗读评测活动卡片的制作及使用	选修	1
			英文朗读评测活动卡片的制作及使用	选修	1
10		语文学科应用使用指南	语文学科应用——“字词听写”的介绍	选修	1
			语文学科应用——“朗读评测”的介绍	选修	1
			语文学科应用——“汉语朗读”的介绍	选修	1
			语文学科应用——“诗词卡片”的介绍	选修	1
			语文学科应用——“识字接龙”的介绍	选修	1
11		小学作业使用指南—数学	速算本智批、速算比赛介绍	选修	1
			同步练习、答题卡练习介绍	选修	1
			七彩任务、习惯打卡介绍	选修	1
12		英语学科应用使用指南	英语学科应用——“单词评测”的介绍	选修	1
			英语学科应用——“单词接龙”的介绍	选修	1
			英语学科应用——“趣味字母”的介绍	选修	1
			英语学科应用——“英语朗读”的介绍	选修	1
			英语学科应用——“单词听写”的用法	选修	1

续表

课程序号	类别	分类/学科	课　程　名　称	性质	学分
13	课堂教学	课例	多姿多彩的靠垫(美术)	选修	3
14			角的初步认识(数学)	选修	3
15			大单元项目化学习《我眼中的学校》(语文)	选修	3
16			绘本《I am a Bunny》(英语)	选修	3
17			动物的生长时期(科学)	选修	3
18			优秀课例——朝鲜族阳山道长鼓舞(音乐)	选修	3
19			请到我的家乡来(道法)	选修	3
20			AI 话车谷(信息技术)	选修	3
合计	/	/	/	/	65

表 4.3　大东区"东智云课"线上培训活动小学段(第二期)课表

课程序号	内容模块	课 程 名 称	课　程　内　容
1	信息化资源开发	教学资源开发基本理论——"信息化资源设计与制作"之一	资源开发课程导学
			积件化资源，微课与课件
			信息化 2.0 行动计划与数字教学资源设计
			数字教学资源设计的基本理论
			数字教学资源设计的基本原则
			数字教学资源开发流程与标准
			数字教学资源的选题
2		文本资源开发——"信息化资源设计与制作"之二	图形资源开发导学&支持认知加工的文本资源设计
			PPT 文本资源设计特性
			文本资源结构化设计
			PPT 文本资源设计字体美化
			文本资源颜色设计
			文本资源设计常见问题与对策
3		图像资源开发(上)——"信息化资源设计与制作"之三	图形资源教学设计与认知加工
			图像格式及其应用
			用不同格式图像组合作画
			删除图像背景方法

续表

课程序号	内容模块	课 程 名 称	课　程　内　容
4	信息化资源开发	图像资源开发(下)——“信息化资源设计与制作”之四	用线条绘制图形资源——学习目标与绘制步骤
			用线条绘制图形资源——绘制桃花
			图形柔化边缘效果设计
5		音视频资源开发——“信息化资源设计与制作”之五	音视频资源开发导学&支持认知加工的音视频资源设计
			音视频格式及其转换
			疑难视频下载方法
			PPT 中音视频录制
			PPT 添加音频的基本方法
			PPT 添加视频的方法
			PPT 中音视频剪辑
6		动画资源开发——“信息化资源设计与制作”之六	动画资源开发
			画圆动画
			旋转动画:大风车
			缩放动画:烛光闪烁
			波动动画:《鹅》
			摇摆动画案例
			基本缩放动画——单个对象进入
			基本缩放动画——整体进入效果
			上下移动动画
			左右移动动画
			文字书写动画
			综合动画案例:《圆柱体表面积计算》
7		交互式课件开发——“信息化资源设计与制作”之七	交互式课件和学习
			课件结构交互框架设计
			课件结构交互设计
			设置交互参数
			高效交互结构设计

续表

课程序号	内容模块	课 程 名 称	课 程 内 容
8	中小学教师数据素养	“中小学教师数据素养”之一:教育大数据基础认知	拓展阅读:What is Big Data
			拓展阅读:Getting Education Data Right
			学习准备:课程简介
			教育大数据的战略与内涵
			文档:教育大数据学习材料
			教育大数据采集
			教育大数据分析
			大数据分析案例:大数据精准预测学生就餐人数(央视视频)
			走向数据驱动的教学
			文档:数据驱动教学的学习材料
9		“中小学教师数据素养”之二:教师数据素养内涵、动态与框架	数据素养与信息素养的关系
			文档:数据素养、信息素养学习资料
			教师数据素养的内涵与价值
			文档:中小学教师数据素养的发展路径与培养策略
			教师数据素养发展国际动态
			文档:教师数据素养学习材料
			我国中小学教师数据素养发展现状
			文档:中小学教师数据素养现状调查报告
			中小学教师数据素养框架
			文档:教师数据素养框架学习资料
10		“中小学教师数据素养”之三:教育数据的处理与分析	常用数据分析指标
			文档:数据分析指标学习资料
			文档:数据处理与分析先导——Excel 与 SPSS 图文操作步骤
			Excel 数据分析
			SPSS 统计分析
			教育数据挖掘工具
			文档:教育数据挖掘工具及应用场景
11		“中小学教师数据素养”之四:教育数据可视化	教育数据可视化简介
			文档:教育数据可视化资料
			教育数据图表类型及应用

续表

课程序号	内容模块	课 程 名 称	课 程 内 容
11	中小学教师数据素养	“中小学教师数据素养”之四:教育数据可视化	文档:教育数据图表常见类型
			教育数据可视化工具
			文档:教育数据可视化工具
12		“中小学教师数据素养”之五:教育数据意识、伦理与思维	教育数据意识
			文档:教育数据意识培养
			教育数据伦理
			教育数据思维
			文档:数据思维、互联网思维学习资料
13		“中小学教师数据素养”之六:教师数据素养提升案例实训	文档:平板电脑班级学生视力数据跟踪分析——案例说明
			平板电脑班级学生视力数据跟踪分析
			文档:学生学业质量数据分析——案例说明
			学生学业质量(考试成绩)数据分析
			文档:网络学习空间应用数据分析——案例说明
			网络学习空间应用数据分析
			文档:学生综合素质评价——案例说明
			学生综合素质评价数据分析
14	技术助力评价	—	数据驱动的学习分析与评价创新
15		—	基于学情分析工具的精准评测与分析(上、下)
16	课堂测评与教师测评素养	1. 课程导学	1.1 给大家的欢迎信
			1.2 认识课程团队
			1.3 课程内容导览
			1.4 课程学习建议
			1.5 课程参考书目说明
		2. 为什么关注课堂测评	2.1 本节活动说明
			2.2 测评为什么重要?
			2.3 关于本课程中的术语界定
			2.4 课堂测评都包括什么?
			2.5 课堂测评如何贯穿在教学的各个阶段?
			2.6 英语课上的课堂测评活动
			2.7 科学课上的课堂测评活动
			2.8 我的课堂改变(1.1)

续表

课程序号	内容模块	课程名称	课程内容
16	课堂测评与教师测评素养	3. 高质量课堂测评的核心	3.1 本节活动说明
			3.2 高质量课堂测评的五个关键点
			3.3 高质量课堂测评的五个关键点
			3.4 教师的课堂测评能力
			3.5 教师的课堂测评能力
		4. 明确的测评目的：为何而测评	4.1 本节活动说明
			4.2 三种不同的测评观念
			4.3 理解为学习而测评(1)
			4.4 理解为学习而测评(2)
			4.5 如何利用测评促进学习：为学习而测评的七条策略
			4.6 如何利用测评促进学习：为学习而测评的七条策略
			4.7 我的课堂改变(1.2)
			4.8 我的课堂改变(1.3)
17		1. 学习目标的不同类型	1.1 本节活动说明
			1.2 学习目标及其分类的意义
			1.3 知识型目标及其示例
			1.4 知识型目标举例
			1.5 推理型目标及其示例
			1.6 技能型目标和产品型目标
			1.7 情感倾向型目标
			1.8 如何将内容标准转化为学习目标
			1.9 我的课堂改变(2.1)
		2. 向学生介绍学习目标	2.1 本节活动说明
			2.2 明确学习目标对学生、教师和家长的意义
			2.3 如何向学生传达学习目标
			2.4 我的课堂改变(2.2)
		3. 选择适合的测评方式	3.1 本节活动说明
			3.2 四类不同的测评方法
			3.3 四类不同的测评方法
			3.4 学习目标与测评方法的匹配
			3.5 学习目标与测评方法的匹配
			3.6 目标-方法匹配表

续表

课程序号	内容模块	课 程 名 称	课　程　内　容
17	课堂测评与教师测评素养	3. 选择适合的测评方式	3.7 目标-方法匹配示例(Word 源文件)
			3.8 测评工具的开发阶段与流程
			3.9 测评工具的开发阶段与流程
			3.10 单元测评规划(使用多种测评方法)
			3.11 我的课堂改变(2.3)
			3.12 我的课堂改变(2.4)
			3.13 我的课堂改变(2.5)
18		1. 选择类测评的设计与开发	1.1 本节活动说明
			1.2 设计选择题前要关注的问题
			1.3 我的课堂转变(3.1)
			1.4 设计选择题前如何陈述命题
			1.5 选择类题目的类型、适用场景和设计
			1.6 选择类题目不同类型对比
			1.7 设计高质量选择类题目的指导原则
			1.8 设计高质量选择类题目的指导原则
			1.9 设置推理型选择题干扰项的方法
			1.10 检查选择题的设计质量
			1.11 选择类题目设计质量检查标准对照表
			1.12 利用选择类测评促进学生的学习
		2. 问答类测评的设计与开发	2.1 本节活动说明
			2.2 什么时候适合使用问答题
			2.3 设计问答题前需要思考的几个问题
			2.4 怎么设计一个好的问答题?
			2.5 问答题的类型示例
			2.6 怎么给问答题评分
			2.7 数学课程的问答题采分点
			2.8 自然课程的问答题量规
			2.9 我的课堂改变(3.2)
			2.10 我的课堂改变(3.3)
			2.11 如何评价问答题质量
			2.12 怎样用问答题促进学生的学习

续表

课程序号	内容模块	课程名称	课程内容
19	课堂测评与教师测评素养	1. 表现性评价的设计与开发	1.1 本节活动说明
			1.2 什么是表现性评价
			1.3 如何设计表现性评价中的任务
			1.4 如何评价任务的质量
			1.5 表现性评价中的量规长什么样子:以任务质量评价量规为例
			1.6 如何设计评价量规
			1.7 如何评价量规的设计质量
			1.8 利用表现性评价促进学生的学习
			1.9 我的课堂改变(4.1)
		2. 互动交流类评价的设计与开发	2.1 本节活动说明
			2.2 五种互动交流式课堂测评形式
			2.3 互动交流式课堂测评中的抽样
			2.4 互动交流式课堂测评之提问
			2.5 提问如何与课堂活动融合
			2.6 使用课堂提问的常见误区
			2.7 有效使用提问测评方法的一些建议
			2.8 使用不同问题激发学生不同层次的思维
			2.9 互动交流式课堂测评之全班评论
			2.10 排队(Line-up)活动
			2.11 互动交流式课堂测评之会议和访谈
			2.12 互动交流式课堂测评之口头测试
			2.13 互动交流式课堂测评之日记或日志
			2.14 使用互动交流式课堂测评的常见问题与对策
20		1. 测评结果的记录和分析	1.1 本节活动说明
			1.2 测评结果的记录
			1.3 测评结果的分析
			1.4 测评结果的使用
			1.5 利用数字技术辅助测评结果的分析和使用
			1.6 讯飞智慧课堂

续表

课程序号	内容模块	课程名称	课程内容
20	课堂测评与教师测评素养	2. 与学生沟通测评结果	2.1 本节活动说明
			2.2 教师与学生沟通测评结果的五类形式和目的
			2.3 如何理解与设计有效反馈
			2.4 如何为学生提供有效反馈
			2.5 如何为学生提供有效反馈
			2.6 如何帮助学生设定目标
			2.7 如何帮助学生设定目标
			2.8 如何进行有效反馈交流与学习干预
			2.9 学生表现追踪和交流记录单样例
		3. 学习档案袋	3.1 本节活动说明
			3.2 档案袋的五种类型
			3.3 五种学习档案袋对比一览表
			3.4 档案袋的内容
			3.5 不同类型档案袋中促进学生自我反思的句子
			3.6 学习档案袋的受众对象以及使用档案袋的建议

表 4.4　大东区“东智云课”线上培训活动初中段(第一期)课表

语文			
课程	性质	学分	时长(分钟)
高效开展试卷讲评	必修	1	5
四步完成高效复习	必修	1	5
课堂活动卡片的制作及使用	必修	2	9
智慧课堂优秀课例:七年级语文《对联》	必修	8	45
智慧课堂优秀课例:《一滴水经过丽江》	必修	8	42
小计	—	20	106
数学			
课程	性质	学分	时长(分钟)
高效开展试卷讲评	必修	1	5
四步完成高效复习	必修	1	5
课堂活动卡片的制作及使用	必修	2	9
智慧课堂优秀课例:七年级数学《认识一元一次方程》	必修	8	38

续表

课　　　程	性质	学分	时长(分钟)
智慧课堂优秀课例:八年级数学《多边形的内角和》	必修	8	39
小　计	—	20	96
英　语			
课　　　程	性质	学分	时长(分钟)
高效开展试卷讲评	必修	1	5
四步完成高效复习	必修	1	5
课堂活动卡片的制作及使用	必修	2	9
智慧课堂优秀课例:七年级英语《An Everyday Hero》	必修	8	41
智慧课堂优秀课例:八年级英语《An Old Man Tried to Move the Mountains》	必修	8	45
小　计	—	20	105
文　综			
课　　　程	性质	学分	时长(分钟)
高效开展试卷讲评	必修	1	5
四步完成高效复习	必修	1	5
课堂活动卡片的制作及使用	必修	2	9
八年级历史:《七七事变与全民族抗战》	必修	8	47
八年级地理:《疆域与行政区划》	必修	8	47
小　计	—	20	113
理　综			
课　　　程	性质	学分	时长(分钟)
高效开展试卷讲评	必修	1	5
四步完成高效复习	必修	1	5
课堂活动卡片的制作及使用	必修	2	9
八年级生物:《细菌》	必修	8	37
八年级物理:《光现象》	必修	8	46
小　计	—	20	102
艺　体			
课　　　程	性质	学分	时长(分钟)
课堂活动卡片的制作及使用	必修	2	9
八年级美术:《用装饰色彩来表达》	必修	9	42
八年级体育:《常见运动损伤的预防和紧急处理》	必修	9	39
小　计	—	20	90

表 4.5　大东区“东智云课”线上培训活动初中段(第二期)课表

类　别	课　　　　程	性质	学分
基础功能	如何使用智慧课堂录课	必修	2
	思维导图的制作及使用	必修	2
	多样化资源助力高效备课	必修	2
理论探索	高效开展试卷讲评	必修	3
	智慧课堂下的学习活动设计与有效管理	必修	3
	“双减”背景下的精准教学	必修	3
	互联网＋教育应用现状与发展趋势	必修	4
	多元化评价	选修	1
	合作式学习	选修	1
	翻转课堂	选修	1
	混合式教学模式	选修	1
	PBL 项目式学习	选修	1
名师论坛	共同看见——用数据让教学故事更精彩	必修	5
	共同看见——数据驱动教学的设计	必修	5
	共同看见——技术支持的学生展示与交流	必修	5
	共同看见——信息化 2.0 视域下课堂教学新形态	必修	5
	共同看见——设计高质量的课堂测评	必修	5
	共同看见——数字时代如何培养“阅读脑”	选修	1
	共同看见——智能环境支持的课堂教与学	选修	1
创新模式	5E 教学模式	选修	1
	物理应用场景——师生双向反馈，提升预习效果	选修	1
	聚集核心素养，玩转拓展课堂	选修	1
	多彩作业助力构建学习闭环	选修	1
	数学应用场景——让课堂互动，动得有效	选修	1
	物理学科应用场景——让物理概念教学活起来	选修	1
	信息技术助力高效精准习题课	选修	1
	数学应用场景——如何带动探究新知的课堂积极性	选修	1
	如何使用智慧课堂布置作业与讲评	选修	1
	英语学科应用-利用互动提高学生在英语课堂学习中的参与度	选修	1
专家讲堂	技术赋能师生成长　课程改革减负增效	必修	4
小　　计		—	65

表 4.6　大东区“东智云课”线上培训活动初中段(第三期)课表

课　　程	授课讲师	课　程　简　介
智慧课堂教学法	山东师范大学 李逢庆	本课程旨在帮助教师掌握智能技术下的学科教学设计、组织与实施,促进信息技术与学科教学深度融合,进而实现学科教学目标重塑、师生关系重构、教学流程再造、评价体系重建,教师专业成长,学生关键能力和学科素养提升的目标
数据驱动教学的设计	华南师范大学 尹睿	本课程旨在从数据驱动教学的设计流程与方法角度,帮助教师开展数据驱动教学的设计实践,增强基于数据的教学决策意识,提高数据采集与分析、教学决策与干预的能力,发展应用数据优化教学的新思维与新素养
教学数据可视化和数据叙事	北京邮电大学 李青	本课程聚焦如何基于数据支撑教学叙事研究,帮助教师掌握叙事研究的工具和方法,优化创作教学数据故事的手段,发展数据素养相关的专业能力
信息化 2.0 视域下课堂新形态	南宁师范大学 杨上影	本课程围绕信息化教学的理论,从技术工具、信息数字化资源、互动教学新技术、信息化课堂案例五个模块展开,呈现了信息化课堂的方方面面,助力一线深度融合教师信息技术与课堂,最终实现智慧教育的落地

表 4.7　大东区“东智云课”线上培训活动初中段(第四期)课表①

<table>
<tr><th>课程序号</th><th>内容模块</th><th>课 程 名 称</th><th>课　程　内　容</th></tr>
<tr><td rowspan="7">1</td><td rowspan="13">信息化资源开发</td><td rowspan="7">教学资源开发基本理论——“信息化资源设计与制作”之一</td><td>资源开发课程导学</td></tr>
<tr><td>积件化资源,微课与课件</td></tr>
<tr><td>信息化 2.0 行动计划与数字教学资源设计</td></tr>
<tr><td>数字教学资源设计的基本理论</td></tr>
<tr><td>数字教学资源设计的基本原则</td></tr>
<tr><td>数字教学资源开发流程与标准</td></tr>
<tr><td>数字教学资源的选题</td></tr>
<tr><td rowspan="6">2</td><td rowspan="6">文本资源开发——“信息化资源设计与制作”之二</td><td>图形资源开发导学&支持认知加工的文本资源设计</td></tr>
<tr><td>PPT 文本资源设计特性</td></tr>
<tr><td>文本资源结构化设计</td></tr>
<tr><td>PPT 文本资源设计字体美化</td></tr>
<tr><td>文本资源颜色设计</td></tr>
<tr><td>文本资源设计常见问题与对策</td></tr>
</table>

① 本课表与表 4.3 的内容大多数表述是相同的,但其实际教学内容的层次是不同的。后文表 4.10 的情况与此相同。

续表

课程序号	内容模块	课 程 名 称	课 程 内 容
3	信息化资源开发	图像资源开发(上)——“信息化资源设计与制作”之三	图形资源教学设计与认知加工
			图像格式及其应用
			用不同格式图像组合作画
			删除图像背景方法
4		图像资源开发(下)——“信息化资源设计与制作”之四	用线条绘制图形资源—学习目标与绘制步骤
			用线条绘制图形资源—绘制桃花
			图形柔化边缘效果设计
5		音视频资源开发——“信息化资源设计与制作”之五	音视频资源开发导学&支持认知加工的音视频资源设计
			音视频格式及其转换
			疑难视频下载方法
			PPT 中音视频录制
			PPT 添加音频的基本方法
			PPT 添加视频的方法
			PPT 中音视频剪辑
6		动画资源开发——“信息化资源设计与制作”之六	动画资源开发
			画圆动画
			旋转动画:大风车
			缩放动画:烛光闪烁
			波动动画:《鹅》
			摇摆动画案例
			基本缩放动画—单个对象进入
			基本缩放动画—整体进入效果
			上下移动动画
			左右移动动画
			文字书写动画
			综合动画案例:《圆柱体表面积计算》
7		交互式课件开发——“信息化资源设计与制作”之七	交互式课件和学习
			课件结构交互框架设计
			课件结构交互设计
			设置交互参数
			高效交互结构设计

续表

课程序号	内容模块	课 程 名 称	课 程 内 容
8	中小学教师数据素养	“中小学教师数据素养”之一:教育大数据基础认知	拓展阅读:What is Big Data
			拓展阅读:Getting Education Data Right
			学习准备:课程简介
			教育大数据的战略与内涵
			文档:教育大数据学习材料
			教育大数据采集
			教育大数据分析
			大数据分析案例:大数据精准预测学生就餐人数(央视视频)
			走向数据驱动的教学
			文档:数据驱动教学的学习材料
9		“中小学教师数据素养”之二:教师数据素养内涵、动态与框架	数据素养与信息素养的关系
			文档:数据素养、信息素养学习资料
			教师数据素养的内涵与价值
			文档:中小学教师数据素养的发展路径与培养策略
			教师数据素养发展国际动态
			文档:教师数据素养学习材料
			我国中小学教师数据素养发展现状
			文档:中小学教师数据素养现状调查报告
			中小学教师数据素养框架
			文档:教师数据素养框架学习资料
10		“中小学教师数据素养”之三:教育数据的处理与分析	常用数据分析指标
			文档:数据分析指标学习资料
			文档:数据处理与分析先导——Excel 与 SPSS 图文操作步骤
			Excel 数据分析
			SPSS 统计分析
			教育数据挖掘工具
			文档:教育数据挖掘工具及应用场景
11		“中小学教师数据素养”之四:教育数据可视化	教育数据可视化简介
			文档:教育数据可视化资料
			教育数据图表类型及应用

续表

课程序号	内容模块	课 程 名 称	课 程 内 容
11	中小学教师数据素养	“中小学教师数据素养”之四:教育数据可视化	文档:教育数据图表常见类型
			教育数据可视化工具
			文档:教育数据可视化工具
12		“中小学教师数据素养”之五:教育数据意识、伦理与思维	教育数据意识
			文档:教育数据意识培养
			教育数据伦理
			教育数据思维
			文档:数据思维、互联网思维学习资料
13		“中小学教师数据素养”之六:教师数据素养提升案例实训	文档:平板电脑班级学生视力数据跟踪分析——案例说明
			平板电脑班级学生视力数据跟踪分析
			文档:学生学业质量数据分析——案例说明
			学生学业质量(考试成绩)数据分析
			文档:网络学习空间应用数据分析——案例说明
			网络学习空间应用数据分析
			文档:学生综合素质评价——案例说明
			学生综合素质评价数据分析
14	技术助力评价	—	数据驱动的学习分析与评价创新
15		—	基于学情分析工具的精准评测与分析(上、下)
16	课堂测评与教师测评素养	1. 课程导学	1.1 给大家的欢迎信
			1.2 认识课程团队
			1.3 课程内容导览
			1.4 课程学习建议
			1.5 课程参考书目说明
		2. 为什么关注课堂测评	2.1 本节活动说明
			2.2 测评为什么重要?
			2.3 关于本课程中的术语界定
			2.4 课堂测评都包括什么?
			2.5 课堂测评如何贯穿在教学的各个阶段?
			2.6 英语课上的课堂测评活动
			2.7 科学课上的课堂测评活动
			2.8 我的课堂改变(1.1)

续表

课程序号	内容模块	课程名称	课程内容
16	课堂测评与教师测评素养	3. 高质量课堂测评的核心	3.1 本节活动说明
			3.2 高质量课堂测评的五个关键点
			3.3 高质量课堂测评的五个关键点
			3.4 教师的课堂测评能力
			3.5 教师的课堂测评能力
		4. 明确的测评目的：为何而测评	4.1 本节活动说明
			4.2 三种不同的测评观念
			4.3 理解为学习而测评(1)
			4.4 理解为学习而测评(2)
			4.5 如何利用测评促进学习：为学习而测评的七条策略
			4.6 如何利用测评促进学习：为学习而测评的七条策略
			4.7 我的课堂改变(1.2)
			4.8 我的课堂改变(1.3)
17		1. 学习目标的不同类型	1.1 本节活动说明
			1.2 学习目标及其分类的意义
			1.3 知识型目标及其示例
			1.4 知识型目标举例
			1.5 推理型目标及其示例
			1.6 技能型目标和产品型目标
			1.7 情感倾向型目标
			1.8 如何将内容标准转化为学习目标
			1.9 我的课堂改变(2.1)
		2. 向学生介绍学习目标	2.1 本节活动说明
			2.2 明确学习目标对学生、教师和家长的意义
			2.3 如何向学生传达学习目标
			2.4 我的课堂改变(2.2)
		3. 选择适合的测评方式	3.1 本节活动说明
			3.2 四类不同的测评方法
			3.3 四类不同的测评方法
			3.4 学习目标与测评方法的匹配
			3.5 学习目标与测评方法的匹配
			3.6 目标-方法匹配表

续表

课程序号	内容模块	课 程 名 称	课 程 内 容
17	课堂测评与教师测评素养	3. 选择适合的测评方式	3.7 目标-方法匹配示例(Word 源文件)
			3.8 测评工具的开发阶段与流程
			3.9 测评工具的开发阶段与流程
			3.10 单元测评规划(使用多种测评方法)
			3.11 我的课堂改变(2.3)
			3.12 我的课堂改变(2.4)
			3.13 我的课堂改变(2.5)
18		1. 选择类测评的设计与开发	1.1 本节活动说明
			1.2 设计选择题前要关注的问题
			1.3 我的课堂转变(3.1)
			1.4 设计选择题前如何陈述命题
			1.5 选择类题目的类型、适用场景和设计
			1.6 选择类题目不同类型对比
			1.7 设计高质量选择类题目的指导原则
			1.8 设计高质量选择类题目的指导原则
			1.9 设置推理型选择题干扰项的方法
			1.10 检查选择题的设计质量
			1.11 选择类题目设计质量检查标准对照表
			1.12 利用选择类测评促进学生的学习
		2. 问答类测评的设计与开发	2.1 本节活动说明
			2.2 什么时候适合使用问答题
			2.3 设计问答题前需要思考的几个问题
			2.4 怎么设计一个好的问答题?
			2.5 问答题的类型示例
			2.6 怎么给问答题评分
			2.7 数学课程的问答题采分点
			2.8 自然课程的问答题量规
			2.9 我的课堂改变(3.2)
			2.10 我的课堂改变(3.3)
			2.11 如何评价问答题质量
			2.12 怎样用问答题促进学生的学习

续表

课程序号	内容模块	课程名称	课程内容
19	课堂测评与教师测评素养	1. 表现性评价的设计与开发	1.1 本节活动说明
			1.2 什么是表现性评价
			1.3 如何设计表现性评价中的任务
			1.4 如何评价任务的质量
			1.5 表现性评价中的量规长什么样子:以任务质量评价量规为例
			1.6 如何设计评价量规
			1.7 如何评价量规的设计质量
			1.8 利用表现性评价促进学生的学习
			1.9 我的课堂改变(4.1)
		2. 互动交流类评价的设计与开发	2.1 本节活动说明
			2.2 五种互动交流式课堂测评形式
			2.3 互动交流式课堂测评中的抽样
			2.4 互动交流式课堂测评之提问
			2.5 提问如何与课堂活动融合
			2.6 使用课堂提问的常见误区
			2.7 有效使用提问测评方法的一些建议
			2.8 使用不同问题激发学生不同层次的思维
			2.9 互动交流式课堂测评之全班评论
			2.10 排队(Line-up)活动
			2.11 互动交流式课堂测评之会议和访谈
			2.12 互动交流式课堂测评之口头测试
			2.13 互动交流式课堂测评之日记或日志
			2.14 使用互动交流式课堂测评的常见问题与对策
20		1. 测评结果的记录和分析	1.1 本节活动说明
			1.2 测评结果的记录
			1.3 测评结果的分析
			1.4 测评结果的使用
			1.5 利用数字技术辅助测评结果的分析和使用
			1.6 讯飞智慧课堂
		2. 与学生沟通测评结果	2.1 本节活动说明
			2.2 教师与学生沟通测评结果的五类形式和目的

续表

课程序号	内容模块	课 程 名 称	课 程 内 容
20	课堂测评与教师测评素养	2. 与学生沟通测评结果	2.3 如何理解与设计有效反馈
			2.4 如何为学生提供有效反馈
			2.5 如何为学生提供有效反馈
			2.6 如何帮助学生设定目标
			2.7 如何帮助学生设定目标
			2.8 如何进行有效反馈交流与学习干预
			2.9 学生表现追踪和交流记录单样例
		3. 学习档案袋	3.1 本节活动说明
			3.2 档案袋的五种类型
			3.3 五种学习档案袋对比一览表
			3.4 档案袋的内容
			3.5 不同类型档案袋中促进学生自我反思的句子
			3.6 学习档案袋的受众对象以及使用档案袋的建议

表 4.8　大东区“东智云课”线上培训活动初中段(第五期)课表

序号	课程模块	课 程 名 称	课程类别
1	产品应用及数据解读	智慧课堂软件整体概览	必修
2		智慧课堂备课整体概览	必修
3		如何使用智慧课堂备课——基于电子课本备课	必修
4		如何使用智慧课堂备课——基于课件、资源备课	必修
5		智慧课堂中的班级管理	必修
6		智慧课堂授课整体概览	必修
7		大屏授课模式下使用课本和课件授课(中学)	必修
8		电子白板的使用	必修
9		课堂互动的使用——答题卡的使用	必修
10		课堂互动的使用——全班作答与分组作答的使用	必修
11		课堂互动的使用——讨论的使用	必修
12		课堂互动的使用——投票的使用	必修
13		课堂互动的使用——学生讲的使用	必修
14		智慧课堂布置作业与查看作业报告整体概览	必修
15		如何使用智慧课堂布置作业与讲评	必修

续表

序号	课程模块	课　程　名　称	课程类别
16	产品应用及数据解读	智慧课堂中的数据中心	必修
17		智慧课堂中微课的使用	必修
18		大数据精准教学系统数据解读	必修
19	AI 创新教育课例	初中优秀课例分享 1:校园智能导游项目分享	必修
20	专家之声	教育信息化,因材施教必由之路	必修
21		人工智能赋能教学创变	必修
22		人工智能助力践行新知识观和新本体论——北京师范大学副校长陈丽教授	必修
23		教育信息化深度应用,促进育人质量提升——北京市第十二中学校长李有毅	必修
24		治理、赋能与萃智:推进全国智慧教育示范区建设的三个关键词——广州市天河区教育局副局长张伟春	必修
25		智能教育发展蓝皮书——讯飞教育技术研究院执行院长刘邦奇教授	必修
26		基于畅言“智慧课堂”的初中英语教学分享——合肥市第四十五中学芙蓉分校英语教师朱慧娟	必修
27		2020 第三届智能教育论坛——开场致辞	必修
28		人工智能助力因材施教的几点认识——北京大学汪琼教授	必修
29		人机增强智能支持下的敏捷教育建模——北京师范大学郑勤华教授	必修
30		智引未来,赋能生慧:青岛西海岸新区智慧教育建设的探索与成效——青岛西海岸教育和体育局宋云宏副局长	必修
31		推进智能教育深入发展,助力规模化因材施教落地:《2020 智能教育发展蓝皮书》解读报告——讯飞教育技术研究院刘邦奇院长	必修
32		智能技术赋能下的因材施教——圆桌论坛	必修
33		开幕致辞	必修
34		面向智能时代的教育评价改革——华中师范大学吴砥教授	必修
35		Faculty Performance Evaluation-Emerging Trends and Innovations——弗吉尼亚理工大学 Dr. Barbara Lockee	必修
36		探索评价改革 促进教育健康发展——合肥市教育局王勇副局长	必修
37		高端对话 1:智能技术助力教育评价创新发展——贾积有、孙波、张海	必修
38		高端对话 2:智能技术助力教育评价创新发展——方海光、杨现民、王士进	必修
39		智能教育发展蓝皮书解读报告——科大讯飞教育技术研究院刘邦奇院长	必修
40		2021 智能教育发展蓝皮书评价——专家交流	必修

表 4.9　大东区"东智云课"线上培训活动高中段(第一期)课表

课程序号	课程名称	授课专家
1	共同看见——信息化 2.0 视域下课堂教学新形态	南宁师范大学　杨上影
2	共同看见——智能环境支持的课堂教与学	山东师范大学　李逢庆
3	共同看见——技术支持的学生展示与交流	南京师范大学　曹梅
4	课例——《短歌行》	银川二中　魏博

表 4.10　大东区"东智云课"线上培训活动高中段(第二期)课表

<table>
<tr><th>课程序号</th><th>内容模块</th><th colspan="2">课　程　名　称</th></tr>
<tr><td rowspan="7">1</td><td rowspan="22">信息化资源开发(必修)</td><td rowspan="7">教学资源开发基本理论——"信息化资源设计与制作"之一(必修)</td><td>资源开发课程导学</td></tr>
<tr><td>积件化资源,微课与课件</td></tr>
<tr><td>信息化 2.0 行动计划与数字教学资源设计</td></tr>
<tr><td>数字教学资源设计的基本理论</td></tr>
<tr><td>数字教学资源设计的基本原则</td></tr>
<tr><td>数字教学资源开发流程与标准</td></tr>
<tr><td>数字教学资源的选题</td></tr>
<tr><td rowspan="6">2</td><td rowspan="6">文本资源开发——"信息化资源设计与制作"之二(必修)</td><td>图形资源开发导学 & 支持认知加工的文本资源设计</td></tr>
<tr><td>PPT 文本资源设计特性</td></tr>
<tr><td>文本资源结构化设计</td></tr>
<tr><td>PPT 文本资源设计字体美化</td></tr>
<tr><td>文本资源颜色设计</td></tr>
<tr><td>文本资源设计常见问题与对策</td></tr>
<tr><td rowspan="4">3</td><td rowspan="4">图像资源开发(上)——"信息化资源设计与制作"之三(必修)</td><td>图形资源教学设计与认知加工</td></tr>
<tr><td>图像格式及其应用</td></tr>
<tr><td>用不同格式图像组合作画</td></tr>
<tr><td>删除图像背景方法</td></tr>
<tr><td rowspan="3">4</td><td rowspan="3">图像资源开发(下)——"信息化资源设计与制作"之四(必修)</td><td>用线条绘制图形资源——学习目标与绘制步骤</td></tr>
<tr><td>用线条绘制图形资源——绘制桃花</td></tr>
<tr><td>图形柔化边缘效果设计</td></tr>
<tr><td rowspan="2">5</td><td rowspan="2">音视频资源开发——"信息化资源设计与制作"之五(必修)</td><td>音视频资源开发导学 & 支持认知加工的音视频资源设计</td></tr>
<tr><td>音视频格式及其转换</td></tr>
</table>

续表

课程序号	内容模块	课　程　名　称	
5	信息化资源开发（必修）	音视频资源开发——“信息化资源设计与制作”之五（必修）	疑难视频下载方法
			PPT 中音视频录制
			PPT 添加音频的基本方法
			PPT 添加视频的方法
			PPT 中音视频剪辑
6		动画资源开发——“信息化资源设计与制作”之六（必修）	动画资源开发
			画圆动画
			旋转动画：大风车
			缩放动画：烛光闪烁
			波动动画：《鹅》
			摇摆动画案例
			基本缩放动画——单个对象进入
			基本缩放动画——整体进入效果
			上下移动动画
			左右移动动画
			文字书写动画
			综合动画案例：《圆柱体表面积计算》
7		交互式课件开发——“信息化资源设计与制作”之七（必修）	交互式课件和学习
			课件结构交互框架设计
			课件结构交互设计
			设置交互参数
			高效交互结构设计
8	技术助力评价（必修）	数据驱动的学习分析与评价创新（必修）	
9		基于学情分析工具的精准评测与分析（上、下）（必修）	
10	中小学教师数据素养（选修）	“中小学教师数据素养”之一：教育大数据基础认知	拓展阅读：What is Big Data
			拓展阅读：Getting Education Data Right
			学习准备：课程简介
			教育大数据的战略与内涵
			文档：教育大数据学习材料
			教育大数据采集
			教育大数据分析

续表

课程序号	内容模块	课　程　名　称	
10	中小学教师数据素养（选修）	“中小学教师数据素养”之一：教育大数据基础认知	大数据分析案例：大数据精准预测学生就餐人数（央视视频）
			走向数据驱动的教学
			文档：数据驱动教学的学习材料
11		“中小学教师数据素养”之二：教师数据素养内涵、动态与框架	数据素养与信息素养的关系
			文档：数据素养、信息素养学习资料
			教师数据素养的内涵与价值
			文档：中小学教师数据素养的发展路径与培养策略
			教师数据素养发展国际动态
			文档：教师数据素养学习材料
			我国中小学教师数据素养发展现状
			文档：中小学教师数据素养现状调查报告
			中小学教师数据素养框架
			文档：教师数据素养框架学习资料
12		“中小学教师数据素养”之三：教育数据的处理与分析	常用数据分析指标
			文档：数据分析指标学习资料
			文档：数据处理与分析先导——Excel 与 SPSS 图文操作步骤
			Excel 数据分析
			SPSS 统计分析
			教育数据挖掘工具
			文档：教育数据挖掘工具及应用场景
13		“中小学教师数据素养”之四：教育数据可视化	教育数据可视化简介
			文档：教育数据可视化资料
			教育数据图表类型及应用
			文档：教育数据图表常见类型
			教育数据可视化工具
			文档：教育数据可视化工具
14		“中小学教师数据素养”之五：教育数据意识、伦理与思维	教育数据意识
			文档：教育数据意识培养
			教育数据伦理
			教育数据思维
			文档：数据思维、互联网思维学习资料

续表

课程序号	内容模块	课　程　名　称	
15	中小学教师数据素养（选修）	“中小学教师数据素养”之六：教师数据素养提升案例实训	文档：平板电脑班级学生视力数据跟踪分析——案例说明
			平板电脑班级学生视力数据跟踪分析
			文档：学生学业质量数据分析——案例说明
			学生学业质量（考试成绩）数据分析
			文档：网络学习空间应用数据分析——案例说明
			网络学习空间应用数据分析
			文档：学生综合素质评价——案例说明
			学生综合素质评价数据分析
16	课堂测评与教师测评素养（选修）	1. 课程导学	1.1 给大家的欢迎信
			1.2 认识课程团队
			1.3 课程内容导览
			1.4 课程学习建议
			1.5 课程参考书目说明
		2. 为什么关注课堂测评	2.1 本节活动说明
			2.2 测评为什么重要？
			2.3 关于本课程中的术语界定
			2.4 课堂测评都包括什么？
			2.5 课堂测评如何贯穿在教学的各个阶段？
			2.6 英语课上的课堂测评活动
			2.7 科学课上的课堂测评活动
			2.8 我的课堂改变（1.1）
		3. 高质量课堂测评的核心	3.1 本节活动说明
			3.2 高质量课堂测评的五个关键点
			3.3 高质量课堂测评的五个关键点
			3.4 教师的课堂测评能力
			3.5 教师的课堂测评能力
		4. 明确的测评目的：为何而测评	4.1 本节活动说明
			4.2 三种不同的测评观念
			4.3 理解为学习而测评（1）
			4.4 理解为学习而测评（2）
			4.5 如何利用测评促进学习：为学习而测评的七条策略

续表

课程序号	内容模块	课程名称	
16	课堂测评与教师测评素养(选修)	4. 明确的测评目的:为何而测评	4.6 如何利用测评促进学习:为学习而测评的七条策略
			4.7 我的课堂改变(1.2)
			4.8 我的课堂改变(1.3)
17		1. 学习目标的不同类型	1.1 本节活动说明
			1.2 学习目标及其分类的意义
			1.3 知识型目标及其示例
			1.4 知识型目标举例
			1.5 推理型目标及其示例
			1.6 技能型目标和产品型目标
			1.7 情感倾向型目标
			1.8 如何将内容标准转化为学习目标
			1.9 我的课堂改变(2.1)
		2. 向学生介绍学习目标	2.1 本节活动说明
			2.2 明确学习目标对学生、教师和家长的意义
			2.3 如何向学生传达学习目标
			2.4 我的课堂改变(2.2)
		3. 选择适合的测评方式	3.1 本节活动说明
			3.2 四类不同的测评方法
			3.3 四类不同的测评方法
			3.4 学习目标与测评方法的匹配
			3.5 学习目标与测评方法的匹配
			3.6 目标-方法匹配表
			3.7 目标-方法匹配示例(Word 源文件)
			3.8 测评工具的开发阶段与流程
			3.9 测评工具的开发阶段与流程
			3.10 单元测评规划(使用多种测评方法)
			3.11 我的课堂改变(2.3)
			3.12 我的课堂改变(2.4)
			3.13 我的课堂改变(2.5)
18		1. 选择类测评的设计与开发	1.1 本节活动说明
			1.2 设计选择题前要关注的问题
			1.3 我的课堂转变(3.1)

续表

课程序号	内容模块	课程名称	
18	课堂测评与教师测评素养(选修)	1. 选择类测评的设计与开发	1.4 设计选择题前如何陈述命题
			1.5 选择类题目的类型、适用场景和设计
			1.6 选择类题目不同类型对比
			1.7 设计高质量选择类题目的指导原则
			1.8 设计高质量选择类题目的指导原则
			1.9 设置推理型选择题干扰项的方法
			1.10 检查选择题的设计质量
			1.11 选择类题目设计质量检查标准对照表
			1.12 利用选择类测评促进学生的学习
		2. 问答类测评的设计与开发	2.1 本节活动说明
			2.2 什么时候适合使用问答题
			2.3 设计问答题前需要思考的几个问题
			2.4 怎么设计一个好的问答题?
			2.5 问答题的类型示例
			2.6 怎么给问答题评分
			2.7 数学课程的问答题采分点
			2.8 自然课程的问答题量规
			2.9 我的课堂改变(3.2)
			2.10 我的课堂改变(3.3)
			2.11 如何评价问答题质量
			2.12 怎样用问答题促进学生的学习
19		1. 表现性评价的设计与开发	1.1 本节活动说明
			1.2 什么是表现性评价
			1.3 如何设计表现性评价中的任务
			1.4 如何评价任务的质量
			1.5 表现性评价中的量规长什么样子:以任务质量评价量规为例
			1.6 如何设计评价量规
			1.7 如何评价量规的设计质量
			1.8 利用表现性评价促进学生的学习
			1.9 我的课堂改变(4.1)

续表

课程序号	内容模块	课　程　名　称	
19	课堂测评与教师测评素养(选修)	2. 互动交流类评价的设计与开发	2.1 本节活动说明
			2.2 五种互动交流式课堂测评形式
			2.3 互动交流式课堂测评中的抽样
			2.4 互动交流式课堂测评之提问
			2.5 提问如何与课堂活动融合
			2.6 使用课堂提问的常见误区
			2.7 有效使用提问测评方法的一些建议
			2.8 使用不同问题激发学生不同层次的思维
			2.9 互动交流式课堂测评之全班评论
			2.10 排队(Line-up)活动
			2.11 互动交流式课堂测评之会议和访谈
			2.12 互动交流式课堂测评之口头测试
			2.13 互动交流式课堂测评之日记或日志
			2.14 使用互动交流式课堂测评的常见问题与对策
20		1. 测评结果的记录和分析	1.1 本节活动说明
			1.2 测评结果的记录
			1.3 测评结果的分析
			1.4 测评结果的使用
			1.5 利用数字技术辅助测评结果的分析和使用
			1.6 讯飞智慧课堂
		2. 与学生沟通测评结果	2.1 本节活动说明
			2.2 教师与学生沟通测评结果的五类形式和目的
			2.3 如何理解与设计有效反馈
			2.4 如何为学生提供有效反馈
			2.5 如何为学生提供有效反馈
			2.6 如何帮助学生设定目标
			2.7 如何帮助学生设定目标
			2.8 如何进行有效反馈交流与学习干预
			2.9 学生表现追踪和交流记录单样例
		3. 学习档案袋	3.1 本节活动说明
			3.2 档案袋的五种类型
			3.3 五种学习档案袋对比一览表

续表

课程序号	内容模块	课　程　名　称	
20	课堂测评与教师测评素养(选修)	3. 学习档案袋	3.4 档案袋的内容
			3.5 不同类型档案袋中促进学生自我反思的句子
			3.6 学习档案袋的受众对象以及使用档案袋的建议

表 4.11　大东区智慧教育相关专家讲座

时间	专　家	讲　座
2022 年	济南三中　宋金波	《技术赋能师生成长课程改革减负增效》
	首都师范大学　王陆	《基于教育大数据的精准教研之课堂教学研究》
	东北师范大学　张海	《智能教育的理论、逻辑与实践:精准教学和个性化学习的深层逻辑》
	河北师范大学　王润兰	《数字技术赋能教学创新》
	昆明厂口中学　陈敏	《智慧课堂环境下的教学设计与案例分享》
	辽宁省教育学院　赵桂芳	《在数字变革中推进数学学科研、教、学、评一体化》
	青岛市教体局　张金革	《基于智慧教育下沉潜文本体验式教学策略》
	青岛市教体局　孟兆娟	《“两库三阶四纬”智慧地理教学模式建构与实践》
	内蒙古农业大学附属中学　王伟	《关于浅谈构建核心素养下的初中生物智慧课堂》
	华南师范大学　胡小勇	《信息化赋能基础教育高质量发展》
2023 年	东北师范大学　唐烨伟	《教育数字化转型背景下教师融合创新能力提升路径》
	芜湖南瑞实验学校　姚志祥	《凡是过往　皆为序章》
	合肥五十中学　李洪涛	《打造智慧校园　凝练学校特色》
	河北师范大学　王润兰	《智慧课堂常态化教学应用的困境与出路》
	青岛西海岸新区双语小学　王立新	《数字化教育赋能精准教学的实现逻辑》
	重庆礼嘉实验小学教育集团　江均斌	《建智慧学校　成教育美好》
	淮北市杜集区淮海绿地 21 城实验学校　周开军	《数字化转型下的智慧教育》
	华南师范大学　汪晓东	《AI 时代课堂教学方法的变革》
	东北育才学校　王威	《人工智能与大数据背景下的智慧教学》
	金水区纬一路小学	《智慧课堂智慧学:智慧课堂教学活动创新应用经验分享》
	合肥市第四十五中学　朱慧娟	《智慧教学,看我“72”变》

续表

时间	专　　家	讲　　座
2023 年	北京大学　刘玲	《数智时代精准教学实施》
	青岛西海岸教科院　吕萍	《智慧教育环境下课堂教学随堂监测实践研究》
	和平区教育事务服务中心　杜鹃	《教育信息化环境下教师信息素养提升的路径和方法》
	和平区教育信息化领导小组办公室　王君	《数字素养是新时期教师的必修课》
	东北师范大学　张海	《优质教育深层均衡的秘密:校长理念的凝练与提升》
	东北师范大学　唐烨伟	《人工智能时代信息化领导力重塑路向研究》
	浙江师范大学　夏洪文	《5G+智慧教育融合创新设计与应用》
2024 年	合肥高新创新实验小学教育集团　朱林芳	《教育数字化背景下智慧课堂与学科教学的融合创新》
	临淄区齐都花园小学	《聚焦数字化改革,以技术赋能推动精准教学》
	济南第三中学　张婷婷	《智慧课堂在物理教学中的应用》
	济南第三中学　盛艳	《智慧教育背景下教学应用经验分享》
	沈阳建筑大学计算机学院　刘天波	《科教兴国战略下教学思路与实践活动的创新》
	沈阳市教育学院信息化部　朱晓航	《智慧教育应用中网络安全培训》
	合肥马岗实验小学教育集团　薛文银	《探究智慧教育赋能　助力数字素养提升》
	芜湖市南瑞实验教育集团　汪宏	《智能教育背景下教与学的变革》
	天津师范大学　李凤来	《教育数字化转型的思考与实践》
	淄博市淄江中学　朱莎莎	《推送数字转型　赋能阳光教育:大数据精准分析和个性化学习手册助力学生发展》
	郑州市冠军中学　赵瑞	《信息技术促提升,沉浸研磨共成长》
	安徽师范大学附属外国语学校　秦田	《融语文之美智慧之术》
	大连市西岗区教师进修学校　井洪义	《数字技术赋能教育教学创新发展》
	辽宁省电化教育馆　杜娟	《国家中小学智慧教育平台典型应用》
	北京师范大学　郑勤华	《高质量教育体系与教育建模》
	东北师范大学　刘晓中	《现代优质学校的建构与实施》
	江苏师范大学　杨现民	《数据驱动的教学改革理念与路向》

三是理论与实践相结合。理论与实践相结合的方式可以使教师更好地掌握教育理论知识并将其应用于实际教学中,有助于提高教师的教学技能和方法(表4.12)。通过专家讲堂、论坛、研讨会等形式,使教师系统掌握相关教育理论知识;同时组织观摩、模拟、实践等活动,让教师在实际操作中提升教学技能和方法。

表4.12　沈阳市大东区"人工智能之旅"外出交流系列活动列表

序号	交流地点	参观学校、活动	学　习　内　容
第一期	云南昆明	华山中学 云铜中学 五华区基础教育发展研究院	课例: 华山中学　黄丹垠　语文 云铜中学　童阳　物理 云铜中学　教研主任袁长林　《以"教育智慧"创造"智慧教育"》 讲座: 五华区基础教育发展研究院院长于雷　《教研院整体情况介绍》 五华区基础教育发展研究院信息中心主任全文瑛　《区域教育信息化建设成果》
第二期	郑州金水	郑州市第四十七初级中学 郑州冠军中学 郑州群英中学	讲座: 郑州市第四十七初级中学七年级主管主任、团委书记蒋凯　《学校智慧管理与学生心理健康教育》 郑州市第四十七初级中学副校长程雷　《智慧学校建设特色与模式》 郑州冠军中学党支部书记、校长李春雷　《学校办学特色》 郑州冠军中学学校副校长郑明华、信息化中心主任吴帅《学校智慧教育建设成果》
第三期	江西南昌	第81届中国教育装备展示会 人工智能助力教育数字化转型高峰论坛 南昌市第一中学	讲座: 西北师范大学智能教育研究院院长、教授郭绍青　《从数字技术变革教学视角理解教师数字素养》 华中师范大学人工智能教育学部教授、博导吴砥　《教育数字化转型的整体态势》
第四期	安徽芜湖	安徽师范大学附属外国语学校 芜湖市沚津学校 芜湖市镜湖新城实验学校	课例: 安徽省师范大学附属外国语学校过成蓉　《植树的牧羊人》(语文) 芜湖市沚津学校徐芳芳　《人体内废物的排出》(生物) 讲座: 安徽省师范大学附属外国语学校副校长汪澜　《智慧学校建设特色与经验》 芜湖市沚津学校副校长侯道华　《基于大数据的个性化教学和智慧学校建设经验》 芜湖市镜湖新城实验学校教务主任曹国兰和语文老师陈艳　《信息化建设专题分享》

续表

序号	交流地点	参观学校、活动	学习内容
第五期	贵州贵阳	贵州省中小学教育管理者信息化领导力提升高级研修班 贵阳三中	讲座： 大理白族自治州经济开发区育才中学教科室主任施永丹　《聚焦智慧课堂，落实核心素养——初中语文课堂实施与精准教学》 贵阳市第十八中学信息教师吴启新　《基础教育信息化经验分享》 认知智能全国重点实验室智能教育研究中心主任、西北师范大学教授、博士研究生导师刘邦奇　《教育数字化转型的时代特征》 重庆智慧教育创新中心副主任王冬　《重庆两江新区教育数字化转型的典型经验与成果》 昆明市五华区基础教育发展研究院信息中心主任全文瑛　《五华区探索人工智能助推队伍建设的有效路径》
第六期	重庆两江	重庆两江巴蜀初级中学 重庆两江新区礼嘉实验小学 重庆两江新区教育局	讲座： 巴蜀初级中学刘坤　《智引教育，慧启未来》 礼嘉实验小学教育集团书记、总校长江均斌　《建智慧学校，成教育美好》 重庆智慧教育创新中心副主任王冬　《区域数字化建设经验》
第七期	湖北武汉	武汉经济技术开发区第三中学 武汉经济技术开发区神龙小学(湖畔校区)	讲座： 武汉经济技术开发区第三中学校长肖文记　《学校数字化转型建设经验》 武汉经开区湖畔小学副校长刘翔　《融慧文化下数字驱动的校园建设》 武汉经开区教育局党委委员、神龙小学教育集团总校长韩瑾　《智慧教育规模化应用助力学生五育并举》
第八期	天津和平	天津港保税区临港实验学校 北京师范大学天津生态城附属学校	课例： 天津港保税区临港实验学校郭馨蕊　《背影》 讲座： 北京师范大学天津生态城附属学校副校长李锐　《全时空推动教育数字化》 天津市实验中学信息技术教师李思婧和天津市第七中学教科研负责人张仲明　《基于学校案例、课例的智慧教育专题分享》
第九期	淄博临淄	临淄区淄江中学 临淄区实验中学 临淄区齐陵中学	讲座： 临淄区齐陵中学校长刘存利　《学校的信息化建设成果及经验》
第十期	广东广州	广东华侨中学 华南师范大学附属中学 广州市第一中学	讲座： 广东华侨中学副校长陈磊、教导处主任武四海　《学校办学历史及其现代化教育体系建设情况》 华南师范大学附属中学知识城校区教务处副主任张莉　《学校智慧教育应用实践》 广州一中苏德龙主任　《大数据赋能实现精准教学》 广州一中初三年级数学备长向洁　《基于大数据的精准化教学经验》

续表

序号	交流地点	参观学校、活动	学习内容
第十一期	安徽合肥	合肥市庐阳中学 合肥高新创新实验小学 合肥高新创新实验中学	讲座： 合肥市庐阳中学教务主任许登峰 《庐阳中学关于智慧课堂的推进实践和思考》 合肥高新创新实验小学副校长许金芳 《五润智慧评价——基于五润课程的学生综合素质评价体系》 合肥高新创新实验小学居平欢 《智慧体育赋能儿童健康快乐成长》 合肥高新创新实验小学尹斌 《“合润共生”涵育新时代科技少年》
第十二期	山东青岛	西海岸新区太行山路小学 青岛西海岸新区实验初级中学 青岛大学附属中学	讲座： 青岛西海岸新区实验初级中学迟海玲 《做有情怀的教育》 青岛西海岸新区实验初级中学张瑞梅 《智慧教育建设学校管理》 青岛西海岸新区实验初级中学地理学科王大伟 《地理学科智慧课堂应用》 青岛大学附属中学校长张风瑛 《规范办学·科学施教·全面育人》

4.4.4.3 社群式发展

搭建教师之间的交流平台，建立教师专业发展社群，成立教师成长共同体。通过分享经验、共享资源和互学互助的方式，营造共同成长的氛围。同时鼓励教师形成学习或科研团队，开展“名师研修班”“学科工作坊”等活动，共同开发信息化教学资源、设计教学方案等，提升团队智慧教育能力(表 4.13)。

表 4.13 大东区“名师研修班”系列培训活动课程安排

序号	课程内容	课程专家
第一期	1. 数字技术赋能教学创新 2. 智慧课堂环境下的教学设计与案例分享 3. 在数字变革中推进数学学科研、教、学、评一体化 4. 基于智慧教育下沉潜文本体验式教学策略 5. “两库三阶四维”智慧地理教学模式建构与实践 6. 浅谈构建核心素养下的初中生物智慧课堂	1. 河北师范大学 王润兰教授 2. 昆明厂口中学 陈敏(地理) 3. 辽宁省教育学院 赵桂芳(数学) 4. 青岛市教体局 张金革(语文) 5. 青岛市教体局 孟兆娟(地理) 6. 内蒙古农业大学附属中学 王伟(生物)
第二期	1. 智慧教学，看我“72 变” 2. 人工智能与大数据背景下的精准教学 3. 数智时代精准教学实施 4. 智慧教育环境下课堂教学随堂监测实践研究 5. 教育信息化环境下教师信息素养提升的路径和方法 6. 数字素养是新时期教师的必修课	1. 合肥市第四十五中学 朱慧娟(英语) 2. 东北育才集团学校 王威(数学) 3. 北京大学 刘玲 4. 青岛西海岸教科院 吕萍 5. 和平区教育事务服务中心 杜鹃 6. 和平区教育信息化领导小组办公室 王君

续表

序号	课程内容	课程专家
第三期	1. 教育数字化转型的思考与实践 2. 推动数字转型 赋能阳光教育:大数据精准分析和个性化学习手册助力学生发展 3. 信息技术促提升,沉浸研磨共成长 4. 融语文之美于智慧之术 5. 数字技术赋能教育教学创新发展 6. 国家中小学智慧教育平台典型应用	1. 天津师范大学　李凤来副教授 2. 淄博市淄江中学　朱莎莎(数学) 3. 郑州市冠军中学　赵瑞(物理) 4. 安徽师范大学附属外国语学校　秦田(语文) 5. 大连市西岗区教师进修学校电教　井洪义 6. 辽宁省电化教育馆　杜娟

4.4.4.4 跟踪式支持

建立长期的教师发展支持系统,包括进修课程、教研活动和个人咨询等。定期跟进培训订单中主要目标的达成情况,跟踪相关教师的职业发展和教学实践改进情况,以“学科教研指导”“深化应用培训”等形式,为其提供必要的指导和支持。

4.4.4.5 激励式促进

建立科学的绩效管理体系和激励机制,以奖励优秀的实践和创新成果。定期开展“东智杯”智慧教育与学科融合创新大赛等赛课活动,“骨干教师智慧教育应用经验分享”活动,为在智慧教育创新应用方面取得一定成就的教师搭建展示平台。定期指导教师完成各级信息化应用相关课题、论文、案例、优质课等教科研成果的申报和凝练工作,为在智慧教育创新探索方面取得一定成就的教师积累学术成果。

对于在各项信息化应用赛事评比活动中取得佳绩、教科研成果产生较大影响、智慧教育常态化运用方面表现突出,或者积极参加培训并达到特定标准的教师,给予一定的精神奖励或物质奖励。奖励包括但不仅限于各类证书、奖品、特殊荣誉称号等,帮助其在绩效考量、职称评定、职务晋升等方面获取加分优势。

通过激励式促进的方式开展教师培训,可以激发教师的积极性和参与度,激发教师的竞争意识和进取心,促进他们的个人成长和提升团队凝聚力,进而提升区域整体的教学水平。

4.4.4.6 自主式提升

鼓励教师利用业余时间进行自主学习,通过阅读专业书籍、观看在线课程等方式不断更新知识、提高专业素养。同时鼓励教师在实践中学习和应用新知识和技能,通过实践探索智慧教育的有效方法和策略,并不断总结与反思,以提高教学效果和沉淀教学经验。

4.4.4.7 分段式实施

第一阶段:基础运用形成阶段。开展智慧教育理论培训,使教师初步掌握智慧教育的核心理念和方法。加强信息技术应用能力培训,提升教师的基本信息素养。引导教师探索多样化的教学方法,并进行初步实践。

第二阶段:熟练融合提升阶段。深化智慧教育理论的学习,提高教师对智慧教育的认识和应用水平。强化信息技术应用能力的实践,鼓励教师在教学中广泛应用信息技术。推广优秀的教学方法和案例,促进教师之间的交流与合作。

第三阶段:持续创新发展阶段。建立完善的教师继续教育机制,为教师提供持续的学习和发展机会。定期组织教学方法创新活动,激发教师的教学创新热情。鼓励教师参与教育科研项目,培养创新精神和科研能力。加强与高校、研究机构的合作,引进先进的教育理念和教学资源。

4.5 区域教育资源平台建设与应用

资源是教育数字化转型发展的关键基础,提升数字教育资源供给能力,保障数字教育资源的均衡、有效供给,对推动教育数字化转型具有重要意义,也是提升教师素养、培养教师能力的有效途径。为实现优质资源的共建共享,提升教师备课、授课效率,为教师能力提升提供有效保障,大东区建设了区域教育资源共享平台,以云计算技术为基础,支持海量用户移动终端学习,打破了时空限制,实现区域内乃至不同区域间教育资源的共享和交流。

4.5.1 打造区域特色数字教育资源

不同区域有其不同的优势和特点,大东区结合自身教育发展情况,因地制宜,打造了带有鲜明区域特色的教育资源。区域成立资源建设与应用专家团队,组织各学科教研员和骨干教师细化任务分工,通过多轮研讨优化,专家指导把关,逐步建设基于课程标准的全学科全学段教学设计、预习导学案、预习课件、预习微课、预习达标检测题、授课课件、课堂过关检测题、重要知识点微课等特色资源,形成形式多样、内容丰富的教材配套资源体系,把各类资源的相互关系结构化、体系化,实现智能推荐和自适应学习,供全区师生使用,并持续更新,实现优质教育资源共建共享。

4.5.2 强化校本数字教育资源供给

为保障优质数字教育资源的供给和共享,大东区大力推动区域学校校本课程资源库建设,由学校根据实际,主导开发与本地化生成校本课程资源。校本资源库旨在为学校师生提供优质、适用的教育教学资源,其内容包括学校制作的教案、试卷、课件、视频等多种形式,其中优秀的资源经过各级审核,可以分享至全区,供老师交流、学习。校本资源库的建立,既促进了学校内优质资源的供给与流通,又成为优质区域教育资源的重要来源,为推动全区教育均衡发展提供了资源保障。

4.5.3 推动第三方优质资源引入

为进一步丰富资源类型,提高资源匹配度,实现面向需求的有效供给,大东区在区本、校本资源建设工作之外,积极探索第三方优质资源引入机制。区域通过深入的需求调研和资源审核，引入安全教育、心理健康、卫生教育、德育、美育、体育、实践创新、阅读诵读、家庭教育、国防教育、特长培养、职业教育、国际教育等课程资源，提升优质教育资源服务供给能力，满足学生对个性化发展和高质量教育的需求，最终汇聚衍生大东区教育资源库。

4.5.4　探索基于数字资源的智慧教研模式

利用 AI 教研平台，打造“线上 + 线下”高效协同的“自研、教研、科研、展研”一体化的新型教研模式。常态化开展区内跨校、跨校区线上教研，组织同学科、同学段的教师针对教学设计文本、课件、微课、视频、音频资料等多种资源的设计和应用进行研讨，充分发挥不同学校的学科优势，辐射带动，促进全区教师共同进步，沉淀出的优质资源及各类资源的应用模式、应用方法全区交流共享。开展“名校 + 新校”“名师 + 新人”“优势学科 + 薄弱学科”等智慧教研结对活动，将过程性教研成果即时转化为数据资源随时共享（表 4.14）。

智慧教研模式成效显著。东北师范大学专家团队实地评估显示：约 64%的教师的信息获取和加工、技术批判思维等信息素养显著性提升；约 66%的教师借助 AI 平台有效拓宽了教研思路、改进了教学策略。

表 4.14　指标及特征指数

一级指标及特征指数		二级指标及特征指数		核心指标项	核心指标项特征指数
指标	指数	指标	指数		
教学能力（C）	4.14	技术操作（C1）	4.09	C11. 我能够熟练掌握多种技术工具，支持开展在线教学	4.09
		资源整合（C2）	4.18	C21. 我能够根据教学目标与方法搜索与选择合适的互联网教学资源	4.24
				C22. 我能够根据教学目标与方法合理改编或制作互联网教学资源	4.11
		教学促进（C3）	4.13	C31. 我能够利用互联网开展多种类型的教学活动来提升教学效果，如探究式学习、项目式学习、同伴教学等	4.11
				C32. 我能够利用互联网加强与学生之间的互动交流，以及时为其提供针对性的指导	4.15
		赋能学习者（C4）	4.11	C41. 我能够利用互联网针对学生自身情况实现个别化和差异化的教学或指导	4.11
		学习评价（C5）	4.13	C51. 我能利用互联网对学生进行过程性评价和总结性评价	4.13
				C52. 我能够通过收集与分析学生的互联网学习数据来合理调整教学策略	4.12
		专业发展（C6）	4.19	C61. 我能利用互联网上的资源与课程持续促进自身专业发展	4.20
				C62. 我能够利用互联网加强与其他教育工作者的交流合作、经验分享	4.17

续表

一级指标及特征指数		二级指标及特征指数		核心指标项	核心指标项特征指数
指标	指数	指标	指数		
教学应用（A）	4.08	应用意愿（A1）	4.16	A11. 我会经常利用互联网开展教学	4.16
		应用频率（A2）	4.12	A21. 我在课堂教学中经常利用互联网提供的资源和工具	4.22
				A22. 我在教学中经常使用线上线下混合教学形式，如翻转课堂、探究学习等	4.01
		应用方式（A3）	3.97	A31. 我经常利用互联网开展各种教学活动，如交流、投票、测试、虚拟实验等	3.97
		应用效果（A4）	4.07	A41. 我很满意互联网教学的效果	4.07
专业发展支持（S）	3.98	活动参与（S1）	3.94	S11. 我有机会参与国家级、省级、市级举办的互联网教学能力提升活动，如讲座、培训、研讨、研究等	3.94
		活动效果（S2）	4.03	S21. 我所参加的互联网教学能力提升活动，能够为我开展互联网教学实践提供参考，并引发自主探究与反思	4.03
		共同体建设（S3）	3.97	S31. 我的互联网教学探索经常能够得到本地教研小组、在线学习社群等专业共同体的支持	3.97
教学环境（E）	4.16	资源环境（E1）	4.15	E11. 我很容易获取到满足教学需求的多样化网络教学资源，如文本、图片、视频等	4.15
		技术环境（E2）	4.16	E21. 现有的教学平台与应用能够支持我开展多种类型的教学活动，如雨课堂、课堂派、钉钉、腾讯会议等	4.16

第 5 章　新质人才培养

在走向智能时代的背景下，迫切需要培养大批多样化新质人才，这客观上要求教育教学模式加快变革。利用智能技术助力因材施教落地，破解大规模个性化教育难题，促进教育均衡和高质量发展，成为新时代教育发展的重要使命。智慧教育作为教育数字化转型的高级形态，是教育模式的创新与重塑，是“数字中国”在教育领域的具象呈现。这一教育新生态，正逐步成为新质人才培养的重要推手，为人才培养开启了崭新篇章。

5.1　规模化因材施教是新质人才培养的必然选择

大批高素质人才不仅是社会主义现代化强国建设的重要基础，为我国数字经济及社会的高质量发展提供重要支撑，更是我国参与并在国际领域竞争中获胜的关键。2019 年 5 月，习近平总书记在首届国际人工智能与教育大会的贺信中指出，人工智能是引领新一轮科技革命和产业变革的重要驱动力，正深刻改变着人们的生产、生活、学习方式，推动人类社会迎来人机协同、跨界融合、共创分享的智能时代。智能时代将催生智能制造、人机交互、区块链、物联网、大数据、高度数字化个性化定制等一系列新产业、新技术、新业态，而这些迫切需要大量多元化、个性化的新技术人才。

智能时代人才培养需求的变化，迫切要求教育教学模式加快变革创新，全面推动信息技术与教育深度融合，加速推进大规模个性化教育，构建人本、开放、平等、可持续的教育新生态。个性化教育是围绕个性化创新人才培养推进教育创新发展的目标愿景，是 21 世纪世界各国教育改革的重点任务。《国家中长期教育改革和发展规划纲要(2010—2020 年)》明确提出，要深化教育教学改革，注重因材施教：把全面发展与个性发展统一起来。以学习者为中心的个性化教育，在本质上就是要去除标准化、程序化、批量化，普及个性化、定制化，实现因材施教。个性化教育是教育适应智能时代科技进步和大数据发展的大趋势。“人工智能＋教育”下的教育目标，始终定位于确保每个学习者都能得到有质量且个性化的教育。

在传统的教育生态下，“学校规模化教学”与“学生个性化需求”之间的矛盾依然突出。由于应试升学要求高、班级人数规模大、学生课业负担重等因素，学校和教师难以准确把握每个学生的个性特征和学生之间的差异，难以做到为不同的学生提供真正个性化的教育。《中国教育现代化 2035》提出，要更加注重因材施教，利用现代技术加快推动人才培养模式改革，实现规模化教育与个性化培养的有机结合。因此，用技术破解难题、助力因材施教落地和大规模个性化教育，是当前教育改革的一项紧迫任务。

5.2 数据驱动规模化因材施教实践路径

规模化因材施教是一个系统性工程，大东区从数据视角切入，实施学生全面发展工程，按照“精准识才—多元育才—个性成才”的过程逻辑、“以学生五育数据为主体”的数据逻辑以及“家校社政四方共育”的协同逻辑，探索实现规模化教育与个性化培养的有机结合实践路径，为“双减”政策高效落地赋能增效。

5.2.1 数据驱动规模化精准识才

精准识材是数据驱动规模化因材施教的起点，它能够帮助教师准确把握学生的个体特征，更好地开展个性化教育。精准识才关键在于如何“识”，重点在于识别“糊准度”。“识”是一个诊断和评价的过程，数据在此过程中发挥着至关重要的作用，能够确保诊断和评价的精准性。大东区通过收集过程性多维数据并刻画学生的整体发展情况设计面向规模化因材施教的学生画像维度(图 5.1)，并提炼主要的数据项，期望全方位描绘学生，以促进学生全面发展。

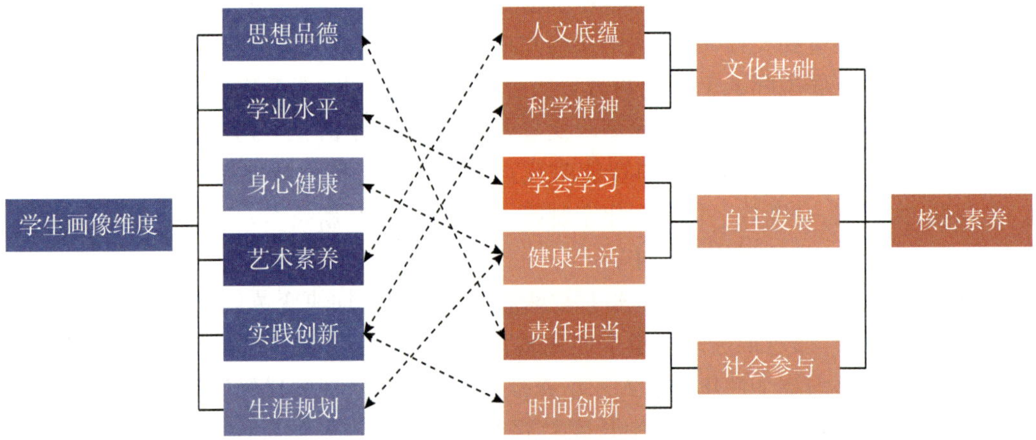

图 5.1 学生画像维度

大东区结合学生综合素质相关政策文件和文献研究进行系统分析，结合中国学生发展核心素养，构建涵盖思想品德、学业水平、身心健康、艺术素养、实践创新、生涯规划 6 个维度 302 个指标的学生综合评价系统(表 5.1)，评价方式由“主观性 + 终结性”评价转向“过程性 + 阶段性”评价。

同时，大东区依托教育部信息技术支撑学生综合评价试点区建设项目，与北京师范大学专家团队合作，完善顶层设计，创新评价工具，实现大东学生综合素质评价平台数据与教育部 SEED 平台有效对接，完善数据驱动的学生综合素质评价解决方案，形成了学生全学段、全过程、全维度的综合评价体系，为每名学生生成“数字成长日记”，达到多角度促进学生适性扬长、全面发展的评价目标。

表 5.1　学生综合评价系统

一级维度	二级维度	三级维度	描　　述
思想品德	A1 品德修养	A1-1 国家认同	对国家的认知以及国家的政治、文化等要素的评价和情感
思想品德	A1 品德修养	A1-2 社会责任	自尊自律、文明礼貌、诚信友善、宽和待人；孝亲敬长，有感恩之心、热心公益和志愿服务，敬业奉献，具有团队意识和互助精神、能主动作为，履职尽责，对自我和他人负责
		A1-3 国际理解	具有全球意识和开放的心态，了解人类文明进程和世界发展动态；能尊重世界多元文化的多样性和差异性，积极参与跨文化交流；关注人类面临的全球性挑战，理解人类命运共同体的内涵与价值等
	A2 法治素养	A2-1 法律知识	了解、掌握个人成长和参与社会生活必需的法律常识
		A2-2 法治理念	具备依法规范自身行为、分辨是非、运用法律方法维护自身权益、通过法律途径参与国家和社会生活的意识和能力
		A2-3 法治行为	规范行为习惯，自觉遵守法律，参与法治实践，形成对社会主义法治道路的价值认同、制度认同
	A3 生态意识	A3-1 爱护环境	热爱并尊重自然，具有绿色生活方式和可持续发展理念及行动等
		A3-2 节约资源	合理地或者创造性地使用国家资源，合理使用水、电、纸张、粮食等
学业水平	B1 学业表现	B1-1 知识技能	掌握学科课程标准要求的基础知识、基本技能，例如学科学艺术素养学业成绩、日常作业完成情况、阅读情况等
		B1-2 思维方法	理解和掌握各个学科素养和方法；崇尚真知，能理解和学会科学原理和方法；尊重事实和证据，有实证意识和严谨的求知态度；逻辑清晰，能运用科学的思维方式认识事物、解决问题、指导行为等
		B1-3 研究性学习	参与学科竞赛、活动表现；参与研究性学习经历及优势学科学习情况
	B2 学习能力	B2-1 一般学习能力	具有对自己的学习状态进行审视的意识和习惯，善于总结经验
		B2-2 学科学习能力	具备顺利地完成某个学科，解决学科相关问题的能力，包含认知能力、操作能力及学习策略等维度，能够根据不同情境和自身实际，选择或调整学习策略和方法等
	B3 学习态度与习惯	B3-1 学习态度	对学习较为持久的肯定或否定的行为倾向或内部反应的准备状态，包含学习的注意状况、情绪情感状况和意志状态等方面
		B3-2 学习习惯	在学习过程中经过反复练习形成并发展的良好的学习行为方式

续表

一级维度	二级维度	三级维度	描　　述
身心健康	C1 运动表现	C1-1 运动习惯	参与日常体育锻炼习惯情况
		C1-2 运动技能	自觉学习、掌握适合自身的运动技能情况
		C1-3 活动表现	参与体育活动或者竞赛中表现情况
	C2 身体健康	C2-1 健康生活	具有良好的生活与卫生习惯常识，作息规律，饮食健康，讲究卫生，规律运动
		C2-2 身体机能	身体形态、身体机能和身体素质达到《国家学生体质健康标准》
	C3 心理健康	C3-1 自我认知	正确认识自我的优缺点，善于自我反思、自我规划及自我调节等
		C3-2 意志品质	具有积极的心理品质，自信自爱，坚韧乐观；能够控制和调节个人的行为
		C3-3 情绪管理	能够觉察与排解自我情绪；能够应对和克服学习、生活中遇到的困难
		C3-4 人际关系	在学习和生活中人际交往与合作的表现情况；师生关系、同伴关系、亲子关系等情况
艺术素养	D1 审美能力	D1-1 审美感受能力	具有发现、感知、欣赏、评价美的意识和基本能力；具有健康的审美价值取向
		D1-2 审美评价能力	具备对审美对象的价值、性质、形式、内容等进行分析的能力，并做出相应评价的能力
		D1-3 审美创造能力	具备运用某种艺术形式和表现技巧创造艺术形象的能力
	D2 艺术表现	D2-1 艺术技能	自觉学习、掌握适合自身的艺术技能和审美方法；掌握艺术技能的个数及级别
		D2-2 技能表现	掌握和运用某一具体艺术种类的专业技术和技法的能力
实践创新	E1 创新精神	E1-1 创新意识	具有好奇心和想象力，能大胆尝试，积极寻求有效的问题解决方法等
		E1-2 创新知识	具备进行创新活动所需的各种知识（包括学科知识和跨学科知识）、有效的技能和方法应用知识等
		E1-3 创新能力	具备将创意和方案转化为有形物品或对已有物品进行改进与优化等的能力
	E2 实践能力	E2-1 实践认知	关注实践活动以及解决实际问题等方面的认知情况
		E2-1 实践情感	在实践活动中表现出来的情感倾向
		E2-3 实践行为	在实践活动中动手操作、体验经历等方面的表现及取得的成果情况

续表

一级维度	二级维度	三级维度	描　　述
实践创新	E3 劳动素养	E3-1 劳动观念	具有通过诚实合法劳动创造成功生活的意识和行动等
		E3-2 劳动能力	具有动手操作能力,掌握一定的劳动技能
		E3-3 劳动精神	在主动参加的家务劳动、生产劳动、公益活动和社会实践中,具有改进和创新劳动方式、提高劳动效率的意识
		E3-4 劳动习惯和品质	尊重劳动,具有积极的劳动态度和良好的劳动习惯
	E4 信息素养	E4-1 信息意识与认知	对信息的敏感程度、对信息的认识、观念、应用意识和保健意识等
		E4-2 信息科学知识	理解和掌握信息基础知识(如基本的信息理论知识)和信息应用知识(如信息技术和工具的基本方法)
		E4-3 信息应用与创新	掌握运用信息技术查找、获取、加工、处理、交流、评价和创新信息等方面的能力
		E4-4 信息道德与法律	能够自觉遵守信息社会道德规范和法律法规,对信息道德、法律法规以及信息安全具有一定的认知和应对能力,合法合规地使用信息技术
生涯规划	F1 学业规划	F1-1 学科选择	根据自我兴趣特长、学业水平、专业性向、生涯发展意向,科学合理安排课程修习计划,明确自己的学考、选考意愿
		F1-2 特长发展	培养和发展自己的兴趣与特长,处理好学习与生活的关系,科学合理地安排课余时间,养成正确的学习休息方式
	F2 职业规划	F2-1 职业认知	了解国内外主要高校的专业信息与社会职业需求、了解专业发展趋向和人才市场需求,培养专业方向,选择合适的发展方向
		F2-2 职业探索	了解和体验不同职业特点,在丰富职业体验经历的过程中,不断明确学习成长目标,为专业性发展、职业倾向选择提供判断依据
		F2-3 职业选择	对自我未来生涯发展做出较为全面的设想和计划

5.2.2 数据驱动规模化多元育才

在大数据和人工智能等新一代信息技术的驱动下,学校育才过程逐步呈现智能化、数据化、个性化等特点,学校教学、课程、管理及服务也得到快速发展,并分别展现出教学精准化、课程精优化、管理精细化、服务精益化的时代特征,成为未来学校育才必须重点关注的方向。大东区从精准教学、精优课程、精细管理与精益服务四个方面进行数据驱动的规模化多元育才过程,以满足广大教育利益相关者对规模化多元育才的需求,促进学生多元化、全面化、个性化发展。

5.2.2.1 精准教学育人

教师要关注每一位学生的不同特点，就要了解学生的学习情况，这就如同医生与患者的关系。教师的学习诊断水平如同医生对病人的诊断水平，与教师的教育质量息息相关。因此，教师能够及时准确地对学生的学习情况进行诊断并制定精准的教学策略，以帮助学生实现精准高效的个性化学习就显得格外重要。利用教育大数据助力教育改革、促进教育质量提升，已是大势所趋。而教学学情难以实现精准匹配、各学段难以实现精准减负、个性化学习难以实现精准高效是现有教育生态下亟待破解的“双减”核心难题。如何借助大数据分析技术，精准把握学生学情、精准设计课堂教学、精准实施教学，从而构建精准教学模式，为学生精准“减负”成为一个现实而重要的课题(图 5.2)。

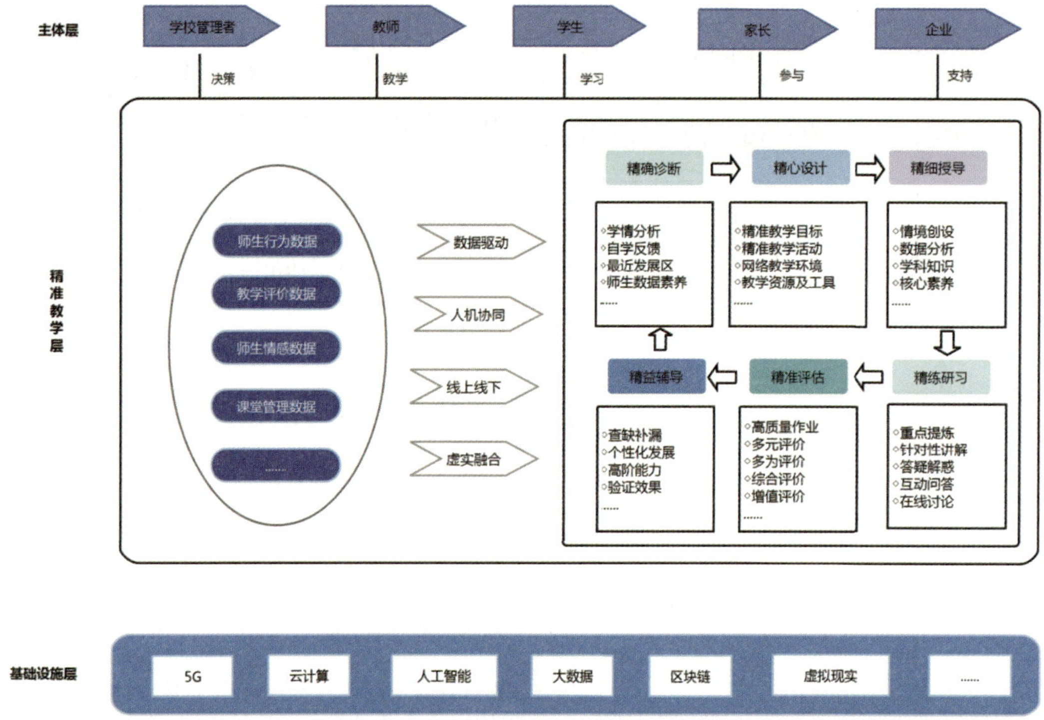

图 5.2 精准教学模式

大东区着眼数字化转型及“双减”大背景，关注数据多维化、全过程的学情精准诊断；聚焦“轻负优质”的教育目的，探索如何通过大数据手段实现教学的精准性和科学性，同时思考数据驱动下的教师如何真正实现因材施教和个性化教学，使因材施教、以学生为中心等教育初衷真正落地。

1. AI 精准教学模式助力课堂教学

一是建立“三段式”精准课堂。基于精准教学相关理论，运用人工智能技术、大数据技术，借助智慧课堂系统，结合个性化学习手册等智慧教学工具所形成的智慧教学环境，以数据驱动为基础、以精准干预为核心、以精准评价为保障，建立了课前学生自主学习、在线自测，教师发布任务、推送资源；课中学生分层合作、深度学习，教师精准讲授、实时监测；课后学生发现问题、巩固练习，教师个性推题、差异诊断为主要实施策略的三段式精准课堂教学模式（图 5.3），并将该模式在不同学科、不同课型中进行深度应用，促进教师因材施教和学生个性化学习。

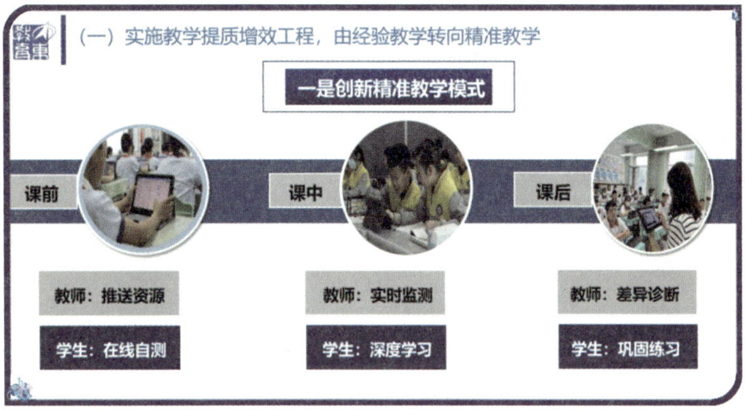

图 5.3 三段式精准课堂教学模式

二是实现“规模化”因材施教。通过“智慧课堂”和学业采集分析系统常态化应用，形成学情数据采集与分析链条，精准定位学生薄弱知识点，使教情与学情得以精准匹配，引导课堂教学从经验型转向数据型，课堂教学效率大幅提升。

学情精准分析、课堂精准教学、课后精准辅导的精准教学全覆盖，促进了学生个性化深度学习，激发学生学习兴趣，提升自主学习能力，教学效果精确到“A 同学在 X 知识点上掌握得不好”，真正实现规模化因材施教（图 5.4）。

图 5.4 因材施教

2. 个性化学习手册赋能作业管理

一是“共性 + 个性”，教师的多层次视野。作业是推动“双减”的重要抓手，是有效减负的重要切入点。教师通过课堂检测及时掌握学情，根据不同学生状况推送相应的课后作业，形成“一人一册”的个性化学习手册，实现高频错题的智能整理和针对性练习智能推送。老师利用个性化学习手册进行精准的备课、授课(图 5.5),在课堂中讲解共性错题、高频错题,同时能关注到个体的作答问题,让每个层次的学生在课堂上都能有所收获。

图 5.5　教师授课

二是“精准+及时”,学生的高效能学习。学生利用个性化手册,进行精准化、个性化错题再练,扫清薄弱知识点,及时订正,补缺补差,作业布置从重复海量型转向精准实效型,实现了作业布置的“私人定制”,切实减轻了学生大体量作业负担(图 5.6)。同时,利用智能终端随时推送学习资源,学生可及时查看错题解析和视频讲解,实现个性化学习的精准高效。学校通过大数据洞察系统实时掌握作业完成时长分析、作业类型分布情况、作业应批尽改情况分析等,提高作业管理效率和质量。

图 5.6　个性化学习手册

部分学科的教学设计课例见本书附录。

5.2.2.2　精优课程育人

数据智能时代，海量数据、精准算法、虚拟环境、可视化、共享交互等一些技术的发展已经大大改变了课程的环境以及课程本身的存在方式。基于大数据等智能技术的测评促进了原始课程评价形态的解构与重塑，进一步提升了课程评价的有效性、智能性。可见，技术在课程育人创新发展中的功用不容忽视，课程与技术深度融合已成为当前课程发展的新动向，数据及智能技术驱动下的课程育人也进一步呈现出了“精优”的趋势。精优课程表现为课程环境更加智能、课程内容及资源更加多元、课程体系更加协调、课程评价更加精准，能够有效促进学生全面发展，提升课程整体育人质量。

大东区的精优课程逻辑框架以学生为中心，在数据的支撑下，致力于实现课程建设与实施的精优化，包括课程环境的智慧化、协同化、交互化，课程体系的多元化、一体化、协同化，课程资源的智慧化、立体化、多样化，以及课程评价的科学化、智能化、过程化。

1. 以学生为中心，各课程主体协同育人

大东区建立区、校、第三方引入三级精优课程统一体，由区域组建的课程建设专家团队基于《2022版课标》设计并制作相关学科课程及资源，辐射区域使用，学校根据实际建设多元校本课程，供学生自主学习；同时，高效利用大东智慧教育云平台、智慧心育平台、智慧安全平台的相关课程，供家长及学生自主学习。同时，充分利用教学及自学过程中产生的各类数据，供教育管理者对课程进行统筹规划和设计，教师则可以有根据、有针对性地创新教育模式、教学过程，家长也可以更好地辅助孩子多元发展。

2. 课程体系多元化、一体化、协调化

智慧教育环境下，学校根据学生学习数据分析获得的个体发展需求，打造具有针对性地体现跨学科、多学科整合的探究式、体验式、项目式等多元课程体系，并在此基础上建立和完善学校课程资源管理制度。同时，课程学习贯穿学校教育的全过程，实现促进学生全面发展的教育目的。

3. 课程资源智慧化、多样化、立体化

智慧教育环境下，将化学、物理等操作性、实验性强的课程内容开发成为虚拟仿真实验室课程，通过再现真实的生态系统，增强课程学习的生动性。课程资源不仅包括传统的文字、图像、音视频及超媒体等资源类型，还包括各级各类在线开放课程等信息化资源、系统建设平台类资源、专家智库类资源以及区域课程资源等方面的资源体系。

4. 课程评价科学化、智能化、过程化

大东区依托教育部信息技术支撑学生综合评价试点区建设项目，与北京师范大学专家团队合作，完善顶层设计，创新评价工具，实现大东学生综合素质评价平台数据与教育部SEED平台有效对接，完善数据驱动的学生综合素质评价解决方案，形成学生全学段、全过程、全维度的综合评价体系，为每名学生生成“数字成长日记”，达到多角度促进学生适性扬长、全面发展的评价目标。

5.2.2.3　精细治理育人

大东区以数据为驱动力，将数字技术和思维融合应用于教育治理全领域、全过程，通过将大东智慧教育云平台升级为数字基座，强化数据挖掘、分析、评价和管理，实现教育治理结构重塑，推动教育管理服务流程再造，健全教育监测评价体系，提升教育决策、执行、监测、评价、服务、安全等方面的数字化、智能化水平，促进教育治理科学、高效、公平、有序，形成技术支撑的教育治理新形态。

1. 标准化建设数字基座

建设以数据为核心、生态为基础、能力为导向，标准统一、开放共享、技术集成、交互可视的大东教育数字基座，支撑教育数据治理现代化、教育决策科学化、教育管理精准化、教育服务便捷化，实现面向教育全场景的数据互联互通、应用生态服务、优质资源普惠。将各级管理员、局长、校长、教师、家长、学生以及其他用户紧密地联系在一起，提供多端统一、多业务场景数据汇聚的门户空间，让所有用户直达基座，共同参与到基座建设与应用中来，为用户提供数联、物联、智联看板和集中处理各类业务的操作界面，实现“一屏管全域”。

一是“升级”用户数字空间：在原有 Web 端基础上，引入移动端，并为局长、校长、教师等角色打造个性化专属空间。

二是“升级”组织中心：在现有组织架构维护和统一账号认证之上，升级用户架构配置体系，使平台维护更灵活并提升师生管理工作效率。

三是“升级”应用中心：在原有云平台基础之上，进一步完善应用接入规范及接入流程，使三方应用接入更便捷、更高效。

四是“新建”数据中心：打通业务数据壁垒，将大东区现有智慧课堂、精准教学、智慧体育、AI 教研等系统数据进行汇聚，形成大东区自己的教育数据资产。同时可通过数据中心实现与沈阳市教育局和大东区大数据局横纵互通的数据交换通路。

五是“新建”物联中心：对大东区学校现有智能设备进行统一接入及管控。

六是“新建”大模型 + 低代码应用开发助手：大模型赋能的低代码平台，可以通过人机自然语言交互的形式，搭建学校个性化管理（流程审批、信息填报、活动报名、数据统计）应用，满足学校对多场景的不同使用需求。

七是数据工程服务：依托数据中心，提供数据采集、治理、融合、建库服务；依托低代码平台，提供个性化应用搭建服务。

2. 特色化推进场景应用

一是学生五育评价升级：以“育评融合”理念为指导，基于学生学习、五育发展等数据，对学生进行多维度、全方位的分析和评估。例如，基于学生画像实时获得本校学生五育活动进行情况、详细记录及五育评价结果，掌握学生综合素质整体发展的水平，开展对学生综合素质、身心健康、能力发展等方面的过程性评价与预警，全景式展示学生成长过程，通过学生均衡发展指标测算，发现个人发展的薄弱项，帮助学生制定专项提升计划，助力学生全面而有个性地发展。① 指标体系维护更加便捷，增加智能指标推荐并配套相关评价资源，助力区校构建个性化评价方案，且支持区级统筹指标 + 校级个性化指标。② 采集阶段支持表现性评价工具，让评价指标更客观。③ 结果应用层面：支持区校两级数据驾驶舱及多层级评价报告，能够助力区校构建育人循环体系。

二是教师评价升级：汇聚教师执教生涯各类经历和成果数据，形成教师全息档案，对学校教师群体进行数字化展示和智能分析，推动教师专业发展与评价。例如，基于教师画像标定教师的待提升能力点,为教师制定生涯发展计划,让教师成长方向更加聚焦。① 档案维度配置更灵活。② 针对区级、校级数据进行群体分析。③ 对数据采集进度进行评估。④ 可进行评价模型灵活配置并制定赋分规则。⑤ 生成大东区特色的教师评价报告。⑥ 生成区校两级数据驾驶舱。

三是打造义务教育优质均衡发展地图:内置国家义务教育优质均衡评估指标体系,指导区域、学校进行达标分析,并可下沉到学校,查看各维度详细数据。在数字空间中对学校进行全面、客观、准确地描绘和分析,为学校提供了一个对外展示学校形象的数字化窗口,为学校多元治理、教育质量提升、促进优质均衡发展提供数据支撑。例如,基于学校画像实现各学段招生数量的摸排预测,助力学校管理部门进行风险预判、科学决策。

5.2.2.4 精益服务育人

数据驱动的精益化教育服务,是智能时代推进大规模因材施教的需要,也是满足民众对高质量教育服务需求的重要体现。数据驱动的精益化教育服务供给打破了固有教育服务供给的弊端,逐步实现了决策制定科学化、供需匹配精准化、服务供给个性化。大东区通过建设区域特色"5+2"课后服务平台,一站式完成选课、报名、开课、巡课、评价,家长和学生的参与感和获得感不断增强,实现数智技术与幸福成长的"双向奔赴"。

一是学校依托平台,动态采集和汇聚学生学习和生活数据,借助大数据分析技术分析学生能力水平、心理状态、体质健康等基本情况,凝练优化教育服务供给所需要素,为教育服务供给决策的科学制定提供强有力的数据支持。

二是强调了教育服务的有效供给,即转变一刀切的方式,实现精准化的教育服务供需匹配。大数据技术的介入让学生的需求表达变得更加顺畅,为整合供需两侧数据信息,以及精准、快速定位学生服务需求注智赋能。

三是供需精准衔接,进一步推进了教育服务个性化供给。基于大数据的服务需求精准定位,推进了学生个性化问题的解决,体现了教育服务从大规模群体供给向个性化、适应性个体供给的供给方式创新。

第6章　未来发展与展望

当前，不断更迭的智能技术正加速教育的数字转型和智能升级，以深度学习技术为核心的生成式人工智能近年来不断取得突破，其表现出来的智能涌现、强认知性、高通用性等强大能力为教育数字化转型带来了新机遇和新驱力。以ChatGPT、GPT-4、星火大模型等为代表的国内外认知大模型具备了生成式人工智能的特征，正推动互联网资源生产方式转向人工智能生成内容范式，使得人工智能在教育数字化转型中的作用更为凸显。

6.1　推动人机协同走向人机共生

生成式人工智能促进教育主体关系从"师-生"向"师-生-机"转变。随着机器智能化水平不断提升，生成式人工智能逐渐作为一种技术中介参与教与学活动变革中，传统"师-生"之间的二元主体关系逐渐被打破，构筑起基于"师-生-机"的三元主体结构。一方面，生成式人工智能对师生主体具有赋能作用，如可以扮演虚拟专家、智能助教、数据分析助手等角色助力教师专业发展，也可以扮演智能导师、口语学伴、辩论对手等角色促进学生个性化成长，实现"师师有助教，生生有学伴"。另一方面，师生主体要积极拥抱"机器"主体。首先应"学人工智能"，了解生成式人工智能的基本原理和应用场景，提升技术应用能力；其次要"用人工智能"，师生掌握合理使用生成式人工智能的方法，实现技术的科学赋能；最后要"与人工智能一起学"，在借助生成式人工智能提升教学效果的同时，引导技术适应性发展，实现双向互构、深度融合。

6.2　重塑智能化教与学方式

6.2.1　激发教学创新潜能，助力教师教学减负和提质增效

当前教师在工作实践中存在繁重的备授课及相关工作压力和数字化转型下掌握新技术、新设备所面临的技术门槛双重压力，亟须有效的方法加以解决。生成式人工智能生成高质量内容的能力贴合了教师日常工作需求，在教学设计、课堂教学、课后辅导、作业设计与批改等教学环节均能提供支持，如一键生成教案和课件、拓展课堂知识内容、启发学生自主探索、自动提炼学生作文要点进行批改等，减轻了教师日常工作负担。同时，生成式人工智能

降低了人机交互的难度，使用网络平台即可开展对话交互，解决了教师技术压力的问题。

6.2.2　创新对话式学习方式，促进学生个性化学习和高阶思维培养

《基础教育课程教学改革深化行动方案》明确提出要推进"数字化赋能教学质量提升"行动，强调构建数字化背景下的新型学习模式，学习模式逐渐从标准化走向个性化，从被动接受走向主动探究，从供给侧走向适应需求侧。生成式人工智能可以发挥其对话式交互特性，从与学生的多轮对话中发掘学习情景和任务要求，形成文本、图像、视频、音频等多形态的学习材料，为学生学习提供支持。同时，还可以基于学生的学习水平、学习风格、知识背景等特征，向学生推荐适合的学习路径和学习任务，生成定制化的学习框架，提高学生协作、创造和批判性思维能力，激发学生动机和潜能，实现更高水平的个性化学习。

6.3　深化多元协作综合评价

6.3.1　面向数字社会人才培养需求，要树立"知识＋素养"的评价理念

生成式人工智能强大的信息整合能力加速了信息获取和知识传授的过程，传统知识评价难以应对信息过载下的现实需求，在评价实践中要关注学生的信息应用能力和高阶思维能力发展，构建更加全面的综合素养评价体系。同时，生成式人工智能可以考核具备高阶性与开放性的内容，注重考查学生的创新意识与能力。

6.3.2　在教学评价内容和方式上，"人际＋人机"协作的方式助力综合性评价

生成式人工智能为评价改进提供了新的赋能手段，强调人际合作、人机协同的综合评价。在评价内容方面，固定式的知识问答转变为开放式的问题解决，学生将通过"人际＋人机"的多方互动沟通协作形成综合解决方案，从而使传统以试卷为主的结果性评价转变成情境化、问题式的综合性评价。在评价方式方面，生成式人工智能发挥其动态性、多模态和伴随式等特征，在师生、生生等人际评价上增加了机器评价的辅助，可以在持续的人机交互对话中进行数据采集、自动化内容批改和评价，综合分析学生的学习情况和表现。

6.4　探索生成式人工智能在教育典型场景中的应用

生成式人工智能的文本生成、语言理解、知识问答、逻辑推理等方面能力在教育领域具有极大的应用潜力和价值，将引发教育领域的变革。在这样的趋势下，大东区引进生成式人工智能的教育应用，将在未来不断探索其在不同教育场景中的应用。

6.4.1 生成式人工智能辅助教师高效备课

随着生成式人工智能技术的发展，大东区全面应用的畅言智慧课堂完成智能升级，引入了科大讯飞研发的星火大模型，开发出教师助手应用，从优化教学设计、丰富课堂场景等方面提高教师的备课效率和教学效果。

借助大模型的深层次语言理解、文本生成能力，教学助手可以通过对话式和生成式交互方式，帮助教师进行智能化的教学设计。教师将需要进行设计的课时、班级等信息上传给教学助手，教学助手不仅可以给出单元主题、教学目标等教学设计的标准模块，还能够根据新课标的要求、班级学情、学校教学条件、地域特色等智能匹配合适的教学任务和活动，帮助教师更加便捷地进行教学计划的制定。基于大模型的多模态交互能力，教学助手可以智能生成互动式教学课件、视频、音频、图片等多媒体教学素材，有效提升教师备课效率。通过星火大模型赋能教学反思、课题灵感、学生评语、班会设计、家访沟通等多场景应用，进一步减轻教师的备课压力，让教师能够有更多的精力投入教学。

6.4.2 生成式人工智能构建对话式互动课堂

大模型技术还能广泛应用于课堂场景，借助大模型的语言理解和文本生成能力，通过场景构建的方式与学生互动，引导学生提问并回答学生的问题，激发学生学习兴趣，提升学生创新能力，构建互动式课堂。

比如，在语文作文课上，教师可以调用通用大模型的文本生成功能，生成习作样例，请学生进行点评、修改，激发学生的创作欲和参与感，完成生成式课堂的构建。在数学习题课上，可以调用大模型的数学解析能力，现场出题，供学生练习，提升学生的课堂参与感。在英语课上，可以通过人机对话，实现学生与大模型的语音交互，提升学生的口语对话能力。在历史、地理等学科，可以引导学生向大模型提问，了解相关学科概念，拓宽学生的学习边界。

6.4.3 生成式人工智能助力心理辅导

借助大模型在智能生成和语言理解方面的能力，大东区智慧心育平台全面升级，推出心理辅导助手功能，可以通过类人式的自由对话，对学生开展心理辅导，发挥“智能辅导师”的作用。

心理辅导助手可以根据学生提出的问题和回答，准确识别和判断学生当前的心理状态，并调用知识库中的海量心理知识，对学生进行针对性的心理辅导；可以通过智能生成表情包、自适应推荐电影、诗词、历史典故等多模态资源的方式，激发学生兴趣，帮助学生快速调节心情；可以跟踪记录学生的心理状态，并对其存在的心理风险向教师和家长进行预警，提醒教师和家长及时干预，避免学生的心理状态进一步恶化。

第 7 章 区域学校智慧教育应用案例

7.1 智慧融合引领下构筑劳育新生态的策略研究[①]

2020 年 3 月，中共中央、国务院印发《关于全面加强新时代大中小学劳动教育的意见》，强调劳动教育在落实立德树人根本任务中的重要作用。教育部印发的《教育信息化“十三五”规划》指出要“着力提升学生的信息素养、创新意识和创新能力，养成数字化学习习惯，促进学生的全面发展，发挥信息化面向未来培养高素质人才的支撑引领作用”。因此，借助智能技术和信息技术手段实现劳动教育的智慧转型，能够促进信息技术与劳动课教学和劳动实践的深度融合，推动智能时代的教育理念更新、模式变革和体系重构，引领教育现代化。为此，沈阳市尚品东育学校(以下简称“学校”)进行了积极探索。

7.1.1 总体谋划，探索智慧劳动教育新路径

学校充分利用大东区智慧教育云平台和人工智能技术，以信息技术为技术手段，以项目式学习为主要学习方式，以课程为载体，搭建劳动课程实施和评价体系，创新劳动教育形式和内容，寻求传统和现代结合、智力和体力共融的劳动教育新途径。学校积极筹建具有现代技术特征、与劳动课程相关的智慧教室，包括机器人搭建、3D 打印、智慧造物(金工木工、激光切割技术)、陶艺、皮影、创客、信息技术、无土栽培 8 间教室，以及智慧生态园、果园、葡萄长廊 3 个室外实践基地。

学校组建多元化的师资队伍，将校长、中层干部、班主任及相关学科教师都纳入培训范围，以“基于创客课程开展创新教育和劳动教育的实践研究”为切入点，积极探索新形势下劳动教育的途径，提高教师的劳动育人意识和专业化水平，明确劳动教育在促进学生全面发展、教师专业成长、学校特色建设中的独特作用。

---

① 案例来源：沈阳市尚品东育学校。

7.1.2 全力挖潜，开发智慧劳动教育新场景

7.1.2.1 构建"一体两翼三结合"的课程体系和实施路径

"一体"是构建以学校为主体，家庭、社区、基地、高校协助参与的劳动共同体。"两翼"是通过课程和活动两方面落实劳动教育。"三结合"是学校在实施劳动教育过程中，坚持与办学特色相结合，与项目化学习相结合，与智慧教育相结合。

7.1.2.2 通过智慧教育平台为劳动教育赋能

学校通过项目化学习的方式开展劳动实践，利用大东区智慧教育云平台为劳动教育的不同阶段赋能，提升学生的实践能力和劳动规划意识。

(1) 准备阶段：以智慧平台确定课程项目。学校在云平台搭建劳动学习圈，了解学生对劳动课程内容的需求，发布项目化劳动清单，供学生在劳动实践前根据兴趣分组选择项目。学校通过平台开展可行性分析，做好准备工作。

(2) 实施阶段：以智慧手段优化过程实施。学校开发劳动技术视频微课，形成校本化的劳动课程资源，学生可以根据自己的实际情况调控观看微课的进度与内容，强化实践体验。学校通过教师指导、社区交流，实现劳动课程学习的创生和交互。

(3) 成果展示阶段：以智慧空间分享活动成果。学生通过小组合作设计、制作创意作品，并录制视频，在学校、班级的智慧空间分享自己的劳动成果，在智慧平台上交流劳动过程中的心得体会。

7.1.3 聚焦特色，创造智慧劳动教育新体验

7.1.3.1 智慧教育+课程

学校以劳动课和综合实践课活动为主渠道，将信息技术和人工智能融入劳动教学，让知识与技术、"体劳"与"智劳"互动融合，将劳动教育全方位融入育人实践，实现双重育人目标。

学校自主编写16课时的3D打印教学课程。学生通过学习3D打印创客课程来进行模型设计和主题搭建，亲身体验从作品设计到成品的整个制作过程，感受到完成一个项目的成就感和劳动的价值。例如，在"百树进校园"活动中，学生利用3D打印技术设计树牌、班级文化牌以及奖杯。学校还将活字印刷术与3D打印相结合，利用3D One建模软件设计印刷模具，尝试活字印刷，用现代的智慧劳动使学生感受汉字的温度。课程图谱如图7.1所示。

学校利用WeDo 2.0机器人课程教学，将信息技术应用到STEAM课程的实践研究中。学生先按照图纸进行搭建，逐步发展为背图搭建，从而培养自身的创造力以及逻辑思维能力。课程图谱如图7.2所示。

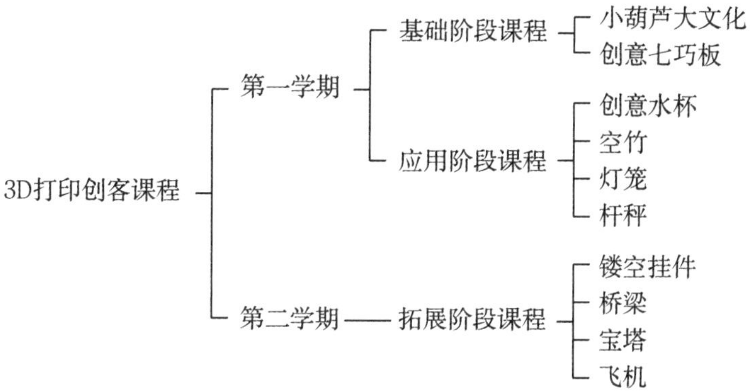

图 7.1 3D 打印创客课程图谱

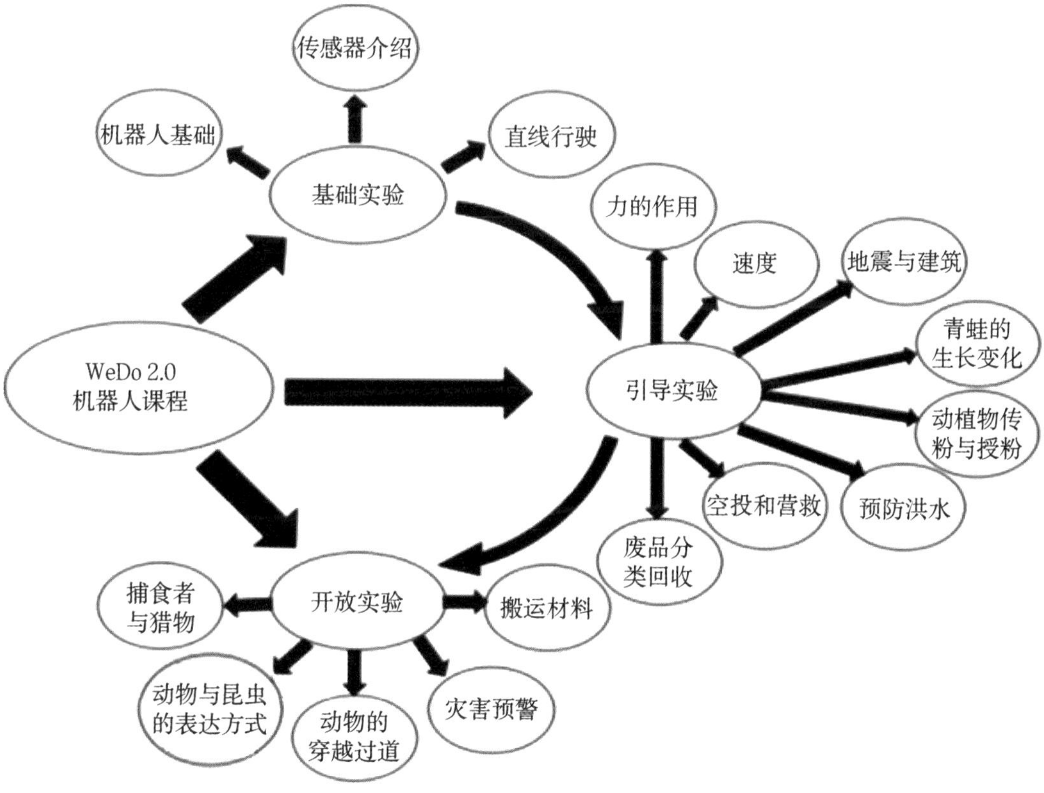

图 7.2 WeDo 2.0 机器人课程图谱

7.1.3.2 智慧教育+活动

1. 智慧教育+水稻种植活动

水稻种植是综合性很强的实践项目，在种植过程中，学生利用室外环境监测系统，通过传感器监测雨雪、光照、温度、湿度。多学科教师参与其中，解决种植过程中出现的问题（见表 7.1）。在水稻收割后，学生在教师的指导下利用废旧机械制作水稻脱粒机、稻谷传送机。

教师充分利用智慧教育云平台实现跨学科教学，通过线上学习、环境监测、数据收集、结果分析、过程评价等环节助力项目顺利实施，引导学生对项目实践进行整体规划和构思，使学生综合运用其他学科的知识，不断优化行动方案，解决项目中的问题。

表 7.1 基于项目化学习的水稻种植与多学科的融合

项目化学习过程	项目准备			实施过程					课程拓展及成果展示		
种植过程	项目确定	选址	土壤改良	插秧	水肥管理	病害防治	标本制作	收割	校长思政课	脱粒机制作	食品制作
涉及学科	地理	数学	化学	劳动技术、数学	化学、物理	生物	生物	劳动技术	政治	物理	劳动技术

2. 智慧教育＋无土栽培活动

学校依托沈阳农业大学开展水培种植项目，充分利用科技手段，科学指导作物栽培，使学生体验从育苗、移栽、管理、收获的完整生产过程和鱼蔬混养的绿色生态系统。学生利用环境监测传感器，对温度、湿度、酸碱度、二氧化碳的浓度进行数据收集和对比，实时监测幼苗的生长情况，既可感受到智慧科技的奇妙，又可体验劳动的乐趣。

3. 智慧教育＋主题科技节活动

以智慧劳动为主题的“科技节”是全校师生展示交流的平台，学生制作科技作品的过程就是劳动创造的过程，作品从设计到成品输出就是智慧思考的过程。自动浇花装置、智能光控饮水机、智慧家居等科技作品就是“智慧教育＋活动”课程体系下的成果。

7.1.4 技术保障，构建智慧劳动评价新机制

7.1.4.1 智能手环，实时监测

劳动需要一定的强度，需要让学生体验劳动的艰辛和不易，但也不能超出学生的身体承受范围。学校通过开展劳动竞赛调动学生参与劳动的积极性，并借助智能手环实时监测学生身体状况，评估学生身体素质，合理安排劳动强度，为劳动实践活动和学生参与情况提供科学的评价依据。

7.1.4.2 智慧平台，完善评价

1. 知识评价，及时反馈

教师借助平台通过在线测试了解学生对劳动知识和基本技能的掌握程度以及存在的薄弱环节，进行个性化指导。

2. 数据跟踪，发展性评价

教师借助智慧平台，通过视频记录、照片上传、电子日志、互动任务完成情况等方式记录学生在劳动活动中的表现。通过连续的数据积累，对学生的劳动技能发展进行跟踪，发现学生的成长轨迹和潜能。

3. 多方参与,多元评价

学生将自己的作品和视频上传到平台,也可以在平台中观看别人的成果。教师鼓励学生进行互评以及自我评价,不仅提高了学生的自我意识和批判性思维能力,还增强了评价的多样性。

4. 指导过程,定性评价

智慧教育平台能够记录学生的劳动过程,教师可根据过程中学生的表现给出及时反馈和指导,得出形成性评价。劳动成果呈现与表达也可以作为项目化学习效度的重要判断依据,有利于学生反思劳动过程,客观评价、积累经验。

学校充分发挥智慧教育的技术优势,结合劳动教育资源,开展人工智能背景下的科技创新性劳动教育,丰富劳动教育形态、拓展劳动教育场域、完善劳动教育评价,形成了学校智慧劳动教育特色,引领劳动教育现代化发展。

参考文献

[1] 魏晓波.破解劳动教育“有劳无教”的难题[J].教学与管理,2021(1).

[2] 于超,于建福.五育并举 知行合一:黄济先生劳动教育思想的精神特质[J].教育研究,2020(8).

7.2 信息技术赋能下学校心理健康教育的实践探索①

随着科技的飞速发展,智慧教育作为一种新兴的教育模式,正逐渐改变着传统的教学方式和学习体验。利用现代信息技术,尤其是互联网、大数据、人工智能等手段,对教育资源进行优化配置,实现教学过程的个性化、智能化和社会化,能够为教师和学生提供更加精准、高效的教学和学习服务。在学校各学科各领域的教育活动中,智慧教育不仅是技术的简单应用,还是教育理念和方法的深度革新。信息技术赋能下学校的心理健康教育工作既实现了优化育人功能,又走向高效育人之路。

沈阳大学附属学校(以下简称“学校”)从积极心理学视角出发,不断优化心理健康教育方式、方法,加大师资队伍建设及心理健康教育基础等方面的投入力度。信息技术的应用使学校的心理健康教育工作更具有灵活性和及时性,克服了传统心理健康教育受时空限制、服务对象有限和学生心灵开放程度较低的局限性,丰富和优化了学校的心理健康教育手段,使学校心理健康教育呈现出开放状态,极大地提高了心理健康教育的实效性和针对性。

7.2.1 加大资金投入力度,优化资源配置

完善的硬件设施,如网络全覆盖、电脑、平板、平台等,是心理健康教育信息化的基础。政府应加大对心理健康教育信息化应用的投入力度,优化资源配置,缩小城乡、地区、校际之

① 案例来源:沈阳大学附属学校。

间的差距，加强硬件设施建设，为心理健康教育信息化应用提供必要的条件。

近年来，沈阳市大东区进行了网络带宽扩容，为教师提供备课、教研所需信息设备及移动授课终端，为学生提供学习终端，打造“互联网 + 教育”大平台服务系统，引进智慧教育平台，建设上联下通、覆盖学校的数字教育资源供给体系，搭建起“备课 · 教学 · 考查 · 评价 · 反馈”的全过程智慧教学系统。

建设一支高素质的心理健康教育专业教师队伍是学校顺利实施心理健康教育的基本保障。沈阳市大东区统筹实施新教师规范化岗前技术培训，胜任教师、骨干教师应用信息技术能力提升培训。采用“分类实施、分层推进、按需施训”的培训策略，面向不同群体设计不同需要的干部培训、班主任培训以及心理健康教育学科教师培训，促进全体教师信息化水平提升。

7.2.2 应用大数据云平台，优化心理健康教育实践方式

7.2.2.1 利用信息技术进行心理健康教育课堂教学

首先，教师利用视频、音频、动画等多媒体资源丰富教学内容，使抽象的心理学概念变得直观易懂。其次，教师使用在线调查、问卷、测试等工具，实时了解学生的心理状况和学习进度，增强学生的参与感和互动性。再次，教师通过虚拟现实技术，创建模拟场景，让学生在虚拟环境中学习如何应对各种心理问题。最后，教师根据学生的学习数据和心理测评结果，设计个性化的学习路径，满足不同学生的需求，同时鼓励学生之间进行线上交流和协作，通过讨论区、博客等平台分享心得体会，共同学习成长，确保教育活动的有效性。

7.2.2.2 利用互联网平台进行心理健康资源共享

学校利用互联网平台，搭建心理健康资源共享库，整合各类心理健康教育资源，支撑心理健康课程教学和学生自助干预解压；结合教师与学生的在线交流讨论，促进师生心理健康知识经验的共用共享。

以智慧教育平台为例，学生可以通过平板学习终端随时随地获取心理健康学习资源，如“解压星球”功能满足了青春期学生注重个人隐私保护的心理特点，学生通过选择自己感兴趣的心理小试验、心理科学故事、生理心理科学知识等模块，结合心理旅程报告、知识解析动画等视频学习资源，实现自助学习和干预解压。此外，学生借助平板学习终端的咨询功能进行在线心理咨询预约，打破传统的时空束缚，实现与专业心理教师快捷高效地沟通和对话，同时，学生可在自主的时空环境中表达自己的真情实感，提高心理咨询的效率。

7.2.2.3 利用物联网技术进行心理健康监测

智能手表、智能手环等设备集成多种传感器，能够实时监测学生的心率、血压、睡眠质量等关键生理指标。教师通过手机软件或云端平台查看学生的健康数据，进而推测他们的心理状态，为每一名学生提供量身定制的心理健康建议和生活方式管理方案。

7.2.2.4 利用大数据技术进行心理测评、预警、评估和干预

心理测评包括心理健康测试、人格测试、职业兴趣和职业能力倾向测试等。学校每年利

用智慧云平台对全员学生开展心理检测并建立心理档案,对整理分析后得出的学生数据进行分类,筛选出重点观察对象,对其进行追踪观察,持续更新心理档案数据。教师根据反馈结果,及时了解学生的情绪、行为等心理状态,从重点观察对象中筛查出有预警记录的学生,及时对他们开展心理疏导,帮助学生调整心理状态。同时,通过收集学生在学习、生活、社交等方面的数据,运用大数据分析技术,可以更加精确地评估学生的心理健康状况,教师根据分析结果为学生提供个性化的心理干预方案,从“预防、发展、干预”三个层次推动学校的心理健康教育工作,从而提高心理健康教育的针对性和有效性。

7.2.3 遵循“五育并举、五育融合、心育助力”的原则,实施“五育＋心育”课程

学校心理健康工作需要通过多种多样的途径,强化与学科教学的结合,使每一位教师树立关心学生心理健康的意识。在信息技术赋能背景下,学校力求实现全员参与、全学科渗透、全领域覆盖,遵循信息技术赋能的“五育并举、五育融合、心育助力”的原则,在实施中高效落实“五育＋心育”课程。

7.2.3.1 坚持“德育育心”

学生心理健康教育贯穿全员德育全过程,融入学校管理、教育教学、学生成长、家校共育各环节。通过学生综合测评系统,学校不断完善初中三年学生成长的个性手册,并通过大数据云平台掌握学校整体学情。教师通过平板向学生推送晨诵课程、活动课程、实践课程、心理课程等特色校本资源,通过线上线下联动实现学生全员、家长全员、教师全员全程参与的新格局。

7.2.3.2 完善“智育慧心”

各学科教师通过优化教育教学内容和方式,关注学生知识构建和核心素养提升,积极运用信息化手段,有效减轻学生的作业负担和校外培训负担,在全学科教学中注重维护学生的心理健康。

7.2.3.3 推进“体育强心”

在体育运动过程中,教师可以通过学生佩戴的智能手环实时监测学生的心率、血压等,并根据监测结果制定个性化的体育项目,促进学生身、脑、心协调发展,充分发挥体育增强体质、调节情绪、促进心理健康等强大功能,实现学生快乐成长、幸福成长。

7.2.3.4 发挥“美育润心”

教师通过线上欣赏、线下感受等方式,充分利用互联网资源实现古今中外、国内国外美育资源共享,实现学生欣赏美、鉴赏美、感受美、体验美的审美教育。

7.2.3.5 强化“劳育健心”

教师以综合实践活动课程为依托、信息技术为手段、实践活动为载体,多维评价相结合,

让学生具备勤劳坚韧的品格、创造性劳动能力和责任担当精神。

7.2.4 建立健全学生隐私保护制度，提高数据安全性

对中小学生的心理健康状况进行测评是心理健康教育必不可少的工作，但需要教师事先征得学生监护人的同意。测评过程、测评数据、测评结果均涉及学生的个人隐私，在大数据背景下，提高心理健康咨询数据的安全性成为一个亟待解决的问题。

一是要制定和完善相关法律法规，明确学生隐私保护的权利和义务，对侵犯学生隐私的行为进行严厉打击。二是要在信息技术应用中建立隐私保护机制，如设置密码、指纹识别等，确保只有授权人员才能访问学生信息。三是要制定应对学生隐私泄露的应急预案，一旦发生隐私泄露事件，能够迅速采取措施减轻损失。四是要定期对信息技术应用进行安全检查，发现并及时修复潜在的安全隐患。五是要加强跨部门合作，教育部门、公安部门、网络安全部门等要加强合作，共同维护学生隐私安全。六是学校在引入心理健康教育信息技术应用时，要对应用程序进行严格审查，确保其符合隐私保护要求。

7.2.5 利用信息技术，搭建家校共育桥梁

利用信息技术搭建家校共育桥梁是一种有效的教育合作方式。学校可以通过创建家校沟通平台或利用现有的社交媒体工具，如公众号、微信群等，及时向家长分享孩子的学习情况、成长动态和学校的通知。学校通过组织线上微课和讲座，让家长在不受时间和地点限制的情况下，能够学到专业的教育知识和育儿技巧。学校利用信息化技术手段，开辟新渠道、创立新平台，实现教育资源的共享和优化配置，丰富了家校之间的交流方式，提高了交流的效率和质量，确保了家校活动的有效性和针对性，增强了家长的参与感和责任感。

信息技术在学校心理健康教育中的应用探索，不仅是对传统教育模式的革新，还是对学生心灵的深刻关怀。学校以“心育”为切入点，依托沈阳市大东区智慧教育平台，建设大数据心理行为分析系统、心理健康测评系统、心理健康水平四级预警系统；遵循学生身心发展规律，充分运用大数据云平台融合社会各类教育资源，构建家校、校校、社校、医校联合机制；通过信息技术手段打通校内外的课程空间，优化师资与教学资源的配置，形成立体化、序列化的课程体系，增强“五育＋心育”的“系统教育力”，创新育人模式，落实立德树人根本任务。

7.3 信息技术驱动教育评价改革特色发展路径探究①

当科技走进校园，多样的教学活动与新型智慧模式融合，信息技术便赋予了智慧教育评价体系全新的特征。沈阳市博才初级中学（以下统称“学校”）作为沈阳市首批智慧教育试点

① 案例来源：沈阳市博才初级中学。

学校，借助区域内的有利资源，向实践“取经”，以数字化为特征，面向评价主体、标准、实施、效果等维度，建立多元创新型评价方案，获得了丰富的特色经验。

7.3.1　推行“润泽文化＋艺体兼修”的发展理念

学校经过多年积淀，形成了润泽文化。“润泽文化”是指如涓涓泉水浸入大地般培育学生。学校的“润泽”体现在“润德”“润智”两个方面：学校将“自省自爱、克己复礼”的修养融入日常的德育工作；学校提倡教师引导学生在思考中提升自我，用真情巧思打动学生，实现课程育人、文化育人、活动育人、实践育人、管理育人、协同育人。

近年来，学校在“五育并举”的实践中创新课程设置。一是引入“智慧书法”，将中华优秀传统文化与现代信息技术融合，学生可以拿起手中的毛笔写字，通过平台上传自己的书法作品，系统实时打分。这种体验式学习能够强化学生参与的兴趣，提高学生的数字媒介素养以及对数字艺术的鉴赏力。二是引入“智慧体育”，为学生体育素养的提升提供了更加优质的技术支撑，使教师运用信息化技术手段对学生的运动强度、密度等数据进行可视化分析，为全程做好学生体质健康的动态管理提供便利。立足素养、“艺体兼修”的办学理念，助力学校成为辽宁省体育艺术 2+1 先进单位。

7.3.2　探索“多元对话＋价值目标”的发展方向

学校评价应覆盖教师、学生、家长，形成立体化综合性的评价体系。学校通过多元评价的实施来促进学校治理、个性化办学，关注学生的多元发展。

7.3.2.1　教师的业务能力评价

随着智慧课堂的深化推进，学校可从资源库建设、微课制作、学科活动组织、劳动教育、理化生学科趣味实验操作、特色时空备课等多角度评价教师。基于大数据的教师专业发展评价和智慧教研评价，对教师全方位的数据进行采集分析，为教师画像，对教师的教育教学行为做出诊断，进行精准化评价，为教师成长提供数据支撑，从而帮助每一位教师在全面、科学的评价中发现自己在教育教学方面的优势和不足。此外，通过分析教师个人信息中的规律，创新研究教师职业发展的路径，帮助教师在自我认知的数据分析基础之上制定个人职业发展规划。

7.3.2.2　学生的多维素养评价

学校紧紧围绕“五育并举”的核心目标，除推进全学科智慧课程外，增设了“机器人小飞”AI 编程、智慧书法、智慧体育等特色课堂。此外，每学期末学校还会通过学生综合素质评价平台汇聚学生的各项数据，生成《学生个性化成长报告》，在已有学业评价模块的基础之上，从思想品德、学业水平、身心健康、艺术素养、社会实践五个维度，采集学生的成长信息指标。评价全面、科学、客观，是对学生“五育并举”全面发展状况的监测与个性化精准评价，彻底破除“唯分数”的顽疾。学生可以借助大数据评价报告，全面、科学地认识自我，制定个性化学习计划，提高学习的自主性。家长也可以根据学生个性化成长报告，发现孩子的优势和不足，有针对性地为其提供各种支持和帮助。

对于学生学习成果的评估，学校借助家长之力，实现协同评价。学校引入积分制，要求学生在与家长商讨的前提下制定积分表，主动关注自我学习成长内容。学校通过数字化家校学习评价，对学生进行正向反馈。家长通过微信小程序等手段，定期查看学生的学习报告，进一步了解学生的薄弱知识点，以此获取学生的学习情况。班主任和任课教师共同给出建设性指导建议，并指导协同家长实施。

7.3.3 构建“有痕评价＋动态检测”的发展模式

学校以课程评价为载体，以学生发展为目标，构建学生综合素质评价模型。通过改进结果评价、强化过程评价、探索增值评价、健全综合评价等方式，引领学生在课程评价中发现自己、提升自己。通过评价激励学生成长，为学生全面而有个性地发展赋能。

学校紧紧围绕“五育并举”核心目标，呈现“去分数化”报告，建立学生综合素质评价体系。上传相关数据条，生成综合素质报告，让评价从结果到过程，从单一到多元，实现评价“有痕”。

班主任和家长尝试应用网络评价系统。在新型评价系统中，教师可以针对每一名学生在日常行为、学业素养、心理健康等方面给出合理的建议，家长也可以在系统中写下对孩子的殷切希望。采用大数据同步上传的方式，解决了纸质版评价手册不易留存、难以更改的弊端。

7.3.4 巩固“三段评价＋精准反馈”的发展体系

7.3.4.1 课前多元触发，丰富评价内容

智慧课堂移动终端的全覆盖，为学生提供了多元的学习内容，并为丰富评价内容提供条件，目的是引导学生课前自主学习。教师可以提前发布学习任务、推送学习资源，学生接收任务后选择学习资源并完成自主学习，由设备平台进行自动批阅、自动反馈，这样教师能够更了解学生的学习基础，方便备课。

例如，英语教师可以布置课前三分钟朗读听说训练，利用设备平台收录每一名学生的读音，由系统智能打分，教师根据屏幕中呈现的学生高频错音，及时纠正，再让学生进行多轮练习，实现省时增效。

7.3.4.2 课中动态检测，完善评价过程

智慧课堂中的互动检测系统为学生的课中精准评价提供保障。教师可以任务为导向，为学生提供可选择的学习资源，让学生独立完成学习任务(连线活动、搭配任务、随堂投票、讨论等)并发布学习结果。平台为学习结果提供实时在线交互、生生间互学互鉴的机会，教师可以引导学生审视自己和他人的学习成果，最终生成新的学习结果和学习问题。在学生独学和互学过程中，教师可适时开展共评和个体辅导，并进一步引导学生对生成性问题进行深度思考，开展合作共研，最终完成学习任务。最后，进入课堂测评环节，既需要完成教的测

评，又需要完成学的测评，为课后的个性化帮扶提供数据支撑。

例如，生物教师使用电子白板为学生形象生动地展示了心脏的结构，将抽象的知识具体化，从而使学生熟悉心脏相关的知识概念。学生在课堂上能够利用平板、投屏，观看微课和教师推送的学习资源，了解学习内容、目标和任务，通过自主学习、合作交流、学习测评，将知识转化为自己所能理解的内容，从而轻松地掌握心脏血液流动方向的知识。

7.3.4.3　课后精准反馈，检验评价结果

智慧教育背景下的课后作业能够实现"习惯培养、知识和技能巩固、思想方法提升与教学改进"等功能。通过课堂"自由出题"环节系统反馈，平台会自动向学生推送个性化的学习任务；教师借助智慧作业平台实现智能批改，同时将易错知识点进行梳理，通过系统数据反馈分析学生的知识薄弱点，生成多维度、可解释的作业数据分析报告。数据反馈既回应了学生的疑问，又为教师打造教学闭环提供了设备支持。教师查看报告后，进行有针对性的指导，让学生在完成趣味任务的同时，培养思维品质，提升学习能力。教师还可以利用"虚拟教师"功能，帮助学生自评自改，引导学生"自主学习""拓展学习"。

例如，学生课后可以通过观看微课讲评回放，完成自己多样化的学习要求，实现个性化辅导学习。同时，智慧教育还可以充分利用个性化手册，精准刻画面向学生个体、班级、年级、学科等不同层次的典型作业样态，生成符合每一名学生知识体系的多维立体作业画像，精准诊断学生的作业内容与认知负荷的匹配程度，为学生持续提供个性化作业、补偿性作业以及导学资源。

7.3.5　延伸"特色实施＋人机协同"的发展路径

学校采用"人机协同"的作业设计理念，以"双减"政策为引领，立足学情，错峰推送，分类跟踪，机评与手动批改相结合，持续推进"三核三策"特色智慧作业模式。

7.3.5.1　定时推送，精准投放

为避免学科作业出现聚集现象，学校采用了教师线上定时错峰布置作业的方式。在学生放假前，教导处对各科内容严格把关，要求任课教师提前在平板上预设好所留作业，并对各科作业推送的时间统筹管理，指导教师精准有效控制作业时长，设置提示提醒，确保作业不超量，切实减轻学生作业负担。

依托智慧平台，学校的作业布置范围更加精准，全班布置、分组布置、指定布置相结合，针对"症结"下"处方"，使不同学生群体的学习水平均有提升。

7.3.5.2　数据支撑，有迹可循

学校假期智慧作业通过采集分析学生作业的全过程、全要素、多尺度数据，精准诊断学生的作业内容与其认知负荷的匹配程度，为向学生持续提供个性化作业与导学资源提供数据支撑。智慧作业支撑平台能够实现错题自动归集，为学生提供精准的补偿性训练，有效避免机械、重复性作业负担。

依托智慧作业，学校达成了整体考查教师的数字应用情况的目标。同时，满足了教师对

掌握班级整体学业水平、学生个体成长情况的要求。平台自动生成的多维度、可解释、阶段性的作业数据分析报告,呈现面向学生个体、班级、年级、学科等不同层次的典型作业特征,为教师打造高质量"课前—课中—课后"的教学闭环提供数据支持。

7.3.5.3 手动批改,因材施策

数学、语文、英语等学科教师,在假期作业的评价方式上,将传统的笔纸作答与借助平板作答相结合。一键批阅能够实现智能化作业收集,为学生假期作业的完成提供科学的数据上传平台,充分发挥系统的教学效果检测功能。

批改系统虽然为教师批阅作业减轻了负担,但其对部分学生作业难以识别,而且不够人性化、个性化。为此,学校教师采用主观题手动批改的方式,使评价更加灵活、有温度。

7.4 依托智慧教育打造面向未来的学校新样态①

随着信息技术的迅猛发展,数字技术促进教育数字化转型已经成为教育发展的新趋势。以数字技术驱动智慧教育发展,创设以学生为中心的学习环境,使学生的学习不再局限于传统的教室,而是与家庭、社会真正融为一体,让学习成为一个可持续、互动性、跨学科的探索过程,为学生提供个性化、开放式、互动性、反馈及时的学习模式,已经成为未来学校教育的新样态,旨在引导学生具有"应对快速变化世界"的能力。基于此,沈阳市尚品东越学校(以下简称"学校")在建校初期就确立了依托智慧教育打造面向未来的学校这一办学目标。学校的智慧教育以云概念为基础,以 5G 移动网、物联网、人工智能为技术支撑,构建了智慧教育平台,覆盖了学校管理、教育教学等各个工作领域,实现了人工智能技术与教育教学的深度融合。学校师生可以共建、共享和应用智慧教育平台的优质教育资源,促进教育公平,提高教育质量,推动教育教学改革发展。

学校依据国家、省市印发的关于创建智慧教育示范校的相关文件精神,以沈阳市教育局提出的办"安全、健康、乐学、成长"的幸福教育为基准,基于教育神经科学理论,依托智慧教育,让学校的空间更有文化、更课程化、更智慧化,促进学生的学习实现新样式,更泛化、更真实,打造未来学校的新样态。学校形成了"一二三 + N"智慧教育模式和"三六五"融合式智慧课堂教学模式,促进学生德智体美劳全面发展,实现学校高质量发展。

7.4.1 打造"一二三+N"智慧教育模式

学校依据大东区的智慧教育模式,形成了具有学校特色的"一二三 + N"智慧教育模式,包括一个系统、两个保障、三项课程和 N 个平台。

7.4.1.1 一个系统

洞察系统是学校教育教学管理精细化诊断的数据中心。通过洞察系统,学校可以了解

① 案例来源:沈阳市尚品东越学校。

全体教师的备课、作业布置及批改、课堂互动等各种教学信息，这为学校进行教学管理和教学设计提供了重要依据。

7.4.1.2 两个保障

一是环境建设保障。这不仅是落实智慧教育的保障，还是落实“双减”政策的基础。环境建设包括硬件环境和人文环境。硬件环境方面，学校引入 5G 移动网、智能学习终端、物联网、智慧书法教室、智慧体育、创新实验室等设备，并进行人文环境创设。二是制度考核保障。这是落实智慧教育的根本保证。学校制定了《智慧教育建设方案》《智慧课堂应用指南》《智慧课堂应用评价考核》等一系列方案，并将其纳入常规管理和教师考核。

7.4.1.3 三项课程

三项课程是指在国家课程、校本课程、个性化服务课程中植入人工智能技术，全方位推动智慧教育进程，助力减负增效。

一是国家课程。智慧教育全方位走进学校课堂，覆盖语数外物化生体美等国家课程。课堂上，教师端的“一键表扬”“一键加分”等激励方式，激发了学生的学习兴趣，有效提升了课堂效率。教师运用学情统计功能对学生进行一对一精准教学，运用“全班作答”功能进行“限时作答”“一键表扬”“一秒统计正确率”等，根据学生作答情况有针对性地进行讲解。此外，教师还可引导学生运用“线上讨论”“小组 PK”等功能，从而调动学生的学习热情，真正实现高效课堂。

二是校本课程。学校以落实“双减”政策为引领，以人工智能技术为抓手，开设智慧体育、智慧书法、创新机器人实验等课程，坚持“五育并举”。例如，书法课上，学生可以跟随系统直接临摹大师的作品，并在人工智能的助力下评判出优势与不足，这种及时评价的方式有效激发了学生的学习兴趣。在 AI 创新实验课上，教师创设智慧学校、智慧家居、智慧交通、智慧小区、智慧博物馆 5 个不同的选题，让初中学段的学生在小组合作中运用人工智能技术解决学习与生活中的问题，逐步成为信息社会的积极参与者。

三是个性化服务课程。学校借助信息化手段，积极落实“5＋2”个性化课后服务。学校把“漫文化”理念融入课后服务中，采用走班上课、分层教学等新模式，为学生量身定制个性化学习方案，开设劳动、体育等 6 大类共 170 门课程供学生选择。

7.4.1.4 N 个平台，推动师生综合素养提升

一是通过 AI 名校网格协同教研平台为教师成长赋能。学校在精心打造智慧教育平台的同时，关注“互联网＋”背景下的教师成长，为教师设计了依托信息化技术的智慧教研平台。该平台集教学数据资源汇集、教育监督管理布局、教师教研能力提升为一体，轻松实现异地同步研修、掌上集体备课、云端专题研讨等功能。智慧教研平台调动教师积极参与，引导教师进行深度探索，开发多维度的个性化应用，逐步实现跨学校、跨学科共享，实现教师与学生共同智慧成长。

二是通过 AI 英语教考平台提升学生的口语和听力水平。学校初中学段的英语教师利用 AI 英语教考平台对学生进行英语口语朗读、听力的训练和测评，以及人机对话训练，提升学生的英语口语表达及听力能力，推进英语学科开展常态化听说教学。

三是通过个性化 AI 智慧学平台实现因材施教。课前，教师通过平台给学生布置预习内容。学生可以利用 AI 智慧学平台在家进行课堂预习、自主测评。学情诊断中心将学生掌握知识点的情况汇总后推送给教师，教师可以根据实际情况来判断是否需要对学生进行强化训练。在教学中，教师根据预习报告实现精准教学和因材施教，有效指导教学模式改革，促进学业质量提升。教师减轻了批改负担。课后，教师可根据预习报告设计分层作业，为学生精准布置适当适量的个性化作业，严格控制作业总量、时长和难度，坚决减少无效作业。

四是通过 AI 学生综合素养评价平台促进学生全面发展。学校根据省市学生的综合素养评价指标及学校的评价方案，围绕思想品德、学业水平、身心健康、艺术素养、社会实践 5 个维度，通过学生智慧课堂终端——平板在使用过程中及时记录，在每学期为学生生成属于自己的可视化、个性化电子成长手册。学校采取评星、等级、奖章等多样化的评价方式促进学生全面发展，家长和教师可以通过手机终端及时了解学生的综合评价情况。

五是通过个性化服务平台实现“五育并举”。除了每周一、三、五的班主任个性化辅导外，周二和周四学生可以根据自己的兴趣在智慧教育提供的个性化课后服务平台上“点餐”。由此，学校实现了每生一课表的个性化学习模式，让学生在个性化课程中发展特长、陶冶情操，实现“五育并举”。

六是通过智慧体育平台引领学生科学锻炼。每天晨跑和体育课上，教师通过心率臂带实时监测学生的心率和负荷，学生运动数据会实时反馈给教师，教师可以及时发现学生个体情况，科学地指导学生训练。教师还能根据数据及时调整学生的运动量、运动方式、训练内容，引导学生健康锻炼，避免学生运动损伤。课后，教师可以根据学生的运动报告有针对性地推送运动项目，做到校内外一体化训练。智慧体育平台为学生提供了科学、安全的锻炼方案。

七是通过智慧心育平台促进学生心智成长。学校引入智慧心育平台，及时关注学生的心理健康，积极开展心理健康教育工作。学校开展面向学生的心理状态公益普查工作，根据测评结果为学生开展有针对性的专业心理疏导，组织学生集中观看教育部“国培计划”心理健康教育等内容。

八是通过智慧食堂平台为学生提供科学的营养餐。学校食堂引进骨密度检测仪等健康仪器，定期为学生检测身体情况，为学生提供五种营养配餐。在智慧食堂平台，家长每周可以根据学生的口味选择营养餐，保障学生身体正常发育。

九是通过智慧安全平台为学生安全提供保障。智慧安全平台能够实时监控学生的行为是否有危险，为学生创设安全舒适的校园环境。一旦发现学生有危险行为后，系统会立即通知相关管理的教师，保障学生的安全。

7.4.2 创建“三六五”融合式智慧课堂教学模式

学校以智慧教育为抓手，将信息技术与教育教学深度融合，创建“三六五”融合式智慧课堂教学模式，即“三段六环五要”。“三段”是指课前、课中、课后。“六环”是指六环节，即推送资源，自主学习；学情诊断，确定目标；创设情境，体验学习；合作探究，拓展发散；整合应用，评价反馈；布置作业，升华新知。“五要”是指在课堂教学过程中教师要完成五项要求，即一要聚焦问题，二要激活旧知，三要求证新知，四要应用新知，五要融会贯通。这种模式强调课前导学、课中深学、课后练学，有助于教师提高教育质量，实现教育的个性化、智能化和可持续发展。

通过智慧教育平台，学校实现了教师之间的异地同步研修、掌上集体备课和云端专题研讨，提高了教师的教研能力。学校在智慧教育方面的实践充分体现了教育的现代化、个性化和智能化特点，实现了“教、学、管、评”全方位、立体化的智慧教育管理模式。

通过智慧教育，学校可以实现教育的个性化、公平化和高效化，为每一名学生提供更好的教育机会。虽然智慧教育具有许多优点，但也面临着一些挑战，需要教育工作者共同努力。教育的本质是培养人才，而技术只是手段。在面对新技术的冲击和挑战时，教师要保持清醒的头脑，积极应对挑战，拥抱新技术、掌握新技术、驾驭新技术，并关注人文关怀和情感交流的重要性。此外，学校还要关注数据安全、教师角色的转变、教育资源不均等问题，采取加强数据安全保护、提高教师的信息素养、优化教育资源分配等相应对策，在坚守教育本质的前提下实施智慧教育，真正实现教育的全面发展。

7.5　慧启现在新样态　智引未来冀幸福①

随着教育信息化的不断深入，智慧教育成为时代的高阶要求。几年来随着学校的发展和壮大，大东区辽沈街第二小学也走上了集团化办学的道路，学校由两个校区构成，特别是新校区的使用，更让智慧教育的实现有了坚实的基础，空间的设计、设施的选择、设备的采购，都达到了区域的先进水平。同时，在大东区建设智慧教育示范区的目标引领下，学校成为了试点学校，为学校营造了很好的智慧教育环境。与此同时，学校将在 2 年内新增教师 50 人，年轻教师的加入，为开展智慧教育奠定了人员基础。更为重要的是，学校多年来在信息技术工作中不断探索、实践，将信息技术应用到了教育教学的各个环节，全体教师拥有较高的信息技术水平，而且在不断的学习过程中，应用各种教学软件，寻找与学科教学相联系的个性化功能，提升课堂效率，这些都为智慧教育的实施奠定了技术基础。为了更好地实现教育的现代化目标，实现精准教学、个性化诊断特点的智慧教育，过程中也逐渐形成了学校个性化的案例。

7.5.1　投入硬件设施，构建智慧校园环境

7.5.1.1　建立保障机制，确保项目稳步推进

(1) 学校高度重视智慧教育环境建设，充分发挥团队合作的精神，成立智慧教育领导小组，两个校区分设智慧教育工作负责人，全面落实智慧教育的实施。学校首先保证硬件持续性经费投入以打造智慧教育学校，其中工农路学校建设，共计投入 330 余万元购置数字化设备，占近五年学校投入支出的 30%以上，并在今年大东区政府的支持下继续加大投入力度，建设现代的智慧空间。同时还要专线接入光纤扩容，满足智慧教育的需求。

---

① 案例来源：沈阳市大东区辽沈街第二小学。

(2) 全校共有超脑教室31间,超脑报告厅、多功能教室2间,教师机111台,全校教师人手一台,学生机959台,四至六年级全体学生人手一台。移动录播系统有两套,能保证三机位云台实时操控。校园内多媒体互动屏70个,遍布教室、专用教室、活动区域,另外还有移动式多媒体互动屏6块,移动式无线投影30台。学校设有专门录播教室2间,教师们每天都会轮流到教室内上课,并存储回放,片段式地研讨,实现自我诊断、自我分析、自我成长和集中研讨、集体观察、集体评价的过程。

7.5.1.2 智慧软件建设,促进项目优化发展

(1) 学校两所校区现有专业信息化教师5名,信息技术团队呈年轻化、专业化、高学历化发展。学校软件培训率达到100%,课堂教学应用率达到100%,全体教师都能够结合实际高效地应用智慧教育硬件,寻找到学科适合的功能,并提出了相应的整改意见给软件公司,智慧教育的使用成为课堂教学评价的重要内容,准确地体现学科特点的应用软件已经成为每位任课教师的追求。

(2) 学校现有移动录播专业设备一套,可以随时进行活动的现场直播。实现校园活动的开放。家长开放日、专递课堂的线上直播都成为学校开放的窗口,有效地发挥了信息技术的时空对接特点,让教育过程更清晰地呈现。如今智慧教育教学已经成为常态,如何运用智慧教育让学生呈现更多的实践性作业我们已经有了新的探索,并且通过多学科的应用,真正让作业成为学生出彩的平台,也有机会让老师从后背上将学生放下。

7.5.1.3 开拓应用渠道,实现智+全面建成

(1) 结合学校的科技教育特色,学校很早就普及了编程的课程,让学生通过Mind+模块语言的学习,学会用信息技术模拟完成任务,同时将机器人课程与信息技术课程有机结合,实现了创意和任务处理的完美结合。学校连续十年获得辽宁省机器人冠军,并从2007年开始就站在了全国、国际的领奖台上,学校也因此获得了全国首批科技示范学校,全国十佳科技示范学校。

(2) 学校自建云平台,共享教学资源。通过自主研发的选课系统实现教育网与外网连接沟通,学生的实名认证注册率达到了100%,全体学生可以通过手机进行线上的选课,进行云问卷调查,并进行整体的汇总、分配和整理分析,实现了大数据的管理方式,提高了工作效率。

(3) 学校的学籍管理、图书管理、食堂明厨亮灶、收费管理等,全部实现了大数据智慧管理,这些都成为学校智慧教育全面落实的点滴。

7.5.2 构建智慧课堂,打造特色教学模式

7.5.2.1 全智课系统,服务多层面应用

(1) 学校充分利用智课系统,熟悉软件中符合学科特点的应用方法,通过和研发人员研讨沟通需要实现的功能,保障技术的应用。同时注重多种技术手段的融合和交互,确保技术与内容的完美结合。同时引领教师通过课前环节包括学情分析、预习测评、教学设计;课中

环节包括课题导入、合作学习、实时测评、总结提升；课后环节包括课后作业反馈等基于动态学习数据分析，实现教学反馈数据化、评价反馈精准化、交流互动群体性、资源推送个体性，全面构建大数据时代的信息化课堂教学模式。

(2) 注重学生信息技术的学习，实现教与学的有效交换和共享，实现在线教学功能，提供在线课程教学设计，实现教学与互动功能。同时，为了让“双减”工作扎实有效开展，扎实开展幸福教育，学校利用智慧教育平台的大数据分析，以课堂为中心全程记录师生的教学行为，对师生互动、生生互动过程中的有效性进行评估，搜集学生思维过程动态评测数据，针对个体学生生成错题集与个性化的成长记录，为学生的个性化学习提供系统的方案。

7.5.2.2　多学科融合，留下智慧生活掠影

(1) 智慧体育。“预备，开始!”随着“电子考官”发出语音播报指令，只见学生下蹲、预备、起跑、冲刺，“五号跑道，8 秒 33!”50 米测试跑立即被语音系统现场播报，与此同时也实时上传到了体育老师的平板电脑(图 7.3)。学校操场安装了具备 AI 视觉分析技术的自助测试套件，包括运动摄像机、互动查询屏幕、人脸识别机、立杆、声音提示器等。这些设备采集的视频画面实时传输到校数据中心，算法服务器在对体育成绩自动测量的同时，也对学生体育运动姿态、运动过程等关键指标进行实时分析和反馈(图 7.4)。

图 7.3　教学场景(一)

图 7.4　教学场景(二)

除了智慧操场外，智慧体育课堂上，每位学生手上佩戴运动心率手环(图 7.5)，可以实时监测运动健康数据，包括最大心率、步数、时间分布等数据，系统能针对每位学生的静息心率等基础数据，生成心率预警上限阈值，通过多点预警提示，有效预防课堂上出现运动安全风险。

(2) 智慧书法。智慧书法通过科学的课程设计，将优质的教学资源和先进的 AI 评测技术相结合，学生们通过对字帖临摹、上传等方面的功能，感受到智慧书法与传统书法课相比之下所呈现的强大功能。学生们拿起手中的毛笔，通过平台上传自己的书法作品，系统实时打分。这种体验式学习强化了学生参与的兴趣和欲望，突出了智慧书法课堂的优势。

(3) 智能 AI。人工智能 AI 创新实验室里学生们正在利用“小飞”机器人进行行李搬运机器人、智能无人塔吊等项目的创建(图 7.6)。学生们通过详细介绍创建的过程，从而激发创新精神。通过开展 AI 项目式学习、探究与创新，学生提升了设计思维和动手实践能力，形成科学的探究基本素养。

图 7.5 教学场景(三)

图 7.6 智能 AI 教学场景

(4) 智慧劳动。学校将科技教育、劳动教育与智慧教育深度融合,使用分布式 Wi-Fi 技术,建设一个可以供学生实践、体验、研究的智慧教育空间——微型农科园,实现授课、实践、观察、远程监控一体化(图 7.7)。在实践空间借助小型无线网络,实现终端的连接,学生可以在家通过微信等方式实际监控植物生长的全过程,并能通过软件随时了解空间数据,通过对作物生长过程数据库的开放,实现认知、分析和实践结合的学习全过程的统一,引领学生在研究中学习新知识,提升学生的科学精神,同时也大大提高学生的学习效率,获得了数倍于传统学习的经验积累。

(5) 智慧课堂。为了让“双减”工作扎实有效开展,扎实开展幸福教育,学校利用智慧课堂系统中的大数据分析,以课堂为中心全程记录师生的教学行为,对师生互动、生生互动过程中的有效性进行评估,搜集学生思维过程动态评测数据,针对个体学生生成错题集与个性化的成长记录，为学生的个性化学习提供系统的方案(图 7.8)。

图 7.7　智慧劳动教学场景

图 7.8　智慧课堂教学场景

(6) 智慧作业。学校教师利用学科工具通过互动功能组织学科专项知识竞赛、利用作业模块课后布置多样学科特色的作业，然后使用报告进行及时准确的反馈。通过有序组织学生错题重做、错题拓展和学情组卷，积极实现精准化教学，变传统的靠经验教学为“有据教学”。而分层、弹性、个性化作业的布置，则减少低效重复练习，提升学习效率，有效助力“双减”政策落地。

7.5.2.3　新赛道研训，创新应用全面提升

(1) 常态智慧培训。学校先后邀请科大讯飞相关培训人员入校，对设备的使用、功能的开发、平台的测试等相关内容进行了全面的培训(图 7.9)。教师深入了解了智慧教育的理念，并对智慧教育的实践应用有了进一步认知。通过智慧平板应用培训，教师们学习了如何利用现代技术手段，实现教育信息化、教育智能化以及教育个性化，将枯燥、复杂、难懂的抽象知识转化为有趣、简单、易懂的具象知识，整体提升了教师信息化水平和教学能力水平。

(2) 主题智慧沙龙。为进一步推进智慧教育在教育教学中的有效使用，推动智慧教育与课堂深度融合。新学期伊始，辽二教育集团开展四至六年级任课教师智慧教育交流会活动。科大讯飞驻校导入两位老师，全校教师全程参与。活动中，四至六年级任课教师结合自己在智慧教育实际应用中的经验，从教学应用的有效方面、操作层面的问题点以及亟待开发

的应用等三个方面进行交流，并结合思维导图进行内容呈现与交流（图 7.10）。

图 7.9　智慧培训场景

图 7.10　主题智慧沙龙场景

针对教师们在应用中的疑惑，科大讯飞的两位驻校教师就智慧教育的应用与教师们进行了交流，并耐心指导教师们进行演示和实际操作。针对在教学中应用智慧教育遇到的问题，两位老师也都逐一进行了解答。每一位教育工作者的努力都是推动智慧教育发展的重要力量，每一次的技术革新都为我们带来无限的可能。我们也相信，通过我们的共同努力，会为学生打造更加智能、个性化的学习环境，我们的教育将会更加智慧和高效。

7.5.2.4　多元化评价，智慧教育全面应用

期末阶段，学校借助智慧教育教学模式开展了以“智慧评价展风采，寓教于乐伴成长”的多元化评价活动（图 7.11），学科覆盖多元化，内容丰富多元化，评价主体多元化，评价过程多元化，旨在帮助学生认识自我、建立信心，培养学生学习的热情，从而为学生学期学业画上圆满的句号。

【体育】学校体育学科严格按照《体育与健康课程标准》，智慧评价中侧重进行身体训练和力量练习。同时，针对发展学生体能、技能、健康教育，让学生知道身体锻炼方法、了解生活常识、知道遇到紧急情况如何应对。充分发挥学生的主动性，让学生不仅仅停留在体能锻炼中，更注重学生的全面发展。

【音乐】四年级音乐测评在设置题目上，选择了能够识别民族乐器、西洋乐器，对于本学期教材内容歌曲上的情绪表达、地方方言特色等方面进行考核；对本学期新开设的课程竖笛

课的检验，学生们的参与度极高，完成度极好。五年级的测评以提升学生音乐素养为目标，培养学生音乐感知能力，提升学生表现力和创造力；在实践操作中，让学生通过演唱歌曲来提升学生演出能力和演唱技术的掌握。六年级音乐期末测评主观题的设计选择的歌曲节奏为欢快；加律动动作是为了让学生能够真正地感受音乐，随音乐感觉真正地动起来，载歌载舞；选择少数民族歌曲也是为了弘扬和传承民族音乐，让民族艺术传承下去。

图 7.11　多元化评价活动

【美术】四年级设计一个漂亮的靠垫，在测评中，学生结合对称的形式，通过设计靠垫提高学生对生活物品和环境的美化能力，本次测评可以在绘画中提高学生的设计能力、创新能力，体会靠垫的实用性、装饰性和艺术性，感受其传达的文化艺术气息，表达对生活的美好感受。五年级画一幅造型别致的椅子设计图，在智慧教育的七彩任务里学生直接上传绘画作品，在测评结束后可以在屏幕上看到全班同学的绘画作品，培养学生关注生活、热爱生活的情感，建立用设计改善生活的信心。六年级为辽二的一次活动或场馆设计一张参观券，学生在评价的过程中设计一张张美观、新颖的参观券，使学生始终保持学习的浓厚兴趣和创造欲望，培养学生热爱生活和“学以致用”的意识。

【科学】四年级通过智慧教育体验发现和动手的乐趣，在“真刀真枪”的探究中提高科学素养。五年级利用新颖的评价方式能够激发学生的答题欲望，实践动手能力能够清晰地展现出来，改变以往只能通过语言描述的形式完成。六年级在测评命题上注重学生科学素养立意，基于情境设置问题，问题的创设有机联系关于现代农业的现实问题，考查学生的科学观念与思维及运用科学知识解决问题的能力。

【道法】道德与法治学科注重在实践中培养学生的核心素养，在生活中促进核心素养知行统一的转化。在期末测评中，道法老师们通过具有实践性、思考性的个性化任务检验学生们对课堂内容的掌握和理解。四年级的学生通过视频记录了自己做家务的一次经历，体会承担家庭责任的意义；五年级的学生结合古诗《题西林壁》发表了自己对待不同意见时的感想和启示；六年级的学生在了解了生活中的法律后也通过录制视频的形式互相介绍分享。

【综合】信息综合学科巧妙安排学科测试内容，结合学科特点，趣味性设计测试客观题内容。同时，设计与学生年级、能力、兴趣相匹配的开放性测试内容，如编程展示、家务劳动等，学生可根据提交需要，通过录制视频、发送语音等多种方式“七彩”呈现。充分体现智慧教育下的智慧测评。智慧教育，开启学习信息化时代。辽沈二校将以此次智慧综合素质评价活动为契机，结合学校的办学特色，继续在智慧环境、智慧学习、智慧管理、智慧评价、可持续发展与保障上下功夫，真正体现“智”有主张，“慧”及校园，努力实现让教育信息化更好地服务教育教学，努力构建智慧校园。

7.5.3 借助网络媒介，实现智慧区域引领

7.5.3.1 智慧教育示范引领的社会效益

(1) 智慧校园建设，真正实现了学生成长需要的即时性、精准性，能充分调动家长、教师和学生三方力量，实现互动、沟通、反馈一体化特点，促进学生的健康成长。

(2) 智慧校园建设也是发挥优质教育资源的有效途径，通过学校的整体运营，对优化课堂教学有着更广阔的应用领域。

(3) 智慧校园建设真正体现了家校交流互动、智能安防的理念，为构建和谐平安校园起到积极推动作用。

(4) 智慧教育通过智慧课堂的实施全面提升学生的核心素养；通过数据实现对学生学情的精准分析；通过个性化作业的推送对学生精准施策；通过综合素质评价系统全程记录学生的成长历程；通过建立教学评价系统，全面提升教师的业务素养。智慧教育全面推动和提升了教育管理的智能化、信息化水平。

7.5.3.2 智慧教育示范引领的创新价值

随着智慧教育 5.0 产品的全面升级，大东区智慧教育工作也有了新的目标和研究课题。2023 年末，大东区小学智慧教育工作推进会在辽二教育集团工农路校区举行，相关教育局领导及区域校长百余人参加会议，苑伟琦校长在会上做精彩报告，并开启了区域内第一站智慧教育巡展活动。

苑伟琦校长以“应用与思考”为主题，分享了在智慧教育工作实施过程中的感悟和收获。苑校长从学校集智文化的人文环境到校园场景的物理、信息环境再到智慧校务管理三方面，形成了学校“提高教师技术能力”“构建课堂教学新样态”“五育并举学科融合”“打造学校特色”的全方位、立体化工作目标，并以课堂实效、学科教研、课堂模式为例，展示了辽二智慧教育全方位融合以及特色发展情况。

苑伟琦校长带领各校领导对多功能的教室配备、智慧教育引领下的 AI 教室、多学科融合的微科园、智慧书法教室、智慧体育课堂、智慧图书馆等进行了实地参观(图 7.12)，给参观者留下了深刻的印象。他们对学校整体设计科学化、专用教室厅廊化、厅廊建设艺术化的规划给予充分的赞许，对学校智慧教育特色化的实施表示赞叹。与此同时，苑伟琦校长为参观者介绍了辽二教育集团的发展历史及办学理念，从教学到德育、从师资队伍到学生成长、从校园文化到课堂教学进行了全方位的讲解。辽二教育集团将以此次推进会为契机，加快智慧教育信息化的建设与应用速度，进一步提升教师信息技术能力，推进高效课堂建设，促进

智慧教育教学质量再上新台阶。

图 7.12　参观场景

7.5.4　结语

教育不是要注满一桶水，而是要点燃孩子心中的一把火。未来，辽二的教师将充分地利用智能辅助，在教研、教学、作业等各个环节，积极使用数字技术，积极开展多场景应用，激发孩子的学习能力和创造力，打造更加开放、灵活的教育方式，为学生营造动态、开放的学习环境，深化素质教育，从而实现了学校的跨越式发展。智慧教育示范校的建设是一个长期、系统的工程，需要我们持续不断地努力。在未来的工作中，我们将继续深入贯彻落实国家和地方关于智慧教育的相关政策，紧密结合学校实际，不断优化教育教学模式，提高教育教学质量，努力培养具有创新精神和实践能力的人才。

7.6　智慧教育视域下构建师生成长方式的实践探索①

智慧教育是数字时代教育的新形态，是当前教学改革的有效推动力。沈阳市盛京小学积极推进智慧教育工作，构建新型教与学的样态，助力“双减”落地，开创沈阳市盛京小学（简称我校）智慧教育新局面。

7.6.1　践行新理念，构建智慧教育体系框架

随着《教育信息化 2.0 行动计划》的实施，以及 2022 年初教育部工作要点中明确提出“实施教育数字化战略行动”、党的二十大报告中提出“推进教育数字化”，让我们感受到教育信息化工作在教育教学工作中发挥着越来越重要的作用。

我校应用科大讯飞智慧教育云平台，经历了“起步-应用-融合”三个阶段，全面构架以“一个中心，两种应用场景，五项特色应用举措”为特征的学校智慧教育体系。一个中心：即

① 案例来源：沈阳市盛京小学。

以学生发展为中心;两种应用场景:即"线上"和"线下"混合式教学模式,做到优势互补;五项特色应用举措:精准教学模式探索、学生作业个性化辅导、AI 智慧教研、校本资源库建设、科学精准评价。学校从上述几个方面着力打造"以生为本、基于问题、数据引领、精准测评"的教师信息素养发展新机制、"数智 +"条件下的人才培养新模式,逐渐形成了"技术支撑、以点带面、整合改变、优势互补"的学校发展智慧教育新格局。

7.6.2 探寻新路径,助力智慧教研深入开展

(1) 学校依据"优势互补、资源共享、智慧共生、携手共进"的目标,依托科大讯飞 AI 教研平台,以创新校本教研机制为抓手,在两个校区、不同年级、不同学科之间开展常态化智慧备课,构建学校"大 AI 教研"新模式。

学校遵循:"个人精研—集体共研—教学实践—完善整理"的路径,坚持"三三三"原则:即三固定——定时间、定学科、定中心发言人;三统一——统一教研流程、统一教学进度、统一教学环节;三全——全部学科、全体教师、全程参与。

教师首先在个人精备基础上,利用 AI 智慧教研平台开展集体教研,对教材及个人备课成果进行充分论证研讨、共同精心打磨教学环节和设计,从课前备课、情境创设到环节流程、课件应用、板书、作业设计等各方面通过合作共研,相互取长补短,协同进行知识建构,创生群体智慧。AI 新教研模式,打破了空间、时间,甚至是人数上的限制,为教师交流搭建了立体多元的互动平台,促进了教师从"自我—群我—超我"的转变,加快了优质教师资源的均衡发展,促进了教师的专业发展。

(2) 搭建资源平台,实现资源共享。我们以建设"全学年、多学科、多形式、高质量"的校本教学资源库为切入点,开展优质资源的设计、整理、收集、上传工作,学校依托 AI 教研平台,致力于构建各学科、多层次的学科资源,真正实现构建一个"学教并重""建用并举"的交互式资源建设和应用环境,积极建设有特色的教育资源,为教学设计、学科教学提供优质资源支持,实现教学资源共建共享、学科信息发布、交互交流等。到目前为止,学校共上传资源 4500 多条,涵盖 1～6 年级全学段 8 门学科,其中包括教学设计文本、课件、微课、视频、音频资料等,通过不断丰富与完善,校本资源库建设已初具规模,实现了服务教学、提升教师教学水平的初衷。

(3) 实施层级培训,提升教师素养。学校在管人员、骨干教师、全体教师三个层面有针对性地开展智慧管理、智慧教学、智慧应用等方面的专题培训,提升教师现代信息技术素养,助力教师发展。

① 管理人员培训:围绕智慧教育应用实施、运维及信息安全等内容,着力开展学校领导信息化领导力、网络及设备管理人员专业技能培训,不断提升学校管理人员的执行能力。

② 骨干教师深化培训。贴合学科特点,深挖学科内涵,聚焦智慧教育环境下的教科研能力建设、高效课堂构建等,着力提升骨干教师运用智慧教育设备、大数据等实施教学研究和教学模式创新的能力,成立集团智慧教育核心团队,充分发挥核心团队的指导示范和引领功效,以点带面,全面推进。

③ 教师应用能力培训。积极构建以校为本的实践类和学科应用类智慧教育应用能力常态化培训。实践类主要包括智慧教育产品操作教程,从备课、授课、作业等多个维度,促进

信息技术与课堂教学的深度融合;学科应用类主要聚焦信息技术与教学场景的融合与应用,为教师提供学科教学指导,汇聚优质学科应用课程,帮助教师更好地开展学科教学,提高教师应用智慧教育开展教育教学工作的能力和水平。

学校还通过邀请专家举办讲座和不定期“走出去,引进来”等活动,提升全体教师信息素养,组织教师开展岗位大练兵活动,参加各级各类智慧教育交流展示、优质课评比等活动,以赛促用,营造智慧教育应用的良好氛围,实现教师边学习、边实践、边应用、边提升的目标。

7.6.3 构筑新模式,助推智慧课堂纵深发展

(1) 我校利用“畅言智慧课堂”数据中心,基于人工智能、大数据分析和支撑,将技术与课堂链接,将课堂与知识链接,将教师与学生链接,探索出“3+2”智慧教学框架,三段:即课前、课中、课后,两线:即教师“差异化、精准化的教”与学生“个性化、合作化的学”相结合,实现在线学习、在线教学、在线互动等功能,努力实践“课前、课中、课后”教学评一体的教学变革,形成“3+2”相融合的教学模式的框架体系。

我们遵循师生双边互动、线上线下相结合的原则,以大数据应用实现精准教、学、练、测、评,将人工智能技术与教学多样化、深层次结合,形成了以课前自主学习、课中精准学习、课后拓展学习为特征的教学模式。通过测评系统完成课前展示,检验学生的预习效果;实现课前教学准备和预习的实时评测与反馈,进行精准的课前学情分析,有助于以学定教;通过预先推送内容,完成小组合作,探究新知;激发学生的学习热情,实现课中的即时评价和反馈,有效调整教学策略,有助于精准的教学实施;通过全班作答、数据反馈,根据学情对不同层面的学生推送作业,检验学生学习效果,有助于精准化地学习和巩固,提升教学的质量和效率。一年来,我校利用这一模式开展常态化教学以及主题教研活动、示范课、观摩课展示等,推进智慧课堂教学深入开展,教师们使用智慧教育手段,“圈牢”注意力,激发创造力,让学生们在自主探究、动手实践、合作交流中深度思考,促进知识建构和思维能力的提升。

(2) 我校积极开展跨学科项目式学习研究,推进智慧教育与跨学科项目式学习相互助力,相互融通,使学生在新技术手段下实现多个学科领域的内容知识和技能学习,学会使用各种信息检索工具或者方式去搜寻资料、探究分析和沟通合作,提高解决提出的问题或挑战的能力,面向未来,助力学生发展。

(3) 在做好智慧教育课堂教学模式研究的基础上,我们还积极进行科研课题的实践与研究,为更好地实施教与学的融合奠定基础。2023年我校“基于人工智能技术培养小学中高年级学生自主学习能力的研究”课题研究顺利结题;2024年在沈阳市教育科学“十四五”规划课题申报中,我校申报的“小学中高年段智慧教育与课堂教学深度融合的实践研究”课题顺利申报并进入实施阶段。课题研究、课题的实施激发了教师的学术研究积极性,助力我校教师信息化素养的提升。

7.6.4 打造新样态,实现智慧作业动态精准

学校充分发挥教研组、骨干教师的作用,为各层次的学生提供个性化的作业内容,构建“三精准”力在增效,“三融合”推进个性化学习的作业管理机制。

7.6.4.1 “三精准”力在增效

(1) 目标精准——明确方向,提高效率。智慧作业的首要精准力在于目标的明确性。通过大数据分析和人工智能技术,智慧作业系统能够根据学生的个体差异和学习进度,为每个学生量身定制个性化的学习目标。在明确的目标指引下,学生能够更有针对性地完成作业,避免无效劳动,从而提高学习效率。

(2) 内容精准——因材施教,激发潜能。内容精准是智慧作业的核心竞争力。借助智能化题库和教师的教学内容,根据学生的学习情况和需求,精准推送适合他们的作业内容,通过采集数据,帮助老师根据学情数据研判课堂效果,完成动态信息以及学生个人不足之处的交互,优化课堂个性化实施。同时还能根据学生的反馈及时调整作业难度和类型,确保每个学生都能在适合自己的学习轨道上稳步前进。

(3) 反馈精准——及时指导,优化学习。反馈精准是智慧作业提升增效效果的关键环节。利用智慧作业系统实时监控学生的作业完成情况,并在第一时间给出精准的反馈,教师可以及时了解学生的学习状况,为他们提供针对性的指导和帮助。同时,学生也能根据反馈结果及时调整自己的学习方法和策略,优化学习效果。

7.6.4.2 “三融合”推进个性化学习

(1) 线下作业与线上作业融合。学校重视智慧作业的布置批改,更关注以数据为支撑的线下作业与线上作业的有机融合。教师利用内容丰富的七彩作业、同步练习功能进行线上作业布置,还将线下作业中的易错题、考点题进行梳理和整合,上传智慧教育平台进行组题练习,后台会自动为学生生成个性化错题集,学生及时改正,巩固提高。

(2) 个性成长与全面发展融合。学校利用习惯打卡功能布置学生德、智、体、美、劳等方面的作业,让孩子们通过视频、语音、图片、文本等方式上传学习内容,连续 21 天完成一个阶段的学习任务,促进学生养成良好的学习习惯,让学生全面发展。学校组建了机器人社团、AI 社团、无人机社团与编程社团,训练学生的逻辑思维能力,鼓励学生自己动手,运用所学的现代信息技术制作电子作品,积极参加中小学电子作品竞赛,并在市区各项比赛中取得优异成绩,实现了学生个性成长与全面发展的融合。

(3) 评价与反馈的融合。评价与反馈的融合是推进个性化学习的关键环节。智慧作业则能够通过数据分析等技术手段,对学生的学习过程进行全面、深入的评价和反馈。这种反馈不仅能够指出学生的错误和不足,还能够提供具体的改进建议和方案,帮助他们更好地理解和掌握知识点。同时,这种反馈还能够帮助学生树立正确的学习态度和价值观,促进他们全面发展。

7.6.5 找准切入点,实现智慧评价新跨越

学校以课堂为阵地、以评价为抓手,找准“全面监控、多元评价”这一切入点,借助智慧教育平台从学生层面和教师层面进行评价,赋能学生个性成长、全面发展。

(1) 学生层面:构建“五美”智慧评价模式。“五美”智慧评价模式指的是以智慧教育平台为载体,从五个维度进行综合评价(思想品德——善美、学业水平——慧美、身心健康——

健美、艺术素养——雅美、劳动与社会实践——勤美)、培养五美少年(积极进取的善美少年、勤学善思的慧美少年、身心健康的健美少年、张扬个性的雅美少年、创新实践的和美少年)。创新学生综合素质评价,促进学生的个性成长、全面发展,形成学校独具个性的"五美少年"成长画像。

通过精准采集学生成长与进步过程的真实数据,聚合在平台学生个人空间,大数据智能分析使评价更全面、更客观、更精准,最大限度地挖掘学生自身潜能和优势。同时通过综合素质评价结果的横向比较,让学生找到在德智体美劳各方面需要努力的方向,促进全面发展;通过综合素质评价结果的纵向比较,让学生发现自己的特长优势所在,促进素质发展。老师、家长、同伴还可以在空间里进行点赞、点评、互评,形成学校、家庭、社会共育合力。

(2) 教师层面:建立教师个人专业发展档案,汇聚教师专业发展大数据,对教师进行系统全面数据记录,便于挖掘教师潜能,发挥教师特长。学校智慧教育平台开展的"备课、教研、培训一体化",通过教学数据的呈现,管理者能清晰了解每个班级、每位老师的教学情况,学校的教研活动情况、教师在线备课、教学时长、作业布置完成等详细数据,并及时给予针对性改善建议。

几年来,我校教育信息化的工作为学校课程改革提供了强大的技术支持,学校将进一步以"智慧教育"为引领,不断挖掘自身的教育品牌优势,利用丰富的教学形式、多样的教学途径、理论与实践有机融合的教学手段,努力实现学生最近发展区内的信息技术教学的深度与广度的综合拓展,帮助学生打下牢固的核心素养发展基础。

7.7 智慧教育环境下微课在小学数学课堂的案例研究[①]

案例背景:圆的周长是数学教育中的一个基础概念,通常在小学数学课程中被引入和教授。在智慧教育的背景下,圆的周长教学案例可以通过多种方式来丰富学生的学习体验,帮助他们更好地理解和掌握这一概念。使用智慧教育,学生可以通过直观的动画或模拟实验来理解圆的周长是如何计算的。利用在线学习平台,学生可以在家中通过视频和互动练习来预习和复习圆的周长知识。智慧教育平台可以根据学生的学习进度和能力提供个性化的学习资源和练习题。通过数据分析,教师可以了解学生对圆的周长概念的理解程度,并针对性地提供辅导。学生可以通过小组合作,完成与圆的周长相关的项目,如测量校园内某个圆形花园的周长,或者设计一个以圆的周长为基础的游戏。将圆的周长与艺术、体育等其他学科结合起来,例如在体育课上测量跑道的周长,或者在艺术课上探索圆在绘画中的应用。学生可以通过实际测量和实验来验证圆的周长公式($C=2\pi r$),如使用软尺测量不同大小的圆周长,并与其直径进行比较。利用智能教学工具,学生可以参与课堂问答,系统可以即时提供反馈,帮助学生纠正错误并加深理解。通过智慧教育平台,家长可以了解孩子的学习进度,并在家中通过亲子活动帮助孩子更好地理解圆的周长知识。通过这些智慧教育的手段,圆的周长这一数学概念的教学不再局限于传统的课堂讲解和书面练习,而是变得更加生动、互动和个性化,从而提高学生的学习兴趣和效果。

---

① 案例来源:沈阳市大东区东站小学。

7.7.1 智慧教育环境下的小学数学课堂教学现状

7.7.1.1 问题意识与问题解决能力不足

当前,小学数学课堂以接受学习为主。课堂模式主要是以教师主动创造问题情境,抛出目标问题,学生则被动接受现成知识的模式。由此看来,学生在课堂中的主动性并不高,参与度也很低,绝大多数时间并没有高级思维的过程。而智慧教育要求的是学生具有问题意识,可以在未知条件下运用自身的逻辑思维能力去创造问题和解决问题,得到有关数学的答案。智慧教育环境下的小学数学课堂教学现状体现在多个方面,主要包括课堂互动教学的策略、智慧教室对教学的影响,以及智慧教室中课堂互动教学的现状。利用信息技术建立良好的师生互动环境,让学生在遇到数学难题时能够及时与教师或同学交流。教师可以通过智慧教室的技术,如答题卡功能和即时反馈系统,更有效地评估学生的学习效果,并根据学生的反馈调整教学计划。教师可以在课堂上结合互动反馈系统,采用抢答、随机点名等互动形式,激发学生的学习兴趣,并提升教学效率。

7.7.1.2 基本技能和实践经验缺乏

在当前的小学课堂中,数学知识的输出和输入主要是靠教师的课堂讲解和课下复习,但多数都还是纸上谈兵的状态,学生只是浅显地了解知识的表面含义,其对知识的运用只是通过简单的习题解答来实现,但与实际生活还距离较远。实际技能缺乏,内容空洞乏味,多数老师只注意课本知识学习,导致学生的实践经验少得可怜,往往会怀疑学习数学的有用性。智慧教室的开设加强了课堂互动,提高了学生在学习过程中的主动性和参与度。教师利用智慧教室的技术支持,可以构建活动情境,让学生通过参与活动来学习数学知识,如利用游戏形式学习几何形状等。智慧教室为学生的讨论和交流提供了环境与技术支持,使学生在课堂上的主动性和参与度明显提升,师生关系更加和谐,课堂氛围更加融洽。

7.7.1.3 反思意识和总结归纳能力较弱

很多小学数学教师在课堂教学中未能充分认识学生的主体地位,没有将学生放在课堂的中心位置。在学生的学习过程中,学生的发展具有个体差异性,而教学过程中,教师往往并没有注意到这一点,忽略了学生的个性化发展,在课后也没有培养学生的反思意识,课后总结也不到位,使学生仅凭一节课的知识含量无法顺利解决实际的数学问题。虽然智慧教室为教学提供了许多优势,但也存在一些挑战,如如何有效进行反馈和评估。教师需要掌握如何有效地利用微课和相关的技术工具,以促进学生的学习。需要进一步研究和实践,以优化智慧教室环境下的教学方法和策略,使其更有效地服务于学生的学习需求。智慧教育环境下的小学数学课堂教学呈现出更互动、更个性化的趋势,同时也面临一些挑战,需要教师和教育工作者不断探索和改进。

7.7.2　智慧教育的内涵

网络和大数据的发展，各种多媒体设备的层出不穷，对我们的教学工作有利有弊。近年来，为了面对这些变化，我国政府也出台各种相关政策和文件，发展智慧教育，与时代接轨。目前，我国的智慧教育实施还处于探索阶段，各个教育阶段的智慧探索如火如荼，很多经典课程加入了新时代的元素，变得更加新颖和个性化，更能符合我国国情，契合我国的教育理念，更能有效地促进我国青少年发展。

2012 年 3 月 13 日，《教育信息化十年发展规划（2011—2020 年）》（以下简称《规划》）中明确指出“面向建设人力资源强国的目标要求，面向未来国力竞争和创新人才成长的需要，努力为每一名学生和学习者提供个性化学习、终身学习的信息化环境和服务”。以教育信息化带动教育现代化，是我国教育事业发展的战略选择。制定和实施《规划》，建设覆盖城乡各级各类学校的教育信息化体系，促进优质教育资源普及共享，推进信息技术与教育教学深度融合，实现教育思想、理念、方法和手段全方位创新，对提高教育质量、促进教育公平，构建学习型社会和人力资源强国具有重大意义。

智慧教育是将我们当前的教育网络化、信息化，它是当前教育的改革产物，也是网络时代的信息产物，主要是在教育领域，包括教育管理、教育培训、教育教学和教育科研等方面发挥作用，在这些领域充分发挥互联网、云计算、新型显示、大数据、多维打印、智能化等现代科学信息技术，全面深入地运用现代信息技术来促进教育改革与发展的过程，培养学生的逻辑思维能力、问题解决能力以及创新创造思维能力。

智慧教育是一种以现代信息技术为支撑，以学生为中心，注重培养学生创新能力、实践能力和终身学习能力的新型教育模式。智慧教育将信息技术与教育教学深度融合，通过智能教学系统、在线学习平台、互动式多媒体等工具，提供更加丰富和便捷的学习资源。智慧教育注重学生的个体差异，通过数据分析了解学生的学习习惯和需求，提供个性化的学习计划和资源，以适应每个学生的学习风格和进度。智慧教育不仅关注知识的传授，更重视学生能力的培养，包括批判性思维、问题解决、创新和协作能力等。智慧教育鼓励师生之间的互动和学生之间的合作，通过讨论、项目式学习等方式，促进学生的主动参与和深入理解。智慧教育强调学习不仅仅局限于学校教育阶段，而是应该成为一种终身的行为，培养学生自主学习的习惯和能力。智慧教育力求打破地域、经济等因素造成的教育资源不平等，通过技术手段使优质教育资源更加公平地分配。智慧教育采用多元化的评价方式，不仅包括传统的考试和测试，还利用技术手段进行形成性评价，及时反馈学生的学习情况，指导教师调整教学策略。智慧教育的目标是培养适应 21 世纪社会需求的创新人才，通过智慧教育的实践，可以更好地实现教育的现代化和国际化。

7.7.3　小学数学课堂教学中智慧教育的应用——以“圆的周长”一课为例

在我国的国情下，顺应国家的发展规划，教育的变革势在必行。在基础教育阶段，小学教育与智慧教育的结合初露头角，但也有很多问题。小学生年龄偏小，注意力不集中，在智慧教育的环境下,有利有弊。学生因为年纪小、思维灵活、敏锐多思,易于接受新鲜事物。面对教学内容的改变、教学形式手段的更新以及教学方法的多样,更容易理解其教学内容的理论意义和实践意义。但小学生年纪小、注意力不集中,新颖的教学方法让他们更加将注意力集中于网络的新潮特性,而不在乎其所承载的教学内容,这也让课程的开展有了一定的难度。本案例将以“圆的周长”为例,探索智慧教育在小学数学课堂教学中的应用。

7.7.3.1 课前预习:智慧学习平台进行准备性学习

在小学数学课堂教学中,教师应根据学生的身心发展规律,才能进行有效的教学。这个阶段的学生自我意识刚刚发展,但是认知水平尚低,易受影响,情绪不稳定,感情容易激起和爆发,不善于控制自己,意志比较薄弱。他们的思维正处于由形象思维向抽象思维过渡的阶段,但仍以直观的形象思维为主;由儿童期向少年期转变,依赖性减少,不单纯听老师的,兴趣分化,不满足于课堂知识,爱看课外书,对自然和社会产生兴趣。教学中发现,很多学生数学学习中的预习情况较差,且存在预习不当等问题。但预习是一个非常重要的学习环节。

小学数学教师可以在预习环节应用智慧教育平台,鼓励学生在课前进行自主预习。课前教师可以在智慧教育平台上发布有关于圆周长知识的预习视频,学生通过课前观看祖冲之探索圆周率的短视频学习圆周长知识,初步了解圆的周长概念相关知识,利用讲解、动画以及问答等教学方式,让学生自主或者在家长陪同下完成课前小测验,并且在浅层学习的过程中,将自己的疑问发布到智慧教育云端,与同学和老师进行讨论,通过课前智慧平台的学习与课上学习的无缝衔接,让学生对所学内容有一定的感性认识,这是我们进行教学的初步加工材料。

7.7.3.2 课上教学:与智慧学习相结合,探索主要观点内容

教师应用智慧教育平台添加了有关圆周长的微课创设情境:多媒体展示大头儿子家的圆桌开裂,爸爸想用铁皮将圆桌固定起来的情境,请同学们帮忙计算需要多长的铁皮。学生根据问题情境不难想到要计算需要的铁皮实际上是计算圆一圈的长度。教师明确,圆一圈的长度即为圆的周长。引入课题——圆的周长。演示滚动法和绳测法测量圆周长动画,并提出教学要求,要求学生一边带着问题观看微视频,一边根据问题思考理解圆周长的概念以及测量圆的方法。

利用微视频,让学生学习圆的周长的测量方法,并且通过智慧教育平台的课前预习和课上的动画讲解帮助学生自学知识点。教师在视频学习之后,点拨学生思考之前的问题,并且引导学生进行小组合作探究,探索圆周长计算方法。

7.7.3.3 小组合作:探究式学习,培养高级思维能力

教师可以通过引导学生进行小组合作自主探究活动。探索发现学生活动:同桌之间利用手中的圆形教具测量圆形教具的周长。学生汇报测量结果及测量方法,教师引导学生思考,圆的周长与什么有关。学生根据圆的特征,不难发现圆的周长与圆的大小有关,圆的大小与圆的半径、直径有关。教师明确直径是半径的 2 倍,只看其中 1 项即可。

教师引导进行小组活动:以小组为单位,利用手中不同大小的圆形教具,测量其周长及

直径，并做好数据记录；观察测量结果，计算数据间的特殊关系(限时 8 分钟)。教师巡视，对有困难的小组及时给予指导。学生不仅要看自己小组的数据，而且要即刻观察对比全班所有小组测量的大数据，使所得结论更具科学性、全面性、严谨性，探究学习圆周率的意义和计算圆周长的方法。可以回看微课圆周长测量方法的动画，利用智慧教育云可视化技术实现教育过程的可视化能兼顾不同层次的学生，满足学生学习的个性化需求。

利用智慧教育中的互动式学习平台，学生可以通过数学游戏、模拟实验和在线练习来应用数学知识，从而提高实践能力。智慧教育可以根据学生的学习进度和能力，提供个性化的数学学习资源和练习题。学生可以通过解决实际问题来加深对数学概念的理解。教师可以设计数学项目，让学生在真实或模拟的情境中应用数学知识。例如，学生可以设计一个小型花园，计算所需材料的成本和数量。学生可以使用计算器、电子表格软件和其他数学工具来解决实际问题，这有助于他们理解数学在现实世界中的应用。

7.7.3.4　复习巩固:理解消化重点内容

教师应根据学生的认知规律，并根据任教学生情况对教材进行重组，由浅入深地设计巩固基础的热身层次的练习题组。学生直接在智慧教育云课程平台完成练习，拍摄答题情况并及时上传至智慧云端，教师能即刻查阅全班学生的答题情况，并点击放大讲评订正，生生、师生间均能及时网上互评。鼓励师生互动和学生之间的合作，通过讨论和项目式学习等方式促进学生的主动参与和深入理解。智慧教育强调学习应成为终身行为，培养学生自主学习的习惯和能力。智慧教育力求通过技术手段使优质教育资源更公平地分配，打破地域和经济等因素导致的不平等。采用多元化的评价方式，利用技术手段进行形成性评价，及时反馈学生的学习情况，指导教师调整教学策略。智慧教育的目标是培养适应 21 世纪社会需求的创新人才，实现教育的现代化和国际化。

7.7.3.5　作业练习:及时反馈，重点辅导

作业是巩固新知的有效手段，教师可以在智慧云平台上发布作业。作业设计的难度要根据学生的个体差异进行分层设置。采用阶梯式作业了解学生的学习情况，由易到难，由简单到复杂，也能充分锻炼学生的实际应用能力，并且根据学生的作业情况进行反馈，重点进行辅导。

7.7.3.6　反馈总结:线上后续学习

数学源自生活且高于生活，学生学习数学不仅仅是探索数学世界的奥秘，更多的是解决了一系列生活问题，课后引导学生在智慧教育平台上完成深化练习，提出自己的问题，学生实时线上评价，线上线下无缝学习，促进学生对生活的理解。

7.7.4　结语

在智慧教育的背景下，微课在小学数学课堂的应用已经成为一个重要的研究领域。以“圆的周长”这一课为例，智慧教育环境下的微课应用能够解决传统教学模式中的一些问题，并提高教学质量。随着科技的发展，智慧教育成为教育领域的新趋势。微课作为一种新型

的教学资源，被广泛用于小学数学教学中，以增强学生的学习体验和参与感。微课可以用于课前预习、课中教学和课后复习，帮助学生更好地理解和掌握数学概念。例如，在学习"圆的周长"这一概念时，学生可以通过微课提前了解相关内容，课堂上通过互动和讨论加深理解，课后通过微课复习巩固知识。利用智慧教室的技术，如答题卡功能和即时反馈系统，教师可以更有效地评估学生的学习效果。教师可以根据学生的反馈调整教学计划，确保教学内容符合学生的实际需求。微课通常包含丰富的多媒体元素，如动画和视频，这些元素能吸引学生的注意力，激发他们的学习兴趣。微课允许学生根据自己的学习节奏和兴趣进行学习，有助于满足不同学生的学习需求。微课可以作为一种教学工具，增强教师与学生之间的互动，提高教学效果。虽然微课在理论研究中被广泛讨论，但在实际教学中的应用仍然面临一些挑战，例如，如何有效进行反馈和评估。在智慧教室环境下，教师需要掌握如何有效地利用微课和相关的技术工具，以促进学生的学习。

综上所述，智慧教育环境下的微课在小学数学课堂中的应用具有显著的优势，但也面临一些挑战。通过不断的研究和实践，教师可以更好地利用微课提高教学质量，满足学生的学习需求。

7.8 智慧教育平台推进小学科学数字化项目式教学的创新探索[①]

7.8.1 开展数字化小学项目式教学的背景

在数字化浪潮的推动下，当前小学科学学科数字化改革面临多重挑战。首先，教师在数字化资源的获取与整合上耗费了大量时间和精力，这无疑影响了教师对数字化教学应用的积极性。其次，教师的数字化素养与技能仍需进一步加强以适应快速发展的教育需求。再者，数字化教学的质量与效果保障成为亟待解决的问题。为解决上述问题，大东区全力打造了"大东智慧教育平台"，集中开展对教师的操作技能培训，在区内所有中小学开展实践教学。云平台支持多种教学理念与模式，融合物理空间、网络空间及新信息技术，提供教学考评管理等全方位服务。通过该平台，教师能够更有效地进行数字化资源的建设与共享，同时接受数字化培训以提升自身能力，进而更娴熟地运用数字化技术开展教学。

此外，我们提倡通过实施数字化教学实践活动、构建数字化教学评价机制等措施，推动数字化教学的深入发展与持续优化。值得一提的是，融合现代技术的小学科学数字化项目式教学展现出独特优势。它充分借助数字化资源，将科学知识以更直观、生动的形式展现给学生，显著提高了学生的学习兴趣和参与度。更重要的是，这种教学模式注重学生的实践操作与问题解决能力，通过引导学生参与实际项目，有效培养了学生的科学素养与创新能力。

---

① 案例来源：沈阳市尚品东嘉教育集团。

7.8.2 开展数字化小学项目式教学做法

7.8.2.1 平台初试,数字化收集学生“想法”

1. 融合思考

“学生为本”是现阶段教学中非常重要的一个理念,在小学阶段科学学科的教学要更加贴近学生的兴趣,符合学生“想法”的课堂才可以真正激发学生对科学探索的兴趣,提高科学素养。为此,教师可以应用平台中的大数据调查技术收集学生的“想法”,了解他们的兴趣点和需求,从而更精准地制定教学目标。

2. 具体做法

(1) 为了深入了解学生对科学学科的兴趣点和学习期望,教师精心策划了一系列基于智慧教育平台的问卷调查和投票活动。这些调查设计得十分细致,涵盖了从“学生最喜爱的科学实验”到“最希望探索的科学知识领域”等多个维度。例如,问卷中可能包含一系列选择题,让学生选择自己感兴趣的实验类型,如物理、化学或生物实验(可以提前给孩子讲一些这些实验的分类所属);同时,也可能设置开放性问题,鼓励学生描述他们最想了解的科学现象或理论。通过广泛收集和分析这些数据,教师能够全面把握学生的学习需求和兴趣点,为接下来的教学设计提供宝贵的参考。这种以学生为中心的教学策略,不仅有助于激发学生的学习兴趣,还能促进教学效果的显著提升。

(2) 在教学过程中,教师积极利用教学平台中的数据分析功能,对学生学习情况进行实时监测和评估。通过平台提供的详细数据报告,教师可以轻松查看学生的学习进度以及参与课堂活动的频率等关键指标。一旦发现学生的学习存在困难或问题,教师便能迅速识别并进行针对性的指导和调整。例如,对于在某个科学概念上理解不透彻的学生,教师可以根据数据分析结果,为他们提供额外的辅导材料或组织专项讲解。科大讯飞的教育平台中有一个中文画词功能,在这个界面输入自己不了解的文字概念,只要用笔一圈画,立即显示出这个词语的百度网页界面,帮助孩子快速方便地了解知识,这是一种非常便捷的搜集资料的方法。这种基于数据的个性化教学方式,不仅有助于教师更加精准地把握学生的学习状况,还能有效提高教学效果,确保每个学生都能得到充分的关注和支持。

(3) 为了加强师生之间的互动交流,教师充分利用教学平台中的互动功能,与学生进行实时的讨论和问答。通过平台的评论模式,教师可以鼓励学生积极发表自己的观点和想法,分享他们在学习过程中的体验和收获,学生上传的作业作品,同学们之间可以互相评论,增强学习过程中的反馈体验。同时,平台可以组织小组讨论活动,让学生围绕特定的科学话题展开深入的交流和探讨,科大讯飞平台支持语音交流直接转化成文字,同学们快速地将语音转化成文字进行交流,不受空间限制,在线完成小组讨论。这种互动式的教学方式培养学生的思考能力和创新精神,有效提升学生的沟通能力和团队协作精神。

3. 开展数字化小学项目式教学的流程

具体流程以“制作一个潜望镜”项目式教学为例,如图 7.13 所示。

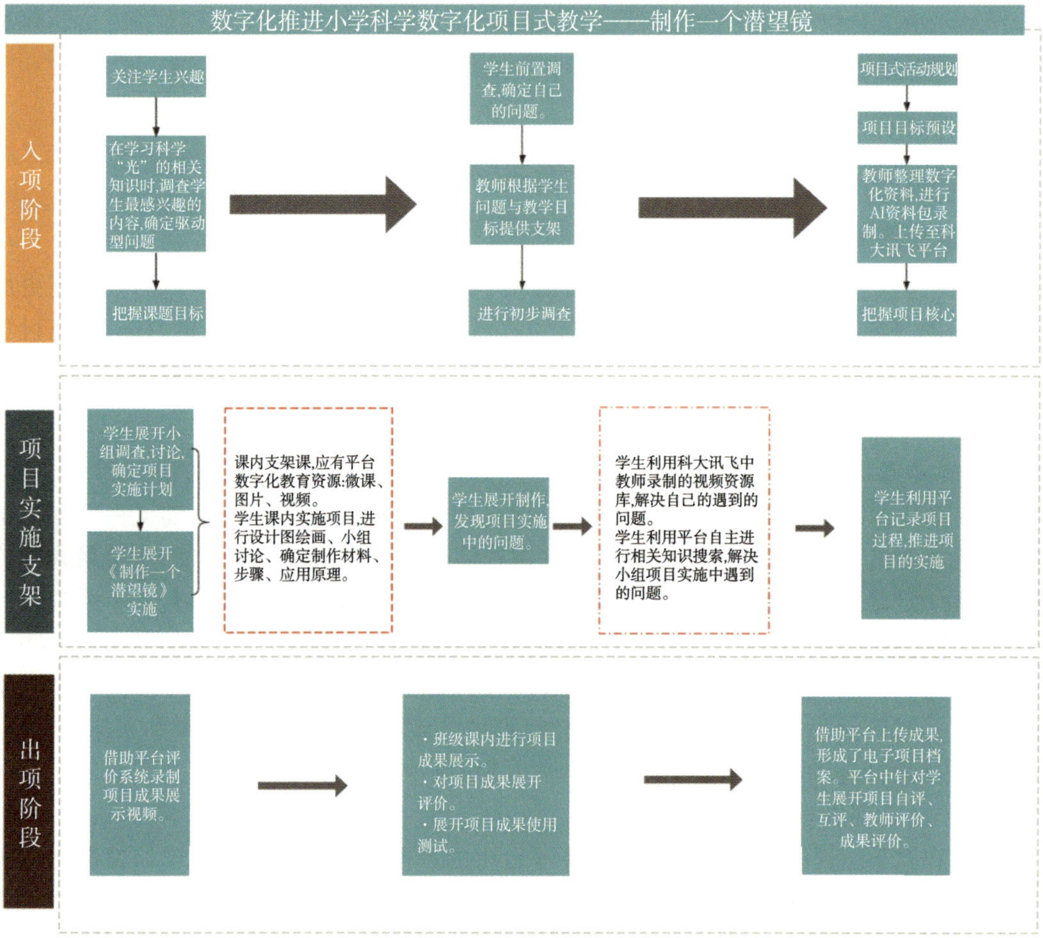

图 7.13　数字化项目式教学

7.8.2.2　技术赋能,数字化呈现学生“做法”

在科学项目式学习中,学生的实践操作和问题解决能力是至关重要的。为了更好地展示学生的“做法”,教师可以利用数字化技术,将学生的实践操作过程进行数字化呈现。

(1) 比如,为了更好地指导学生完成“潜望镜制作”的项目式活动,教师巧妙地借助了教学平台中的录制功能。首先,教师精心梳理了潜望镜制作过程中所需的关键知识点,包括光学原理、材料选择、组装步骤等,并通过平台的录制工具将这些知识点以视频的形式详细记录下来。录制完成后,教师将视频上传至平台,供学生在项目式活动实施过程中随时观看和学习。学生在完成项目的过程中,可以参照这些视频进行操作,并根据视频中的指导找出自己操作中的不足,进而进行针对性的改进。同时,教师也会留意学生中表现优秀的操作视频,将其分享给其他同学,作为示范和参考,鼓励大家相互学习和借鉴。

(2) 在现代教学技术的支持下,未来教师要利用平台中的虚拟现实(VR)或增强现实(AR)技术,为学生打造了前所未有的实验环境。通过佩戴 VR 眼镜或使用 AR 设备,学生仿佛置身于真实的实验场景中,可以直观地观察潜望镜的制作过程,深入理解其工作原理。这种沉浸式的学习方式不仅提高了学生的学习兴趣,还帮助他们更加深入地掌握实验知识,提高学习效果。

(3) 为了更加准确地评估学生的实践能力和问题解决能力，教师充分利用了平台中的数据分析功能。在项目式活动过程中，学生需要将自己的操作过程录制成电子视频并上传至平台。教师可以通过平台收集这些视频，并利用数据分析工具对学生的实验数据、操作时间等信息进行量化评估。通过分析这些数据，教师可以清晰地了解学生在实践中的表现，发现他们的优点和不足，为后续的项目实施提供有针对性的指导。同时，这些数据还可以作为数字化资料保存下来，为教师的教学研究和学生的个人发展提供有力支持。

7.8.2.3　成果展示，数字化评价学生“收获”

数字化评价作为一种高效、客观的评价手段，为教师提供了更全面的视角来审视学生的学习成果和进步。

教师首先会明确要求学生将自己的学习成果转化为数字化形式进行展示。这种展示形式灵活多样，可以是一篇详尽的研究报告，详细记录了学生的实验设计、数据收集和分析过程以及最终结论；也可以是一个制作精良的视频，生动呈现学生实际操作、探究和发现的过程；关键在于学生能够清晰地表达自己的学习路径、挑战与突破以及最终的收获。

接下来，教师将利用教学平台中的数字化评价功能对学生的成果进行细致评估。在评价过程中，教师会依据预设的评价标准，如内容的准确性、方法的创新性、表达的清晰度等，对学生的成果进行打分和点评。同时，为了培养学生的批判性思维和合作学习能力，教师还会鼓励学生之间进行互评和互学。学生可以通过平台查看他人的作品，并提出自己的建议和反馈，这既是对他人的帮助，又是对自己的提升。

在完成所有学生的成果评价后，教师会挑选出其中的优秀作品进行汇总和展示。这些作品将被精心策划成一场班级或学校的科学成果展，吸引更多的学生前来观看和学习。通过展示，优秀的学生可以展现自己的学习风采和成就，而其他学生则可以从中获得灵感和启示，为自己的学习提供借鉴和参考。这种展示不仅是对学生努力的认可，还是对整个项目式学习活动的总结和提升。在项目式学习的最后阶段，学生的成果展示是评价他们学习效果的重要环节。通过数字化评价学生的“收获”，教师可以全面地了解学生的学习成果和进步情况。

7.8.2.4　建立档案，推动学生科学素养发展

在项目式学习的全程中，建立学生自己的项目式数字电子档案是一项至关重要的任务。这样的电子档案不仅是学生学习过程的忠实记录者，还是其学习成果和成长轨迹的见证者。为了更好地管理和利用这些电子档案，教师可以采取以下具体且专业的措施。

引导学生建立电子档案：教师首先应当向学生明确电子档案的重要性和价值，指导学生选择适合的数字化工具（如云笔记、在线文档编辑器等）来建立和管理自己的电子档案。学生需将学习过程中的关键资料（如研究文献、实验数据、课堂笔记等）、项目作品（如研究报告、实验视频等）进行数字化整理，并分类保存到电子档案中。教师可以设定一些规范和标准，如命名规则、文件格式、存储结构等，以确保学生电子档案的系统性和易查阅性。这有助于学生养成良好的学习习惯和自我管理能力，使他们能够更好地规划和管理自己的学习时间和资源。

利用平台功能管理电子档案：教师利用教学平台中的云存储功能，为学生提供安全可靠的电子档案存储空间，并指导学生将电子档案上传到平台中。通过平台的权限设置和访问控制，教师可以确保学生电子档案的安全性和隐私性，同时方便自己和其他教师随时查阅和评估。利用平台的数据分析功能，教师可以对学生的电子档案进行深度挖掘和分析，了解学生的学习进度、知识掌握情况、思维发展等，从而为后续的教学指导和个性化辅导提供有力支持。教师还可以利用平台的数据可视化工具，将学生的电子档案转化为图表、报告等形式，更直观地展示学生的学习成果和成长轨迹。

组织电子档案交流分享活动：教师定期组织学生进行电子档案的交流和分享活动，可以是班级内部的讨论会，也可以是跨班级或跨年级的展示会。学生可以展示自己的电子档案，分享自己的学习过程和心得体会，同时接受其他同学的提问和建议。通过这样的交流和分享，学生可以相互学习和借鉴，发现自己的不足和需要改进的地方，进而促进自身的学习和发展。

教师还可以邀请专家或行业人士参与电子档案的评价和指导，为学生提供更专业、更权威的反馈和建议。通过这样的方式，项目式数字电子档案将成为学生学习过程中不可或缺的一部分，不仅记录着他们的学习历程和成果，还见证着他们的成长和进步。

7.8.2.5 数字赋能，深化教师评价与反思

在数字化小学项目式教学的实践中，教师评价与反思环节的重要性不言而喻。借助先进的数字化工具，教师可以更加系统、高效地收集教学数据，进行深入的教学反思与改进，从而持续提升教学效果，促进学生全面发展。

全面收集教学数据：教师通过数字化教学平台，能够实时收集学生的学习数据、课堂互动记录、作业完成情况等信息。这些数据经过整合分析，可以形成一份全面的教学数据报告，为教师的教学评价提供客观、准确的依据。通过对数据的细致分析，教师可以更准确地了解学生的学习状况，发现教学中的问题和不足，为后续的教学改进提供方向。

有针对性地评价与反思：基于收集到的数据，教师可以进行有针对性的评价与反思。

教师可以分析学生的学习进步情况，评估项目完成的质量，观察学生的课堂参与度等多个方面，从而全面评估教学效果。在反思过程中，教师可以深入思考如何进一步优化教学策略和方法，以更好地满足学生的学习需求。

应用评价与反思结果：根据反思结果，教师可以调整教学内容，使其更符合学生的兴趣和认知水平；改进教学方法，使课堂教学更加生动、有趣；完善教学评价机制，更准确地评估学生的学习成果。通过这些调整和改进，教师可以不断提升教学质量，促进学生全面发展。

综上所述，数字化工具在小学项目式教学中的应用，不仅为教师提供了更便捷、高效的教学手段，还为教师的评价与反思提供了有力支持。通过系统地收集教学数据、深入地进行教学反思与改进，教师可以不断提升教学质量，为学生的全面发展奠定坚实基础。

7.8.3 开展数字化小学项目式教学成效

7.8.3.1 学生成长价值

(1) 学生的学习兴趣和积极性得到了极大的提升。通过数字化技术的运用，教师能够

更加生动地呈现科学知识和实验过程，激发学生的学习兴趣和好奇心。同时，项目式学习的方式也让学生有了更多的自主权和参与度，他们能够在实践中发现问题、解决问题，从而更加深入地理解和掌握科学知识。

（2）学生的实践能力和问题解决能力得到了有效提高。在数字化技术与资源支持的项目式学习中，学生需要亲自动手进行实验和操作，通过不断尝试和改进，他们的实践能力得到了锻炼和提升。同时，面对实际问题时，学生需要运用所学知识进行分析问题和解决问题，这也培养了他们的问题解决能力和创新思维。

（3）学生的学习效果得到了明显的提升。通过数字化技术的运用和个性化教学方式的实施，教师能够更准确地把握学生的学习需求和兴趣点，制定更加贴近学生实际的教学计划。同时，通过实时监测和评估，教师能够及时发现问题并进行针对性的指导，从而提高学生的学习效果。

（4）学生的科学素养得到了全面发展。数字化技术融合的项目式学习注重培养学生的科学探究精神和创新意识，通过让学生亲身经历科学探究的过程，他们不仅学到了科学知识，还培养了科学思维和科学态度。这种全面发展的科学素养将对学生未来的学习和生活产生积极的影响。

7.8.3.2　教师发展价值

（1）教师教学技能与数字化素养得到提升。在数字化小学项目式教学的实践中，教师需要不断学习和掌握数字化技术，以更好地支持和促进学生的学习。这一过程不仅提高了教师的数字化素养，还促使他们在教学技能上有所创新和突破。通过运用数字化工具进行教学设计、实施和评价，教师能够更好地满足学生的学习需求，提升教学效果。

（2）教师教学反思与科研能力得到加强。数字化工具为教师提供了丰富的教学数据和反馈，使教师能够更加客观地评估自己的教学效果，深入反思教学过程中的问题与不足。同时，这些教学数据也为教师的科研提供了宝贵的素材和依据，有助于他们开展更加深入和系统的教学研究。通过不断地反思，教师可以不断提升自己的教学水平和专业素养。

（3）教师间的合作与交流得到促进。数字化技术打破了时间和空间的限制，为教师间的合作与交流提供了更加便捷和高效的途径。教师可以通过网络平台分享教学资源、交流教学经验、讨论教学问题，共同提升教学质量。这种合作与交流不仅有助于教师个人成长，还有助于整个教学团队的协同发展。

7.8.4　总结

开展数字化小学项目式教学，不仅顺应了信息化时代的发展潮流，还有助于提升学生的学习兴趣、实践能力和科学素养。通过数字化技术的运用，教师能够创新教学方式，提高教学效果，让学生在轻松愉快的氛围中学习科学知识，培养创新精神和实践能力。同时，学生也能够通过项目式学习的方式，更好地理解和应用科学知识，培养自主学习和终身学习的习惯。当然，在实践中，教师还需要不断探索和完善数字化项目式教学的模式和方法，以更好地适应学生的需求和时代的发展要求。

附录　各学科教学设计课例

附录 1　智慧课堂英语学科新授课课例设计

学校名称	沈阳市一中七中学教育集团	授课年级	八年级	授课教师　王海杰
课例基本信息				
教材版本	上海教育出版社			
章节名称	Module 3 Animals Unit 5 Save the endangered animals			
课时名称	第二课时 Reading			
课前:精准化学情分析				
基于诊断性测验的学情分析				
1. 基础学情分析	学生大多拥有关于动物现状的常识,拥有一定的自主学习能力,能熟练运用学生 PAD 参与智慧课堂学习,且通过第一节课的学习基本了解了生物的含义和价值,有利于更好地学习本节内容			
2. 预习资源分析	选择微课视频《保护生物的多样性》(来自云资源),有利于学生快速掌握基础知识,选取和编制 5 道不同难度水平的测试题(来自题库资源),有利于检测学生预习成果,了解学习困难,以便调整教学难点和教学设计。以上资源进行全班推送,要求完成时间均控制在 5 分钟之内			
3. 检测结果分析	加测有 6 人满分,20 人达标,还有 11 人未达标(其中 5 人未完成作业、6 人未观看预习微课、11 人均未完成错题订正),从预习检测结果发现,资源选取基本符合学生预习需求,未完成预习任务的学生较多,需要加强培养学生自主学习能力,暴露出的薄弱点正是本节课的重点和难点内容,符合课前预设			
课前:精准化教学预设				
(一) 教学目标预设				
1. 课标单元要求原文	通过本单元学习,学生能够了解到濒危动物的生存状况和需要拯救的重要性,采取行动拯救和保护濒危生物,增强社会责任感			
2. 课标课时要求原文	关注外来物种入侵等因素对生态安全的影响,认同保护生物资源的重要性;自觉遵守相关法律法规,拯救和保护濒危动物			
3. 教学重点及难点	拯救和保护濒危生物的措施			
4. 基础性教学目标	通过资料收集、讨论交流、观看视频等方式,使学生关注濒危生物现状,确立拯救和保护濒危生物的观念,实现生命观念和科学思维等核心素养的提升			
5. 拓展性教学目标	通过材料分析、社会实践或项目式学习等方式,学生积极参与保护濒危生物活动,实现探究实践和态度责任等核心素养的提升			

续表

<table>
<tr><td colspan="5">（二）教学资源预设</td></tr>
<tr><td colspan="5">视频资源：导入视频《地球神奇的一天——物种多样性》（个人上传）、拓展视频《鄱阳湖候鸟自然保护区》（来自云资源）；
图片资源：濒危物种图片若干（来自云资源）、自然保护区图片若干（来自云资源），制作成图片画廊活动；
PPT 课件资源：授课课件（个人上传）、本课课堂小结课件（来自云平台）；
互动资源：题库出题练习（来自题库选题）、选词填空（个人编辑）、分类活动-区分两种保护措施（个人编辑）；
作业试题资源：分层个性化试题作业（来自题库选题 + 自行命题上传）</td></tr>
<tr><td colspan="5">（三）教学策略预设</td></tr>
<tr><td colspan="5">(1) 课前：微课预习 + 知识清单自测，学生提前收集相关资料。
(2) 课中：通过视频导入预设情景、学生小组展示交流课前收集资料、小组分角色讨论等活动达成基础性目标；通过分类活动游戏互动、观看拓展视频和图片等活动达成拓展性目标；通过课堂小结课件、选词填空互动和题库出题练习互动等活动实现当堂知识点掌握情况反馈。
(3) 课后：通过分层布置个性化作业使本课知识点掌握不同程度的学生均能达到针对性提升，通过项目式学习，让学生参与社会实践促进其核心素养提升</td></tr>
<tr><td colspan="5">课中：智能化课堂实施</td></tr>
<tr><td>教学环节</td><td>问题设置</td><td>学生任务</td><td>资源及
手段利用</td><td>对应教学
目标及作用</td></tr>
<tr><td>设置情境、
导入新课</td><td>稀有生物正面临怎样的威胁？</td><td>学生展示交流课前收集资料</td><td>畅言智课互动功能之屏幕推送视频、PPT 课件展示、畅言智课互动功能之随机选人、学生讲、PK 板</td><td rowspan="2">达成基础性目标，关注稀有生物现状</td></tr>
<tr><td rowspan="4">自主学习、
探索新知</td><td>导致稀有生物面临威胁的原因有哪些？</td><td>学生讨论、回答问题</td><td>畅言智课互动功能之讨论、PPT 课件展示、畅言智课互动功能之分层选人、PK 板</td></tr>
<tr><td>如何更好地保护稀有生物？</td><td>分角色辩论，形成结论</td><td>PPT 课件展示</td><td rowspan="3">达成拓展性目标，确立保护生物多样性观念</td></tr>
<tr><td>如何区分保护稀有生物的措施，即就地保护和迁地保护？</td><td>学生完成互动游戏、观看拓展图片</td><td>畅言智课电子教材划重点知识、课堂互动分类活动、播放拓展视频和图片画廊</td></tr>
<tr><td>我们中学生应当如何做？</td><td>学生思考并回答问题</td><td>畅言智课互动功能之抢答</td></tr>
<tr><td rowspan="2">课堂小结、
当堂练习</td><td>本节课主要学习了哪些知识点？你有什么收获？</td><td>学生绘制思维导图</td><td>PPT 课件展示</td><td rowspan="2">通过即时互动报告反馈，了解学生本节知识点掌握情况，为个性化作业布置提供数据依据</td></tr>
<tr><td>本节课知识是否已经掌握？</td><td>学生完成相关练习</td><td>畅言智课选词填空互动全班作答、题库出题练习互动 PK 作答</td></tr>
</table>

续表

课后:个性化作业辅导	
1. 个性化布置与批改	(1) 个性化作业:根据课堂反馈报告,发现基础知识掌握情况良好,而本课重难点内容还有部分学生存在问题,针对重难点知识点掌握不到位的学生选择5道难度水平为容易的试题单独布置练习作业,对于掌握较好的学生选择3道难度水平为中等和2道难度水平为困难的试题单独布置练习作业,设置完成时间为当天晚上8:30之前;教师批改后,有错误的学生需要完成订正。 (2) 实践作业:利用周末时间,调查本地具有经济价值的生物资源,提出保护和开发建议。形成文稿并拍照上传,完成时间为一周。教师点评后无须订正
2. 个性化辅导与答疑	通过作业批阅和报告反馈,了解班级错误率较高的知识点和相关知识点存在问题的学生,录制该知识点讲解微课或试题讲评微课,并在批改订正界面推送给有错误的学生
课后:多元化学习评价	
1. 课堂评价	利用畅言智课点赞功能,对课堂中发言踊跃、活动积极、回答正确的个人或小组点赞并灵活运用教师评价、学生评价等多种评价方式
2. 作业评价	利用作业中心教师批阅功能,评选优秀学生作业,并对进步学生和待进步学生进行语音或文字评价
3. 单元评价	无
课后:全景化教学反思	
1. 目标预设精准度	教学目标设置符合新课标相关要求,充分体现了学科基本素养,涵盖了不同层次学生的最近发展区需求
2. 难点预设准确度	难点预设结合教师多年经验,参考预习学习单报告反馈,基本和学生实际相符合
3. 资源采编合理度	本课预习资源符合学生基本需求,课上资源符合学生认知规律,课后资源符合学生个性特点,所有资源的开发和应用,既充分发挥了智慧教育信息化辅助教学功能,又充分考虑了学生的基础学情,资源利用相对合理
4. 互动与目标匹配度	所有互动设置均与目标要求相匹配,能有效提高学生的学习参与率,有助于提高学生学习兴趣和达成教学目标
5. 数据回收利用度	通过课前测数据指导难点突破、通过课上练数据指导作业布置、通过课后作业数据指导再复习,基本形成了数据采集—分析—利用—再采集的循环应用闭环
6. 作业布置适切度	作业布置参考课堂数据报告,体现个性化差异,实施分层布置策略,辅以针对性批改和评价、辅导,既符合减负要求,又满足各层次学生提升需求
7. 本节设计改进处	本节教学活动设计较多,造成部分活动时间分配不足,学生未能充分进行教学展示,应进一步优化设计,提高效率;另外,选取的导入视频有部分内容与本节教学内容无关,应精细加工处理后再行使用

附录 2　智慧课堂英语学科复习课课例设计

<table>
<tr><td>学校名称</td><td>沈阳市一〇七中学教育集团</td><td>授课年级</td><td>八年级</td><td>授课教师　王海杰</td></tr>
<tr><td colspan="5">课例基本信息</td></tr>
<tr><td>教材版本</td><td colspan="4">上海教育出版社</td></tr>
<tr><td>章节名称</td><td colspan="4">8A Module 3 Culture and History</td></tr>
<tr><td>课时名称</td><td colspan="4">Unit 5 Educational Exchange (Revision)</td></tr>
<tr><td colspan="5">基于学习报告的学情分析</td></tr>
<tr><td>1. 知识点掌握情况分析</td><td colspan="4">通过本阶段历次学习报告和教师数据资产平台中学情总览(畅言智课)的统计数据得知，8 年级 2 班的“重点词汇掌握”“现在完成时”和“阅读细节理解”这三个部分的班级整体掌握程度分别为 70%、62.7%和 65%，需作为重难点问题集中处理，解决薄弱知识点</td></tr>
<tr><td>2. 单元成绩分布分析</td><td colspan="4">根据本阶段历次练习和作业报告数据得知，23 人达到合格以上水平(含 10 人优秀)，13 人还未合格，需重点关注该部分学生，找出原因，帮助其解决困难</td></tr>
<tr><td>3. 作业完成及提交情况分析</td><td colspan="4">每次作业提交率均为 90%以上，订正率不足 50%，平均时长低于 10 分钟，需关注学生二次订正完成情况</td></tr>
<tr><td>4. 学生学习态度分析</td><td colspan="4">通过教师数据资产平台中的学生对比分析数据得知，班级大部分学生在互动参与率、作业提交率和得分率方面均接近年级平均水平，但在资源查看和自主学习方面却低于年级平均水平，说明学生在被动学习方面表现突出，但主动学习较差，应引导学生多开展自主学习</td></tr>
<tr><td colspan="5">课前:精准化教学预设</td></tr>
<tr><td colspan="5">(一) 教学目标预设</td></tr>
<tr><td>1. 课标单元要求原文</td><td colspan="4">通过本单元学习，学生能够正确运用现在完成时，积累本单元三级词汇目录表中的词语表达，了解人与社会主题群的子话题——跨文化沟通与交流，语言与文化</td></tr>
<tr><td>2. 课标课时要求原文</td><td colspan="4">通过复习课学习，学生能够正确运用现在完成时，积累本单元重点词语表达，了解人与社会主题群的子话题——语言与文化</td></tr>
<tr><td>3. 教学重点及难点</td><td colspan="4">“重点词汇掌握”“现在完成时”“阅读细节理解”</td></tr>
<tr><td>4. 基础性教学目标</td><td colspan="4">通过复习，使学生对本章的基础知识能够准确熟练地掌握，并能灵活运用。把学过的知识系统化，使这些知识在学生头脑中竖成串，横成链，形成知识网络。结合学生实际，通过复习能够做到堵漏补缺，扬长补短，同时弥补教师在教学中的不足</td></tr>
<tr><td>5. 拓展性教学目标</td><td colspan="4">通过复习，使学生在系统深入掌握知识的同时，能进一步提高思维能力，提高分析问题和解决问题的能力，进一步培养学生的自学能力和独立思考能力</td></tr>
<tr><td colspan="5">(二) 教学资源预设</td></tr>
<tr><td colspan="5">视频资源:薄弱知识点精讲微课(教师畅言 AI 自行录制)
图片资源:本单元话题引导和 9B 教材相关话题链接图片(畅言智课云资源中心获取)
试题资源:薄弱知识点专项练习题(智学网精准教学模块薄弱点专练手动选题)；本章所涉中考真题训练(智学网选题组卷模块知识点/同步组卷选取合适的历年真题)
其他资源:电子教材(畅言智课自带)、PPT 复习课件(自制)</td></tr>
</table>

续表

<table>
<tr><td colspan="5">（三）教学策略预设</td></tr>
<tr><td colspan="5">(1) 课前:通过薄弱知识点精讲微课,弥补知识不足,通过薄弱知识点专项练习题实现重难点突破,提升学生自学能力和独立思考能力,教师根据反馈报告设置学生分层。
(2) 课中:通过电子教材引导、学生梳理本章主要知识点,通过导入—重难点知识呈现—重难点知识—应用实践,达成查缺补漏、架构知识网络的基础性目标;通过迁移创新(精选中考真题的训练和讲评)—生成与反思—总结与归纳,提高学生分析和解决问题的能力,达成拓展性目标。
(3) 课后:通过共性作业实现全体学生的知识巩固,通过分层布置个性化作业使本课知识点掌握不同程度的学生均能达到针对性提升的目标</td></tr>
<tr><td colspan="5">课中:智能化课堂实施</td></tr>
<tr><td>教学环节</td><td>问题设置</td><td>学生任务</td><td>资源及
手段利用</td><td>对应教学
目标及作用</td></tr>
<tr><td>重难点知识呈现与理解</td><td>请同学参与单词转转转活动 PK(针对预习报告不合格学生提问)</td><td>学生独立思考并回答问题</td><td>利用薄弱知识点精讲微课视频和薄弱知识点专项练习题布置预习作业并查看作业报告了解还未掌握学生情况,利用畅言智课分层选人功能(提前根据预习报告设置学生分层)</td><td>提升学生自学能力和独立思考能力,达成拓展性目标</td></tr>
<tr><td>重难点知识的应用实践</td><td>请同学们参与学习任务和自由出题分层 PK,巩固和检验重难点知识理解情况</td><td>学生通过分组讨论、合作学习和分层 PK,积极主动学习,内化重难点知识</td><td>利用电子教材引导学生梳理知识点,利用畅言智课分组作答功能展示学生答题情况并进行小组互评,利用 PPT 展示教师制作的知识网络图帮助学生完善知识网络架构</td><td>达成查缺补漏、架构知识体系的基础性目标</td></tr>
<tr><td>重难点知识的迁移创新与生成反思</td><td>请同学们完成中考真题演练</td><td>学生通过在线答题完成真题演练</td><td>利用精选中考真题的训练和讲评,使学生了解中考命题方向和评分标准</td><td>提高学生分析和解决问题的能力,达成拓展性目标</td></tr>
<tr><td colspan="5">课后:个性化作业辅导</td></tr>
<tr><td>1. 个性化布置与批改</td><td colspan="4">(1) 共性作业:以线上作业形式在资源库中选取并布置本章综合复习检测卷,教师批改后,有错误的学生需要完成订正,实现全体学生的知识巩固。
(2) 个性化作业:根据课堂反馈报告,针对重难点知识点掌握相对较差的学生选择 5 道难度水平为容易的试题单独布置练习作业,对于掌握较好的学生选择 3 道难度水平为中等和 2 道难度水平为困难的试题单独布置练习作业,设置完成时间为 2 天之内;教师批改后,有错误的学生需要完成订正</td></tr>
<tr><td>2. 个性化辅导与答疑</td><td colspan="4">通过作业批阅和报告反馈,了解班级错误率较高的知识点和相关知识点存在问题的学生,录制该知识点讲解微课或试题讲评微课,并在批改订正界面推送给有错误的学生</td></tr>
</table>

续表

课后:多元化学习评价	
1. 课堂评价	利用畅言智课点赞功能,对课堂中发言踊跃、活动积极、回答正确的个人或小组点赞并灵活运用教师评价、小组评价等多种评价方式
2. 作业评价	利用作业中心教师批阅功能,评选优秀学生作业,并对进步学生和待进步学生进行语音或文字评价
3. 单元评价	根据相关报告情况对学生阶段学习出现的问题进行总结,出现的亮点进行鼓励;利用畅言智课光荣榜功能,对本阶段积分较高学生给予适当表彰;根据教师数据资产平台中的学生对比分析数据,对各方面表现突出的学生公开表扬
课后:全景化教学反思	
1. 目标预设精准度	教学目标设置符合新课标相关要求,充分体现了学科基本素养,涵盖了不同层次学生的最近发展区需求
2. 难点预设准确度	难点预设结合教师多年经验,参考预习学习单报告反馈,基本和学生现实际相符合
3. 资源采编合理度	资源利用相对合理,既充分发挥智慧课堂的信息化辅助教学功能,又符合学生的认知规律和学情特点
4. 互动与目标匹配度	所有互动设置均与目标要求相匹配,能有效提高学生的学习参与率,有助于提高学生学习兴趣和达成教学目标
5. 数据回收利用度	通过课前测数据指导难点突破、通过课上练数据指导作业布置、通过课后作业数据指导再复习,基本形成了数据采集—分析—利用—再采集的循环应用闭环
6. 作业布置适切度	作业布置参考课堂数据报告,既考虑全体,又体现个性化差异,辅以针对性批改和评价、辅导,既符合减负要求,又满足各层次学生提升需求
7. 本节设计改进处	本节课小组合作过程出现个别学生没有积极参与的情况,存在小组分工不明确和教师巡查不及时等问题,需要在小组角色分工和教师进组巡查等方面进一步加强

附录 3　智慧课堂英语学科讲评课课例设计

学校名称	沈阳市一〇七中学教育集团	授课年级	八年级	授课教师　班娜
课例基本信息				
教材版本	上海教育出版社			
章节名称	Unit 4 More Practice and Culture Corner			
课时名称	A Pen Giant and the Kongming Lantern and the Hot-air Ballon			
基于诊断性测验的学情分析				
1. 基础学情分析	利用畅言课堂自由出题,布置了本节课的基础知识点预习作业,从大数据结果来看,八年级四班的同学此项作业完成得很好,90%完成作业内容并及时订正,期中 34.5%语言点掌握得不是很好,需要进一步操练,在资源库中查找到本节课的背景资料图片以及相关历史小故事,分享给同学们,极大地激发了学生对本节课学习的兴趣			

续表

2. 预习资源分析	然后通过独立的复习教材和科大讯飞关联的智学网通过阅读，学生了解中国古代发明对西方现代发明的影响，增强民族自豪感，激发学生学习传统文化知识的兴趣
3. 检测结果分析	通过本阶段历次学习报告和教师数据资产平台中学情总览（畅言智课）的统计数据得知，87.2%的同学成绩合格，45%的同学成绩优异，八年级四班同学了解中国古代发明对西方现代发明的影响
课前：精准化教学预设	
（一）教学目标预设	
1. 课标单元要求原文	(1) 讲述了圆珠笔的发明者是如何发明圆珠笔的。通过阅读，让学生了解圆珠笔的发明过程以及圆珠笔对人类的贡献。 (2) 文化角说，诸葛亮是孔明灯的发明者。孔明灯在古代起着军事作用。现在人们在重大节日用孔明灯祈祷。孔明灯和热气球的工作原理及相互关系。 (3) 在更多的实践和文化角，学习蔡伦发明纸的故事，以及文章的大意和细节
2. 课标课时要求原文	(1) 学习“巨人”“圆珠笔”“编辑”“刷新”“墨水”“乱七八糟”“小费”“滚动”“成功”等词语。 (2) 学习圆珠笔发明者如何发明圆珠笔的故事。孔明灯是诸葛亮发明的，孔明灯导致了热气球的发明。 (3) 学习蔡伦在补充读物和文化角落中的造纸术的故事，以及文章的一般思想和细节
3. 教学重点及难点	(1) 学习圆珠笔的发明者是如何发明圆珠笔的故事。孔明灯是诸葛亮发明的，孔明灯导致了热气球的发明。 (2) 在补充阅读和文化角部分，学习蔡伦发明纸的故事，以及文章的大意和细节
4. 基础性教学目标	通过讲评，学生对本章的基础知识能够准确熟练地掌握，并能灵活运用。学生了解中国古代发明对西方现代发明的影响，增强民族自豪感，激发学生学习传统文化知识的兴趣
5. 拓展性教学目标	培养学生理解事物规律性的能力。深入思考问题，善于归纳分类，把握事物的本质和规律，全面分析思考问题，正确判断并迅速得出结论
（二）教学资源预设	
PPT 课件资源：授课课件（学科网）、本课课堂小结课件（结合英语学案）； 互动资源：布置智学网听说作业（每单元书上文本）、随机选人（朗读课文）、翻牌活动（个人编辑）、连线活动（个人编辑）； 作业试题资源：分层个性化试题作业（布置以答题卡呈现）	
（三）教学策略预设	
(1) 课前：对于比较难理解的知识点，录制微课，先让学生熟悉文本，熟悉教材。通过薄弱知识点专项练习题实现重难点突破，提升学生自学能力和独立思考能力，教师根据反馈报告设置学生分层。 (2) 课中：通过分组讨论、合作学习等活动达成查缺补漏、架构知识网络的基础性目标；通过精选中考真题的训练和讲评，提高学生分析问题和解决问题的能力，达成拓展性目标。 (3) 课后：通过共性作业实现全体学生的知识巩固，通过分层布置个性化作业使本课知识点掌握不同程度的学生均能得到针对性提升	

续表

课中:智能化课堂实施				
教学环节	问题设置	学生任务	资源及手段利用	对应教学目标及作用
精确目标、展示反馈结果	在智学网自由出题中,给出了本课要讨论的一些主题。展示发明者的图片,引导学生说出这些发明者的名字和发明的物品	小组合作,把自己收集到的信息分享给同组的同学进行讨论。找一名代表找出本节课新单词、新短语以及部分基础知识点	利用知识点精讲微课视频和作业报告了解还未掌握学生情况,利用畅言智课分层选人功能(提前根据预习报告设置学生分层)	词汇学习是一节课的基础部分。学生只有掌握了重要词汇的用法,才能开始课堂学习。只有这样,我们才能更好地阅读课文,与同学讨论课文内容,开展写作活动
精炼讲授、突破重点难点	通过小组合作课堂讨论我们现在解决了一部分反馈中出现的问题,下面让我们来检验一下合作学习的成果	课堂讨论,让学生分组思考下面的问题。你知道为什么要发明圆珠笔吗?教师引导学生得出结论	课堂互动,连线游戏、翻牌游戏、抢答回答问题	课堂讨论可以促进学生对语言知识的巩固和理解。课堂讨论不仅可以巩固和理解课堂讲授的内容和学生自学所获得的知识,而且可以培养学生的逻辑思维能力和语言表达能力
精准练习、针对问题强化	通过刚才的练习,大家是不是感觉问题都解决了呢?	学生们快速浏览关于圆珠笔发明者 LászlóBíró 的文章,并填写空格	智学网出题,学生抢答。共同完成表格	学生可以快速浏览有关圆珠笔 LászlóBíró 的发明者的文章,完成空白填充,并训练学生快速阅读、略读,并找到关键字找到关键信息
精心指导、点拨疑难困惑	大家对于刚才的习题还有什么疑问呢?	听录音,跟读课文。教师讲解课文,训练学生略读,寻找阅读策略	学生通过在线答题完成真题演练。利用题库中精选的中考真题,学生了解中考命题方向和评分标准	通过本部分的学习,使学生了解圆珠笔的发明者是怎样发明圆珠笔的,了解圆珠笔的发明过程及其对人类的贡献。培养学生从图片、标题、略读等中定位课文关键信息的能力
精简评议、小结整理收获	同学们,这节课你有什么收获,是不是解决了你所有的疑惑呢?你接下来还需要哪些练习呢?	学生总结	利用试卷讲评中推送的针对个人训练	通过反思和总结提升学习的能力,明确下一步的学习内容和目标

续表

课后:个性化作业辅导	
1. 个性化布置与批改	(1) 个性化作业:根据课堂反馈报告,发现学生基础知识掌握情况普遍得到了提升,而本课重难点内容还有部分学生存在问题,针对重难点知识点掌握不到位的学生选择 5 道难度水平为容易的试题单独布置练习作业,对于掌握较好的学生选择 3 道难度水平为中等和 2 道难度水平为困难的试题单独布置练习作业,设置完成时间为当天晚上 8:30 之前;教师批改后,有错误的学生需要完成订正。 (2) 共性作业:根据反馈试题的难度比例,选择设计 10 道中考真题作为补充练习。学生可以选择在两天内自己找时间完成
2. 个性化辅导与答疑	通过作业批阅和报告反馈,了解班级错误率较高的知识点和相关知识点存在问题的学生,录制该知识点讲解微课或试题讲评微课,并在批改订正界面推送给有错误的学生
课后:多元化学习评价	
1. 课堂评价	利用畅言智课点赞功能,对课堂中发言踊跃、活动积极、回答正确的个人或小组点赞并灵活运用教师评价、学生评价等多种评价方式
2. 作业评价	利用作业中心教师批阅功能,评选优秀学生作业,并对进步学生和待进步学生进行语音或文字评价
3. 单元评价	根据作业报告和反馈报告情况对学生进行总结,出现的亮点进行鼓励;利用畅言智课光荣榜功能,对本阶段积分较高学生给予适当表彰;根据教师数据资产平台中的学生对比分析数据,对各方面表现突出学生公开表扬
课后:全景化教学反思	
1. 目标预设精准度	教学目标设置符合新课标相关要求,充分体现了对学生学科基本素养的培养,涵盖了不同层次学生的发展需求
2. 难点预设准确度	难点预设结合教师教学经验,参考报告反馈并且与典型学生沟通,使重难点与学生现实际相符合
3. 资源采编合理度	本课预习资源针对学生需求,课上资源符合学生学习规律,课后资源符合学生个性特点,所有资源的开发和应用,既充分发挥了智慧教育信息化辅助教学功能,又考虑了学生的特殊学情,资源利用相对合理
4. 互动与目标匹配度	所有互动设置均为完成教学目标要求匹配,能有效提高学生的学习参与率,帮助学生提升学习兴趣并达成教学目标
5. 本节设计改进处	本节教学活动设计较多,多数任务都是学生讨论和小组合作完成,对文章的理解还是不够细致,细节方面还有待提高

附录 4　智慧课堂英语学科专题课课例设计

学校名称	沈阳市一〇七中学教育集团	授课年级	八年级	授课教师　吴晓明
课例基本信息				
教材版本	上海教育出版社			
专题名称	现在完成时			
课时名称	现在完成时专题			
基于学习报告的学情分析				
1. 知识点掌握情况分析	现在完成时是中考重要考点内容,也是学生学习的难点内容。为了了解学生对这一内容的掌握程度,分别间隔一周时间,利用智学网对这一专题进行了两次监测,结合两次智学网大数据分析可知,学生对用现在完成时表示持续至今的行为或动作方面,得分率相对较低,约为 50%,主要原因还是对现在完成时的含义理解不透彻,对知识点应用不灵活。因此,在后续的教学中还需进行强化练习			
2. 单元成绩分布分析	根据本阶段历次练习和作业报告数据得知,以 8 年级 11 班为例,班级平均分为58.12,高于年级平均分,满分 50 分,班级最高分 43 分,优秀率 33.33%,合格率 61.32%,其中 14 人未达到合格水平,需重点关注该部分学生,找出原因,帮助其解决困难			
3. 作业完成及提交情况分析	每次作业提交率均为 92%以上,订正率不足 50%,平均时长低于 10 分钟,需关注学生二次订正完成情况			
4. 学生学习态度分析	通过教师数据资产平台中的学生对比分析数据得知,班级大部分学生在互动参与率、作业提交率和得分率方面均超过年级平均水平,但在资源查看和自主学习方面却低于年级平均水平,说明学生在被动学习方面表现突出,但主动学习能力较差,应引导学生多开展自主学习			
课前:精心备研				
(一) 教学目标预设				
1. 课标要求	了解现在完成时的结构、用法、标志词,理解现在完成时与一般过去时的区别			
2. 课标课时要求	2 课时			
3. 教学重点及难点	理解现在完成时的用法			
4. 基础性教学目标	通过对 8AU5 和 8AU6 语法板块的整合,形成现在完成时的专题学习。学生经过学习后,能够理解现在完成时的结构及其用法,能更深刻认识现在完成时与一般过去时的区别。学生可以灵活利用所学知识点解决问题,并能够做到举一反三;能够准确判断出考查的知识点,对同类题进行总结归纳,对错题进行分析反思,形成完整的知识网络			
5. 拓展性教学目标	通过现在完成时的专题学习,使学生在系统深入掌握知识的同时,能进一步提高思维能力,提高分析和解决问题的能力和进一步培养学生的自学能力,独立思考能力			
(二) 教学资源预设				
视频资源:畅言智慧微课资源库 图片资源:本章知识点总结思维导图(畅言智课云资源中心获取) 试题资源:自由出题,薄弱知识点专项练习题(智学网精准教学模块薄弱点专练手动选题);本章所涉及中考真题训练(智学网选题组卷模块知识点/同步组卷选取合适的历年真题) 其他资源:电子教材(畅言智课自带)、PPT 专题课件(自制)				

续表

<table>
<tr><td colspan="5">（三）教学策略预设</td></tr>
<tr><td colspan="5">(1) 课前：通过薄弱知识点精讲，弥补知识不足，通过薄弱知识点专项练习题实现重难点突破，提升学生自学能力和独立思考能力，教师根据反馈报告设置学生分层作业。
(2) 课中：通过 PPT 展示、微课资源的播放，帮助学生梳理现在完成时的结构、用法、标志词以及现在完成时与一般过去时的区别；通过小组讨论、组间 PK 等活动绘制并展示知识网络思维导图，达成查缺补漏、架构知识网络的基础性目标；通过精选中考真题的训练和讲评，提高学生分析和解决问题的能力，达成拓展性目标，最终实现提升学生的核心素养。
(3) 课后：通过共性作业实现全体学生的知识巩固，通过分层布置个性化作业使本课知识点掌握不同程度的学生均能得到针对性提升</td></tr>
<tr><td colspan="5">课中：精炼教授</td></tr>
<tr><td>教学环节</td><td>问题设置</td><td>学生任务</td><td>资源及
手段利用</td><td>对应教学
目标及作用</td></tr>
<tr><td>目标呈现</td><td>为了更好地了解学情，制定精确目标，推送现在完成时相关课前检测试题</td><td>学生完成平板上推送的课前测习题</td><td>利用智慧教育云平台题库资源进行选题，给学生推送课前检测试题。平台对学生所答题目进行自动批改，教师根据生成的测验结果分析报告，精准地掌握班级整体学习情况，并在此基础上设计教学目标和教学活动</td><td>学生出现的高频错误，比如瞬间动词和延续性动词的转化，就可能是教学的重点和难点，可以选择适切性的教学资源和针对性的教学策略进行教学</td></tr>
<tr><td>新知呈现</td><td>给同学们展示微课资源，然后在组内讨论视频观看内容并分享收获</td><td>利用智慧课堂互动工具，快速组织学生实施分组，开展小组探究活动，利用畅言智课-互动-名单-小组/PK板/分组作答，提升学生课堂参与度和参与热情</td><td>利用智学网大数据分析，通过得分率和易错选项，对学生薄弱知识点进行精准分析和讲授。围绕现在完成时的结构、标志词、用法等，根据实际教学需要，充分利用智慧课堂多样的课堂互动、PPT 展示、微课资源推送等功能设计多种教学策略</td><td>对学生出现的高频错误即教学的难点，选择适切性的教学资源和针对性的教学策略进行教学。教学内容的设计还要兼顾培养科学思维。利用平台的翻翻卡、连连看等手段，进行互动，加深学生对问题的理解，培养学生知识迁移能力</td></tr>
<tr><td>精准练习</td><td>利用智学网筛选易错知识点，请同学们进行现在完成时专题内容的梳理</td><td>学生通过完成诊断性测试题，反馈课堂学习效果</td><td>精选试题，编制诊断性测验试题，以反馈课堂学习效果，进行过程性评价。了解教学目标完成情况、知识掌握情况以及学生能力提升情况</td><td>借助智慧教学平台，即时给每个学生推送巩固练习，了解教学目标完成情况、知识掌握情况以及学生能力提升情况，并针对不同学生的实际情况，智慧教学平台自动推送个性化的作业，同时提供合适每个学生的学习资源</td></tr>
</table>

续表

精心指导	教师针对重点、难点、疑点对学生当堂指导	调动课堂学生小组中的“小先生”，进行生生互导	教师基于学生课堂反馈，全方位、多角度地了解每个学生对知识的掌握情况，找出共性问题与个性问题。随后可以在智慧云平台中搜索资源，为研定课后辅导资源提供依据	精心指导学生，明确中考考点。用畅言智评系统实现课堂指导多样性、个性化、全覆盖、零死角，为全班学生提供指导和被指导的机会，充分调动学生的主观能动性，让学生真正成为课堂的“主人翁”
课后:精准讲评				
1. 个性化布置与批改	(1) 全体作业:根据现在完成时专题，结合学生易错点，利用畅言智慧课堂进行自由出题，设定答题时间，学生在规定时间内提交，利用大数据反馈专题学习结果，精准测试—精准反馈—再精准讲授，直至99%学生能够掌握这一专题内容为止。 (2) 分层作业:根据课堂反馈报告，针对重难点知识点掌握相对较差的学生选择 20 道难度水平为容易的试题单独布置练习作业，对掌握较好的学生选择 10 道难度水平为中等和 5 道难度水平为困难的试题单独布置练习作业，设置完成时间为 2 天之内；教师批改后，有错误的学生需要完成订正，通过分层布置个性化作业使本课知识点掌握不同程度的学生均能得到针对性提升			
2. 个性化辅导与答疑	通过作业批阅和报告反馈，再次了解班级错误率较高的知识点和相关知识点存在问题的学生，每隔 2 天在智学网进行 5 道选择题题目推送，通过批改和课下提问的方式了解学生对现在完成时的掌握情况。教师基于学生课后作业分析的结果，全方位、多角度地了解每个学生对知识的掌握情况，找出共性问题与个性问题。可以将重难点、高频错题的讲解过程录制成微课资源备用，也可以根据学生的答疑需要，在资源库中查找、筛选所需的文本、图片、音视频等资料，制作成针对性、个性化的辅导资源。学生也可以自己利用智能答疑助手、智能搜题等功能主动获得个性化的辅导和帮助			
课后:多元化学习评价				
1. 课堂评价	利用畅言智课点赞功能，对课堂中发言踊跃、活动积极、回答正确的个人或小组点赞并灵活运用教师评价、小组评价等多种评价方式			
2. 作业评价	利用作业中心教师批阅功能，评选优秀学生作业，并对进步学生和待进步学生进行语音或文字评价			
3. 专题评价	根据相关报告情况对学生阶段学习出现的问题进行总结，出现的亮点进行鼓励；利用畅言智课光荣榜功能，对本阶段积分较高学生给予适当表彰；根据教师数据资产平台中的学生对比分析数据，对各方面表现突出的学生公开表扬			
课后:全景化教学反思				
1. 目标预设精准度	教学目标设置符合新课标相关要求，通过分层教学，体现了教学面向全体学生的特性			
2. 难点预设准确度	难点预设结合教师多年经验，参考预习单学习单报告反馈，基本和学生实际相符合			

续表

3.资源采编合理度	资源利用相对合理,既充分发挥智慧课堂的信息化辅助教学功能,又符合学生的认知规律和学情特点
4. 互动与目标匹配度	所有互动设置均与目标要求相匹配,能有效提高学生的学习参与率,有助于提高学生学习兴趣和达成教学目标
5. 数据回收利用度	通过课前测数据指导难点突破、通过课上练数据指导作业布置、通过课后作业数据指导再复习,基本形成了数据采集—分析—利用—再采集的循环应用闭环
6. 作业布置适切度	作业布置参考课堂数据报告,既有考虑全体,又体现个性化差异,辅以针对性批改和评价、辅导,既符合减负要求,又满足各层次学生提升需求
7. 本节设计改进处	在进行现在完成时专题总结时,教师应该给出框架,引导学生进行归类,不仅提高学生的自信心,还能提高学生的参与度

附录 5 智慧课堂数学学科新授课课例设计

学校名称	沈阳市博才初级中学	授课年级	八年级	授课教师 肖琳
课例基本信息				
教材版本	北京师范大学出版社			
章节名称	第三章 平面直角坐标系			
课时名称	第二节 平面直角坐标系			
课前:精准化学情分析				
基于诊断性测验的学情分析				
1. 基础学情分析	学生在学习了数轴概念后,已经有了一定的数形结合的意识,积累了一定的由数轴上的坐标描出点及由数轴上的点写出坐标的经验,同时经过前一节《确定位置》的学习,对平面上的点由一个有序数对表示,有了一定的认识。同时经过一年的初中学习已经具备了初步的逻辑推理能力和空间想象能力,自主探索、合作交流已经成为他们学习数学的重要方式,所以学生学习本节课时已经具备了必要的相关知识与技能。如何从一维数轴上的点与实数之间的对应关系过渡二维坐标平面中的点与有序数对之间的对应关系,限于初中的学习范围与学生的接受能力,学生理解起来有一定的困难,同时本节内容中概念较多且琐碎,如何熟练运用对学生来说也有一定困难			
2. 预习资源分析	选择微课视频《平面直角坐标系》(来自云资源),有利于学生快速掌握基础知识,选取和编制 5 道不同难度水平的测试题(来自题库资源),有利于检测学生预习成果,了解学习困难,以便调整教学难点和教学设计。以上资源进行全班推送,要求完成时间均控制在 5 分钟之内			
3. 检测结果分析	旧知识点普遍掌握较好,新知识点"平面直角坐标系"预习后点坐标的表示方式错误最多,达到 10 人,从预习检测结果发现,资源选取基本符合学生预习需求,进一步加强培养学生自主学习能力,暴露出的薄弱点正是本课的重点和难点内容,符合课前预设			

续表

<table>
<tr><td colspan="5">课前:精准化教学预设</td></tr>
<tr><td colspan="5">(一) 教学目标预设</td></tr>
<tr><td>1. 课标单元要求原文</td><td colspan="4">通过本单元学习,学生能够认识平面直角坐标系,能够通过平面直角坐标系描述图形的位置与运动;形成推理能力,发展空间观念和几何直观</td></tr>
<tr><td>2. 课标课时要求原文</td><td colspan="4">理解平面直角坐标系的有关概念,能画出直角坐标系,在给定的直角坐标系中能根据坐标描出点的位置、由点的位置写出它的坐标</td></tr>
<tr><td>3. 教学重点及难点</td><td colspan="4">教学重点:理解点的坐标的含义,会由点确定坐标,以及由坐标描点。
教学难点:理解建立平面直角坐标系的必要性,体会平面直角坐标系中点与坐标的一一对应关系</td></tr>
<tr><td>4. 基础性教学目标</td><td colspan="4">通过预习、学习、讨论、总结、练习、反馈等方式,理解点的坐标的含义,会由点确定坐标,以及由坐标描点,实现数形结合思想和几何直观等核心素养的提升</td></tr>
<tr><td>5. 拓展性教学目标</td><td colspan="4">通过讨论、分类等小组合作活动,学生进一步探索平面直角坐标系及点的特征,实现推理能力和模型观念等核心素养的提升</td></tr>
<tr><td colspan="5">(二) 教学资源预设</td></tr>
<tr><td colspan="5">视频资源:预习视频《平面直角坐标系》(来自云资源),导入视频《坐标系的历史》(个人上传);
PPT 课件资源:授课课件(个人上传)、本课课堂小结课件(来自云平台);
互动资源:题库出题练习(来自题库选题)、分类活动-象限内的点(个人编辑);
作业试题资源:分层个性化试题作业(来自题库选题+自行命题上传)</td></tr>
<tr><td colspan="5">(三) 教学策略预设</td></tr>
<tr><td colspan="5">(1) 课前:微课预习+检测题。
(2) 课中:课前展示:生生互动,回顾旧知;激情引趣:视频引入,历史导入;合作探究:知识点总结、生成、练习突出重点。小组讨论突破难点;当堂检测:通过系统小测,进一步巩固重点;课堂小结:通过课堂小结,梳理知识。
(3) 课后:通过分层布置个性化作业使本课知识点掌握不同程度的学生均能针对性提升</td></tr>
<tr><td colspan="5">课中:智能化课堂实施</td></tr>
<tr><td>教学环节</td><td>问题设置</td><td>学生任务</td><td>资源及手段利用</td><td>对应教学目标及作用</td></tr>
<tr><td>课前展示</td><td>(1) 在平面内,确定一个物体的位置一般需要几个数据?
(2) 数轴三要素是什么?</td><td>(1) 课前展示的同学提前与老师沟通准备需要复习的知识点,确定题目,组织课前展示,呈现问题,并给予点评与加分;
(2) 选取适当的方法,组织课前展示活动;
(3) 班级同学回忆之前所学的内容,完成课前展示同学提出的问题,并进行自评与互评</td><td>畅言智课互动功能之全体答题</td><td>回顾旧知,为基础性目标做准备</td></tr>
</table>

续表

<table>
<tr><td>激情引趣</td><td>你知道平面直角坐标系的起源吗?</td><td>(1) 进入情境,独立体会平面直角坐标系的历史演变进程;
(2) 感受平面直角坐标系学习的必要性</td><td>畅言智课互动功能之屏幕推送视频</td><td rowspan="2"></td></tr>
<tr><td>合作探究</td><td>什么是平面直角坐标系、象限、点坐标?</td><td>学生回顾、回答问题</td><td>畅言智课互动功能之抢答、PPT 课件展示、畅言智课互动功能之随机选取、畅言智课互动功能之分组答题、畅言智课互动功能之全体答题</td></tr>
<tr><td rowspan="2">合作探究</td><td>平面直角坐标系中点与有序实数对有何关系?</td><td>小组讨论:回顾点和坐标的关系,用自己的语言描述点与坐标的关系</td><td>PPT 课件展示</td><td rowspan="2">达成拓展性目标,理解建立平面直角坐标系的必要性,体会平面直角坐标系中点与坐标的一一对应关系</td></tr>
<tr><td>各象限坐标、坐标轴上的点有何特点?</td><td>(1) 思考完成分类活动,并根据答案指导找到正确结果;
(2) 小组为单位,探究各象限及坐标轴上点的特征,并从定义出发进行简单阐述</td><td>畅言智课活动之分类活动、畅言智课互动功能之抢答、全体答题</td></tr>
<tr><td rowspan="2">课堂小结、当堂练习</td><td>本节主要学习了哪些知识点?你有什么收获</td><td>学生绘制思维导图</td><td>PPT 课件展示</td><td rowspan="2">通过即时互动报告反馈,了解学生本节知识点掌握情况,为个性化作业布置提供数据依据</td></tr>
<tr><td>本节知识是否已经掌握?</td><td>学生完成相关练习</td><td>畅言智课题库出题练习</td></tr>
<tr><td colspan="5">课后:个性化作业辅导</td></tr>
<tr><td>1. 个性化布置与批改</td><td colspan="4">(1) 个性化作业:根据课堂反馈报告,发现基础知识掌握情况良好,而本课重难点内容还有部分学生存在问题,针对重难点知识点掌握不到位的学生选择关于绘制平面直角坐标系并找点的试题单独布置练习作业,对掌握较好的学生选择 3 道难度水平为中等和 2 道难度水平为困难的试题单独布置练习作业,设置完成时间为当天晚上 8:30 之前;教师批改后,有错误的学生需要完成订正。
(2) 实践作业:利用周末时间,以学校为坐标原点,正东和正北方向为正方向,建立适当的直角坐标系,选择适当的比例尺,表示出本组同学家所在点。教师点评后无须订正</td></tr>
<tr><td>2. 个性化辅导与答疑</td><td colspan="4">通过作业批阅和报告反馈,了解班级错误率较高的知识点和相关知识点存在问题的学生,录制该知识点讲解微课或试题讲评微课,并在批改订正界面推送给有错误的学生</td></tr>
</table>

续表

课后:多元化学习评价	
1. 课堂评价	利用畅言智课点赞功能,对课堂中发言踊跃、活动积极、回答正确的个人或小组点赞并灵活运用教师评价、学生评价等多种评价方式
2. 作业评价	利用作业中心教师批阅功能,评选优秀学生作业,并对进步学生和待进步学生进行语音或文字评价
3. 单元评价	无
课后:全景化教学反思	
1. 目标预设精准度	教学目标设置符合新课标相关要求,充分体现了学科基本素养,涵盖了不同层次学生的最近发展区需求
2. 难点预设准确度	难点预设结合教师多年经验,参考预习学习单报告反馈,基本和学生实际相符合
3. 资源采编合理度	本课预习资源符合学生基本需求,课上资源符合学生认知规律,课后资源符合学生个性特点,所有资源的开发和应用,既充分发挥智慧教育信息化辅助教学功能,又充分考虑学生的基础学情,资源利用相对合理
4. 互动与目标匹配度	所有互动设置均与目标要求相匹配,能有效提高学生的学习参与率,有助于提高学生学习兴趣和达成教学目标
5. 数据回收利用度	通过课前测数据指导难点突破、通过课上练数据指导作业布置、通过课后作业数据指导再复习,基本形成了数据采集—分析—利用—再采集的循环应用闭环
6. 作业布置适切度	作业布置参考课堂数据报告,体现个性化差异,实施分层布置策略,辅以针对性批改和评价、辅导,既符合减负要求,又满足各层次学生提升需求
7. 本节设计改进处	本节教学活动未能全部放手给学生展示的机会,应进一步优化设计,提高效率,适当放手,让学生更多地展示、分享;另外,部分学生预习不充分,应针对个别学习能力不强的学生进一步督促

附录 6　智慧课堂数学学科复习课课例设计

学校名称	沈阳市博才初级中学	授课年级	七年级	授课教师　马云晶
课例基本信息				
教材版本	北京师范大学出版集团			
章节名称	第三章　整式及其加减			
课时名称	第五节　探索与表达规律			
基于学习报告的学情分析				
1. 知识点掌握情况分析	通过本阶段历次学习报告和教师数据资产平台中学情总览(畅言智课)的统计数据得知,7 年级 6 班的“图形规律问题”和“数式规律问题”这两个知识点的班级整体掌握程度为 71.3%,需作为重难点问题集中处理,体会代数推理的特点和作用,解决薄弱知识点			

续表

2. 单元成绩分布分析	根据本阶段历次练习和作业报告数据得知,36 人达到合格以上水平(含 16 人优秀),8 人还未合格,需重点关注该部分学生,找出原因,帮助其解决困难
3. 作业完成及提交情况分析	每次作业提交率均为 97%以上,订正率不足 50%,平均时长低于 15 分钟,需关注学生二次订正完成情况
4. 学生学习态度分析	通过教师数据资产平台中的学生对比分析数据得知,班级大部分学生在互动参与率、作业提交率和得分率方面均超过年级平均水平,但在资源查看和自主学习方面却低于年级平均水平,说明学生在被动学习方面表现突出,但主动学习较差,应引导学生多开展自主学习
课前:精准化教学预设	
(一) 教学目标预设	
1. 课标单元要求原文	(1) 经历数与代数的抽象、运算与建模等过程,掌握数与代数的基础知识和基本技能; (2) 建立数感、符号意识,初步形成运算能力,发展抽象思维; (3) 体验从具体情境中抽象出数学符号的过程,理解代数式,掌握必要的运算技能; (4) 探索具体问题中的数量关系和变化规律,掌握用代数式进行表述的方法; (5) 通过用代数式表述数量关系的过程,体会模型的思想,建立符号意识; (6) 借助现实情境了解代数式,进一步理解用字母表示数的意义; (7) 能分析简单问题中的数量关系,并用代数式表示; (8) 会求代数式的值,能根据特定的问题查阅资料,找到所需要的公式,并会代入具体的值进行计算; (9) 理解整式的概念,掌握合并同类项和去括号的法则,能进行简单的整式加法和减法运算
2. 课标课时要求原文	能分析简单问题的数量关系,并用代数式表示
3. 教学重点及难点	探索实际问题中蕴含的关系和规律,用字母、运算符号表示一般规律
4. 基础性教学目标	通过复习,学生寻找不同的规律,进而用字母表示并借助运算验证一般规律,把学过的知识系统化,使这些知识在学生头脑中组成“问题串”。结合学生实际,通过复习能够做到查缺补漏,扬长补短
5. 拓展性教学目标	通过复习,学生探索具体问题中的一般规律及解释具体问题中的现象或规律,数量关系的规律比较容易发现,问题重心在于用字母表示并借助运算将具体规律推广到一般
(二) 教学资源预设	
视频资源:薄弱知识点精讲微课(教师平板自行录制); 图片资源:本章知识点总结思维导图(畅言智课云资源中心获取); 试题资源:薄弱知识点专项练习题(智学网精准教学模块薄弱点专练手动选题);本章所涉及中考真题训练(智学网选题组卷模块知识点/同步组卷选取合适的历年真题); 其他资源:电子教材(畅言智课自带)、PPT 复习课件(自制)	

续表

<table>
<tr><td colspan="5">（三）教学策略预设</td></tr>
<tr><td colspan="5">(1) 课前：通过薄弱知识点精讲微课，弥补知识不足，通过薄弱知识点专项练习题实现重难点突破，提升学生自学能力和独立思考能力，教师根据反馈报告设置学生分层。
(2) 课中：通过电子教材引导、学生梳理本章主要知识点，通过分组讨论、合作学习等活动，达到查缺补漏、架构知识网络的基础性目标；通过精选阶段性真题的训练和讲评，提高学生分析和解决问题的能力，达成拓展性目标。
(3) 课后：通过共性作业实现全体学生的知识巩固，通过分层布置个性化作业使本课知识点掌握不同程度的学生均能达到针对性提升</td></tr>
<tr><td colspan="5">课中：智能化课堂实施</td></tr>
<tr><td>教学环节</td><td>问题设置</td><td>学生任务</td><td>资源及
手段利用</td><td>对应教学
目标及作用</td></tr>
<tr><td>精讲精练、
突破重点难点</td><td>通过归纳图形规律问题与数式规律问题，思考现阶段存在哪些困惑？（针对预习报告不合格学生提问）</td><td>学生独立思考并回答问题</td><td>利用薄弱知识点精讲微课视频和薄弱知识点专项练习题布置预习作业并查看作业报告了解还未掌握学生情况，利用畅言智课分层选人功能（提前根据预习报告设置学生分层）</td><td>提升学生自学能力和独立思考能力，达成拓展性目标</td></tr>
<tr><td>系统梳理、
架构知识
概括</td><td>请同学们根据课例内容分组讨论，每个小组共同完成所有问题，并保证所有同学都能在本节课中学有收获</td><td>学生通过分组讨论、合作学习等活动一起完成图形规律与数式规律问题</td><td>利用 PPT 引导学生归纳探索与表达规律的问题，利用畅言智课学生讲功能展示学生思维进行小组互评，利用 PPT 展示教师制作的归纳内容，帮助学生完善知识体系</td><td>达成查缺补漏、归纳总结的基础性目标</td></tr>
<tr><td>习题链接、
实现巩固提升</td><td>请同学们完成阶段性习题演练</td><td>学生通过在线答题完成当堂检测内容</td><td>利用精选阶段性习题的训练和讲评，使学生了解中考命题方向和评分标准</td><td>提高学生分析和解决问题的能力，达成拓展性目标</td></tr>
<tr><td colspan="5">课后：个性化作业辅导</td></tr>
<tr><td>1. 个性化布置
与批改</td><td colspan="4">(1) 共性作业：以线上作业形式在资源库中选取并布置本章综合复习检测卷一套，教师批改后，有错误的学生需要完成订正，实现全体学生的知识巩固。
(2) 个性化作业：根据课堂反馈报告，针对重难点知识点掌握相对较差的学生选择 5 道难度水平为容易的试题单独布置练习作业，对于掌握较好的学生选择 3 道难度水平为中等和 2 道难度水平为困难的试题单独布置练习作业，设置完成时间为 1 天之内；教师批改后，有错误的学生需要完成订正，通过分层布置个性化作业使本课知识点掌握不同程度的学生均能得到针对性提升</td></tr>
<tr><td>2. 个性化辅导
与答疑</td><td colspan="4">通过作业批阅和报告反馈，了解班级错误率较高的知识点和相关知识点存在问题的学生，录制该知识点讲解微课或试题讲评微课，并在批改订正界面推送给有错误的学生</td></tr>
</table>

续表

课后:多元化学习评价	
1. 课堂评价	利用畅言智课点赞功能,对课堂中发言踊跃、活动积极、回答正确的个人或小组点赞并灵活运用教师评价、小组评价等多种评价方式
2. 作业评价	利用作业中心教师批阅功能,评选优秀学生作业,并对进步学生和待进步学生进行语音或文字评价
3. 单元评价	根据相关报告情况对学生阶段学习出现的问题进行总结,出现的亮点进行鼓励;利用畅言智课光荣榜功能,对本阶段积分较高学生给予适当表彰;根据教师数据资产平台中的学生对比分析数据,对各方面表现突出的学生公开表扬
课后:全景化教学反思	
1. 目标预设精准度	教学目标设置符合新课标相关要求,充分体现了学科基本素养,涵盖了不同层次学生的最近发展区需求
2. 难点预设准确度	难点预设结合教师多年经验,参考预习学习单报告反馈,基本和学生实际相符合
3. 资源采编合理度	资源利用相对合理,既充分发挥智慧课堂的信息化辅助教学功能,又符合学生的认知规律和学情特点
4. 互动与目标匹配度	所有互动设置均与目标要求相匹配,能有效提高学生的学习参与率,有助于提高学生学习兴趣和达成教学目标
5. 数据回收利用度	通过课前测数据指导难点突破、通过课上练数据指导作业布置、通过课后作业数据指导再复习,基本形成了数据采集—分析—利用—再采集的循环应用闭环
6. 作业布置适切度	作业布置参考课堂数据报告,既有考虑全体,又体现个性化差异,辅以针对性批改和评价、辅导,既符合减负要求,又满足各层次学生提升需求
7. 本节设计改进处	本节课小组合作后出现个别学生没有积极参与的情况、教师巡查不及时等问题,需要在小组角色分工、小组长协调指挥和教师进组巡查等方面进一步加强

附录 7　智慧课堂数学学科讲评课课例设计

学校名称	沈阳市博才初级中学	授课年级	七年级	授课教师　崔丽轩
课例基本信息				
教材版本	北京师范大学出版社			
章节名称	第一章　丰富的图形世界　　第二章　有理数及其运算　　第三章　整式及其加减			
课时名称	七年级阶段性学情评估数学试卷讲评课			
课前:精准化学情分析(讲评课)				
基于诊断性测验的学情分析				
1. 基础学情分析	学生拥有一定的自主学习能力,能熟练运用学生平板参与智慧课堂学习,且通过一段时间的考前复习大多掌握前三章的知识点,有利于更好地学习本节内容			

续表

2. 预习资源分析	讲评阶段性评估试卷(来源于智学网题库选题),有利于学生快速掌握基础知识,选取和编制不同难度水平的测试题(来自题库资源),有利于检测学生预习成果,了解学习困难情况,以便调整教学难点和教学设计
3. 检测结果分析	通过智学网大数据分析,此次考试班级学生知识点普遍掌握较好,问题主要出现在以下几道题,16 题数字规律问题未掌握学生最多(得 0～1 分的有 37 人,2～3 分的有 8 人),22 题有理数加减混合运算(失分多的有 23 人),24 题列代数式求值(失分多的有 20 人),10 题数轴绝对值分类讨论(20 人 0 分),从检测结果发现,资源选取基本符合学生预习需求,需要加强培养学生自主学习能力,暴露出的薄弱点正是章节的重点和难点内容,符合考前预设。以上信息为试卷讲评提供了极大便利
课前:精准化教学预设	
(一) 教学目标预设	
1. 课标单元要求原文	通过实物和具体模型,了解从物体抽象出来的几何体、平面、直线和点等;理解有理数、相反数和绝对值、乘方的意义,理解有理数的运算律,能运用有理数的运算解决简单的问题;借助现实情境了解代数式,进一步理解用字母表示数的意义,能分析简单问题中的数量关系,并用代数式表示,会求代数式的值
2. 课标课时要求原文	(1) 通过实物和具体模型,了解从物体抽象出来的几何体、平面、直线和点等; (2) ① 理解有理数的意义,能用数轴上的点表示有理数,能比较有理数的大小;② 借助数轴理解相反数和绝对值的意义,掌握求有理数的相反数与绝对值的方法,知道 $\|a\|$ 的含义;③ 理解乘方的意义,掌握有理数的加、减、乘、除、乘方及简单的混合运算;④ 理解有理数的运算律,能运用运算律简化运算;⑤ 能运用有理数的运算解决简单的问题; (3) ① 借助现实情境了解代数式,进一步理解用字母表示数的意义;② 能分析简单问题中的数量关系,并用代数式表示;③ 会求代数式的值,并会代入具体的值进行计算
3. 教学重点及难点	数轴绝对值分类讨论思想,有理数加减混合运算实际应用,列代数式求值,找规律问题
4. 基础性教学目标	通过试卷讲评和个性化学习手册的学习,夯实基础,建立数感、符号意识,初步形成运算能力,发展形象思维与抽象思维
5. 拓展性教学目标	通过试卷讲评、小组讨论学习等方式,学生学会与他人合作交流,积极参与数学活动,体验获得成功的乐趣,锻炼克服困难的意志,建立自信心,实现探究实践和态度责任等核心素养的提升
(二) 教学资源预设	
PPT 课件资源:授课课件(个人上传)、本次考试分析总结(来自智学网); 互动资源:题库出题练习(来自题库选题);分层个性化手册作业(来自智学网)	
(三) 教学策略预设	
(1) 课前:改正试卷+个性化学习手册,学生提前预习。 (2) 课中:通过大数据分析讲解学生共性错误、学生小组展示交流、小组讨论等活动达成基础性目标;通过个性化学习手册达成拓展性目标;通过个性化学习手册实现当堂知识点掌握情况反馈。 (3) 课后:通过分层布置个性化作业使本课知识点掌握不同程度的学生均能达到针对性提升,促进其核心素养提升	

续表

课中:智能化课堂实施				
教学环节	问题设置	学生任务	资源及手段利用	对应教学目标及作用
成绩分析,整体把握	分析试卷	找出自己错题对应的知识点	智学网大数据分析,结合两次考试成绩,观察成绩变化走势,发现近一阶段数学学习情况	有助于每位同学更有针对性地进入下一轮的学习,智学网提供的大数据可以帮助老师快速掌握班级整体情况和每位学生测试情况
共性问题,深入研讨	第 10、16、22、24 题	学生合作探究,整合结论,投影分享解答过程	投影仪,大屏幕	基础性教学目标,学生解答问题过程中思维不严谨,引导学生认真解答,书写规范
讲练结合,深化认知	个性化学习手册	学生思考运算	投影仪,大屏幕	讲练结合深化学生对知识的认识,利用个性化手册中推荐给全班同学的巩固题进行高频重点考点练习
整理归纳,方法提升	本节课你有什么收获?	学生思考总结	智学网	通过即时互动报告反馈,了解学生本节掌握情况,充分合理地运用智学网教学平台和个性化学习手册对数学教学能起到事半功倍的作用

附录 8　智慧课堂数学学科专题课课例设计

学校名称	沈阳市博才初级中学	授课年级	九年级	授课教师　许杨
课例基本信息				
教材版本	北京师范大学出版社			
章节名称	第二章　一元二次方程			
课时名称	专题课:应用一元二次方程解决利润问题			
基于学习报告的学情分析				
1. 知识点掌握情况分析	通过本阶段历次学习报告和教师数据平台中学情总览(畅言智课)的统计数据得知,学生对于应用一元二次方程解决利润问题准确率偏低,学生关于利润的等量关系,以及如何在很多条件中提取有用的信息解决问题,建立方程模型的能力仍需提升			
2. 单元成绩分布分析	根据本阶段性检测报告数据得知,全班 36 人全部参与,等级 A 级的 3 人,B 级 11 人,C 级 12 人,D 级 10 人。C 级人数最多。由此说明,学生成绩为合格占比最多。而优秀人数较少,良好和不合格人数较多。不合格的同学,应多关注,找出原因,解决学习上的困难			

续表

3. 作业完成及提交情况分析	针对本专题留了预学作业，设置为24小时内完成，允许补交。2名同学补交。从完成的时间上来看，预计20分钟完成。最快的3分13秒提交，最慢的29分14秒提交。一般在20分钟左右完成。二次订正的人数不足50%，教学中应关注二次订正的情况，并督促学生尽快完成
4. 学生学习态度分析	大部分同学的学习态度比较认真，按时完成，保质保量；也有一部分同学学习态度不够端正，学习报告中五分钟之内完成的同学，有4人，选择题基本靠蒙，大题根本不写。这些同学阶段性检测成绩均为D。要帮助他们树立学习的信心，提高学习的兴趣
课前：精准化教学预设	
（一）教学目标预设	
1. 课标单元要求原文	能根据现实情境理解方程的意义，能针对具体问题列出方程，根据具体问题的实际意义，检验方程解的合理性
2. 课标课时要求原文	以一元二次方程解决实际问题为载体，使学生初步掌握数学建模的基本方法，使学生学会分析问题，找出题目中的等量关系
3. 教学重点及难点	教学重点：能够利用一元二次方程解决利润问题；教学难点：分析和建模的过程
4. 基础性教学目标	通过分析问题中的数量关系，建立方程解决问题，认识方程模型的重要性，并总结运用方程解决利润问题的一般过程
5. 拓展性教学目标	经历分析和建模的过程，进一步体会方程是刻画现实世界数量关系的有效数学模型；能够根据具体问题的实际意义讨论结果的合理性，总结出解决利润问题的一般步骤
（二）教学资源预设	
视频资源：利润问题精讲微课（教师平板自行录制）； 图片资源：商场销售场景（去中街实景拍摄）； 试题资源：利润问题专项练习题（智学网精准教学模块薄弱点专练手动选题）； 其他资源：电子教材（畅言智课自带）、PPT专题课件（自制）	
（三）教学策略预设	
(1) 课前：针对利润问题精讲微课，弥补知识不足，通过利润问题专项练习题实现重难点突破，提升学生自学能力和独立思考能力，教师根据反馈报告设置学生分层，选出负责主持课前展示的同学。 (2) 课中：运用PPT，向学生展示生活中利润实际问题，通过分组讨论、合作学习等活动，达成分析问题中的数量关系建立方程解决问题这个基础性目标；通过精选中考真题的训练和讲评，小组PK，提高学生分析和解决问题的能力，达成拓展性目标。 (3) 课后：通过共性作业实现全体学生的知识巩固，通过分层布置个性化作业使本节课知识点掌握不同程度的学生均能针对性提升	

续表

课中:智能化课堂实施				
教学环节	问题设置	学生任务	资源及手段利用	对应教学目标及作用
课前展示 师生共评	利润问题当中的等量关系有哪些?	一名小主持人负责使用PPT提出问题,设置抢答、随机选人来回答问题。其他学生独立思考,抢答,回答	PPT展示问题,智慧课堂中抢答,随机选人的功能,小主持人应用得非常熟练。其他同学独立思考,抢答或回答	提升学生自学能力和独立思考能力,达成拓展性目标
激情引趣 生活场景再现	通过商场销售的场景,激发学生学习兴趣	观看图片,完成提出的问题	将图片加入教学课件中,并配以典型例题,给学生以直观感受	激发学生的学习兴趣,体会到数学来源于生活,并应用于生活。学以致用,达成基础性目标
合作探究 生成新知	难度逐渐递进的三道例题,让学生尝试解答	学生小组合作完成,全班作答	教师在课件上展示例题,学生利用学生机拍照上传答案。并讲解,给出示范	在分组讨论合作学习中,达成分析问题中的数量关系建立方程解决问题这个基础性目标
思维建构 归纳总结	通过以上习题,总结解决利润问题的一般步骤	独立思考,随机选人	利用随机选人功能,选出同学回答问题	面向全体同学,达成总结出解决利润问题的一般步骤这一拓展性目标
专题训练 巩固提升	请同学们完成中考真题演练	学生完成真题演练	利用小组PK赛的方式对学生的掌握情况进行考查	学生能够在解决利润问题时建立数学方程这一数学模型,迅速准确作答,达成拓展性目标
个性化辅导 与答疑	通过作业批阅和报告反馈,对于利润问题仍然错误率较高的学生,录制该知识点讲解微课或试题讲评微课,并把批改订正界面推送给有错误的学生			
课后:多元化学习评价				
1. 课堂评价	利用畅言智课点赞功能,对课堂中发言踊跃、活动积极、回答正确的个人或小组点赞并灵活运用教师评价、小组评价等多种评价方式			
2. 作业评价	利用作业中心教师批阅功能,评选优秀学生作业,并对进步学生和待进步学生进行语音或文字评价			
3. 单元评价	根据相关报告情况对学生阶段学习出现的问题进行总结,出现的亮点进行鼓励;利用畅言智课光荣榜功能,对本阶段积分较高学生给予适当表彰;根据教师数据资产平台中的学生对比分析数据,对各方面表现突出学生公开表扬			

续表

课后:全景化教学反思	
1. 目标预设精准度	教学目标设置符合新课标相关要求,充分体现了学科基本素养,涵盖了不同层次学生的最近发展区需求
2. 难点预设准确度	难点预设结合课标要求,参考预习学习单报告反馈,基本和学生现实相符合
3. 资源采编合理度	资源利用相对合理,既充分发挥智慧课堂的信息化辅助教学功能,又符合学生的认知规律和学情特点
4. 互动与目标匹配度	所有互动设置均与目标要求相匹配,能有效提高学生的学习参与率,有助于提高学生学习兴趣和达成教学目标
5. 数据回收利用度	通过课前测数据指导难点突破、通过课上练数据指导作业布置、通过课后作业数据指导再复习,基本形成了数据采集—分析—利用—再采集的循环应用闭环
6. 作业布置适切度	作业布置参考课堂数据报告,既有考虑全体,又体现个性化差异,辅以针对性批改和评价、辅导,既符合减负要求,又满足各层次学生提升需求
7. 本节设计改进处	本节课随机作答时选取的名单是全体学生。那么对于有的有点难度的问题,学困生被选中,而他无法回答这个问题,学生尴尬,也降低课堂效率。对于这些学生,应有针对性的辅导。对于某些问题,选择分层选人这个互动方式,提问也分层次,体现分层教学,因材施教,效果会更好

附录9 智慧课堂物理学科新授课课例设计(一)

学校名称	尚品东越学校	授课年级	八年级	授课教师 王可欣
课例基本信息				
教材版本	人民教育出版社			
章节名称	第六章 质量与密度			
课时名称	第1节 质量			
课前:精准化学情分析				
基于诊断性测验的学情分析				
1. 基础学情分析	学生大多拥有关于质量的前概念,拥有一定的自主学习能力,能熟练运用学生平板参与智慧课堂学习,且通过课前预习能基本了解质量的概念,有利于更好地学习本节内容			
2. 预习资源分析	选择微课视频《质量情景引入》(来自畅言资源中心),有利于学生快速掌握基础知识,选取和编制5道不同难度水平的测试题(来自智学网题库资源),有利于检测学生预习成果,了解学习困难,以便调整教学难点和教学设计。以上资源进行全班推送,要求完成时间均控制在5分钟之内			
3. 检测结果分析	新知识点质量的含义和托盘天平的使用,学生的预习效果不是那么好,错误前概念影响了新知识的学习。从预习检测结果发现,学生对细节把控不够精准,资源选取基本符合学生预习需求,暴露出的薄弱点正是本课的重点和难点内容,符合课前预设			

续表

<table>
<tr><td colspan="5">课前：精准化教学预设</td></tr>
<tr><td colspan="5">（一）教学目标预设</td></tr>
<tr><td>1. 课标单元要求原文</td><td colspan="4">这部分内容的设计旨在引导学生从物理学的视角认识物质世界，了解身边物质的形态和变化，了解物质的属性、结构与物质世界的尺度，初步形成物质观念；引导学生学习科学研究方法，提升科学探究能力，体会科学、技术、社会、环境之间的关系，形成辩证唯物主义世界观和关心环境、保护环境的责任感</td></tr>
<tr><td>2. 课标课时要求原文</td><td colspan="4">知道质量的含义。会测量固体和液体的质量</td></tr>
<tr><td>3. 教学重点及难点</td><td colspan="4">教学重点：质量的概念和质量的单位及其单位间的换算，以及利用天平测量质量。
教学难点：利用天平测量质量，“质量是物体的属性”的探究</td></tr>
<tr><td>4. 基础性教学目标</td><td colspan="4">通过资料收集、讨论交流、观看视频等方式，使学生们知道质量的初步概念及其单位，会进行常用单位的换算。认识质量是不随物体的形状、状态及所处的空间位置变化而变化。初步了解托盘天平的结构。让学生初步形成物质观念，形成辩证唯物主义世界观</td></tr>
<tr><td>5. 拓展性教学目标</td><td colspan="4">通过小组讨论、合作探究、动手实验等方式，使学生能够对实验的结果进行科学的分析，对实验中的问题能独立解决，能培养学生良好的习惯和科学素养</td></tr>
<tr><td colspan="5">（二）教学资源预设</td></tr>
<tr><td colspan="5">视频资源：导入视频《古人如何称重》（云资源）、拓展视频《太空中如何测量质量》（来自云资源）；
图片资源：托盘天平（来自畅言资源中心）；
PPT 课件资源：授课课件（畅言资源中心）；
互动资源：题库出题练习（来自题库选题）；
作业试题资源：分层个性化试题作业（来自题库选题＋自行命题上传）</td></tr>
<tr><td colspan="5">（三）教学策略预设</td></tr>
<tr><td colspan="5">(1) 课前：微课预习＋知识点问题自测，学生提前收集相关资料。
(2) 课中：通过视频导入预设情景、学生小组展示交流课前收集资料、小组讨论等活动达成基础性目标；通过实验比赛、小组竞赛等活动达成拓展性目标；通过题库出题练习互动实现当堂知识点掌握情况反馈。
(3) 课后：通过分层布置个性化作业使本课知识点掌握不同程度的学生均能达到针对性提升，通过项目式学习，让学生参与社会实践促进其核心素养提升</td></tr>
<tr><td colspan="5">课中：智能化课堂实施</td></tr>
<tr><td>教学环节</td><td>问题设置</td><td>学生任务</td><td>资源及手段利用</td><td>对应教学目标及作用</td></tr>
<tr><td rowspan="3">设置情境、导入新课</td><td>质量的定义是什么?</td><td rowspan="3">学生展示交流课前收集资料</td><td rowspan="3">畅言智课互动功能之屏幕推送视频、PPT 课件展示、畅言智课互动功能之随机选人、学生讲、PK 板</td><td rowspan="3">达成基础性目标，知道质量的含义和单位，初步了解托盘天平的构造及使用</td></tr>
<tr><td>生活中常见的质量单位有哪些?</td></tr>
<tr><td>生活中用什么工具测量质量呢?</td></tr>
</table>

续表

<table>
<tr><td rowspan="5">自主学习、探索新知</td><td>还有哪些质量单位,单位之间的换算是怎样的?</td><td rowspan="3">学生讨论、回答问题</td><td rowspan="5">畅言智课互动功能之讨论、PPT 课件展示、畅言智课互动功能之分层选人、PK 板</td><td rowspan="5">达成拓展性目标,使学生能够对实验的结果进行科学的分析,对实验中的问题能独立解决</td></tr>
<tr><td>实验室中常用的测量质量的工具是托盘天平,它有哪些构造?</td></tr>
<tr><td>托盘天平应该如何使用?有哪些步骤需要注意?</td></tr>
<tr><td>能否用最快的速度准确地用托盘天平测出铁块的质量?</td><td>学生动手进行实验操作</td></tr>
<tr><td>使用托盘天平时,有哪些地方会产生误差?</td><td>学生讨论、回答问题。</td></tr>
<tr><td rowspan="2">课堂小结、当堂练习</td><td>本节主要学习了哪些知识点?你有什么收获?</td><td>学生绘制思维导图</td><td>PPT 课件展示,学生讲功能</td><td rowspan="2">通过即时互动报告反馈,了解学生本节知识点掌握情况,为个性化作业布置提供数据依据</td></tr>
<tr><td>本节知识是否已经掌握?</td><td>学生完成相关练习</td><td>畅言智课全班作答、题库出题练习互动 PK 作答</td></tr>
<tr><td>1. 个性化布置与批改</td><td colspan="4">(1) 个性化作业:根据课堂反馈报告,发现基础知识掌握情况良好,而本课重难点内容还有部分学生存在问题,针对重难点知识点掌握不到位的学生选择 5 道难度水平为容易的试题单独布置练习作业,对于掌握较好的学生选择 3 道难度水平为中等和 2 道难度水平为困难的试题单独布置练习作业,设置完成时间为当天晚上 8:30 之前;教师批改后,有错误的学生需要完成订正。
(2) 实践作业:利用周末时间,感受身边的物体的质量,分别找出质量大约为 1 g、5 g、10 g、100 g、500 g、1000 g 的物品,拍照上传,教师点评后无须订正</td></tr>
<tr><td>2. 个性化辅导与答疑</td><td colspan="4">通过作业批阅和报告反馈,了解班级错误率较高的知识点和相关知识点存在问题的学生,推送该知识点讲解微课或试题讲评微课,并在批改订正界面推送给有错误的学生</td></tr>
<tr><td colspan="5">课后:多元化学习评价</td></tr>
<tr><td>1. 课堂评价</td><td colspan="4">利用畅言智课点赞功能,对课堂中发言踊跃、活动积极、回答正确的个人或小组点赞并灵活运用教师评价、学生评价等多种评价方式</td></tr>
<tr><td>2. 作业评价</td><td colspan="4">利用作业中心教师批阅功能,评选优秀学生作业,并对进步学生和待进步学生进行语音或文字评价</td></tr>
</table>

续表

课后:全景化教学反思	
1. 目标预设精准度	教学目标设置符合新课标相关要求,充分体现了学科基本素养,涵盖了不同层次学生的最近发展区需求
2. 难点预设准确度	难点预设结合教师多年经验,参考预习学习单报告反馈,基本和学生实际相符合
3. 资源采编合理度	本课预习资源符合学生基本需求,课上资源符合学生认知规律,课后资源符合学生个性特点,所有资源的开发和应用,既充分发挥了智慧教育信息化辅助教学功能,又充分考虑了学生的基础学情,资源利用相对合理
4. 互动与目标匹配度	所有互动设置均与目标要求相匹配,能有效提高学生的学习参与率,有助于提高学生学习兴趣和达成教学目标
5. 数据回收利用度	通过课前测数据指导难点突破、通过课上练数据指导作业布置、通过课后作业数据指导再复习,基本形成了数据采集—分析—利用—再采集的循环应用闭环
6. 作业布置适切度	作业布置参考课堂数据报告,体现个性化差异,实施分层布置策略,辅以针对性批改和评价、辅导,既符合减负要求,又满足各层次学生提升需求
7. 本节设计改进处	本节教学活动设计较多,造成部分活动时间分配不足,学生未能充分进行教学展示,应进一步优化设计,提高效率;另外,选取的导入视频有部分内容与本节教学内容无关,应精细加工处理后再行使用

附录 10　智慧课堂物理学科课专题课课例设计(二)

学校名称	沈阳市尚品东越学校	授课年级	八年级	授课教师:赵莹
课例基本信息				
教材版本	人民教育出版社			
章节名称	第三章　物态变化			
课时名称	物态变化复习课			
基于学习报告的学情分析				
1. 知识点掌握情况分析	通过本阶段历次学习报告和教师数据资产平台中学情总览(畅言智课)的统计数据得知,8 年级 2 班的第三章知识点整体掌握程度为 67%,薄弱知识点有 1 个,需将薄弱知识加强,夯实全体学生的基础知识			
2. 单元成绩分布分析	根据作业报告数据得知,20 人达到合格以上水平,12 人还未合格,需重点关注未合格学生,找出原因,帮助其解决困难			
3. 作业完成及提交情况分析	每次作业提交率均为 80%以上,得分率在 76.9%,平均时长低于 10 分钟,但订正率较差,需关注学生二次订正完成情况			
4. 学生学习态度分析	通过教师数据资产平台中的学生对比分析数据得知,班级大部分学生在互动参与率、资源查看、作业提交率和得分率方面均超过年级平均水平,大多数学生自主学习较差,应引导学生多开展自主学习			

续表

<table>
<tr><td colspan="5">课前:精准化教学预设</td></tr>
<tr><td colspan="5">(一)教学目标预设</td></tr>
<tr><td>1. 课标单元要求原文</td><td colspan="4">通过本单元的学习,能够了解物质三种状态的相互转换。掌握晶体熔化时温度变化特点及水沸腾时温度变化特点</td></tr>
<tr><td>2. 课标课时要求原文</td><td colspan="4">(1) 描述固、液和气三种物态的基本特征。列举自然界和生活中不同状态的物质其应用。
(2) 说出生活环境中常见的温度值。了解液体温度计的工作原理,会用温度计测量温度。尝试对环境温度问题发表自己的见解。
(3) 经历物态变化的实验探究过程,知道物质的熔点、凝固点和沸点,了解物态变化过程中的吸热和放热现象。用物态变化的知识说明自然界和生活中的有关现象。
(4) 用水的三态变化说明自然界中的一些水循环现象。了解我国和当地的水资源状况,有保护环境和节约用水的意识</td></tr>
<tr><td>3. 教学重点及难点</td><td colspan="4">掌握晶体熔化时温度变化特点及水沸腾时温度变化特点</td></tr>
<tr><td>4. 基础性教学目标</td><td colspan="4">通过复习,学生对本单元的知识点能够熟练地掌握,并能灵活运用,把学过的知识应用到具体生活情境中,结合实际,通过单元复习课能弥补教师在教学中的不足</td></tr>
<tr><td>5. 拓展性教学目标</td><td colspan="4">通过复习,学生在系统掌握知识以外,能深入思考,提高分析和解决问题的能力,进一步培养学生的自学能力,独立思考能力</td></tr>
<tr><td colspan="5">(二)教学资源预设</td></tr>
<tr><td colspan="5">视频资源:薄弱知识点精讲微课;
试题资源:薄弱知识点专项练习题(智学网精准教学模块薄弱点专练手动选题);本章所涉中考真题训练(智学网选题组卷模块知识点/同步组卷选取合适的历年真题);
其他资源:电子教材(畅言智课自带)、PPT 复习课件(自制)</td></tr>
<tr><td colspan="5">(三)教学策略预设</td></tr>
<tr><td colspan="5">(1) 课前:通过梳理知识点夯实基础,提升学生自学能力和独立思考能力,教师根据反馈报告设置学生分层。
(2) 课中:通过分组讨论有关生活中的物态变化现象,并结合知识点进行思维发散训练。
(3) 课后:通过共性作业实现全体学生的知识巩固,通过布置个性化作业使本单元掌握不同程度的学生均能达到针对性提升</td></tr>
<tr><td colspan="5">课中:智能化课堂实施</td></tr>
<tr><td>教学环节</td><td>问题设置</td><td>学生任务</td><td>资源及手段利用</td><td>对应教学目标及作用</td></tr>
<tr><td>系统梳理、架构知识网络</td><td>让学生制作本章的思维导图,请同学谈一谈对本章知识点存在哪些困惑?(针对预习报告不合格学生提问)</td><td>学生独立思考并回答问题</td><td>利用薄弱知识点精讲微课视频和专项练习题布置预习作业并查看作业报告,了解还未掌握学生情况,利用畅言智课分层选人功能(提前根据预习报告设置学生分层)</td><td>弥补不足,夯实基础,达成基础性目标</td></tr>
</table>

续表

<table>
<tr><td>精讲精练、突破重点难点</td><td>精讲例题，重点练习，有错误，通过分组讨论，小组之间解决问题</td><td>学生通过分组讨论、合作学习完成学习</td><td>利用畅言智课全班作答，了解学生掌握情况，通过小组加分的形式，激励学生互相帮助完成例题学习</td><td>培养学生自学能力和独立思考能力</td></tr>
<tr><td>分层达标、实现拓展提升</td><td>举一反三，拓展练习</td><td>认真练习，查缺补漏</td><td>利用随机选人、分层选人使不同学生都得到不同程度的发展</td><td>提高学生分析和解决问题的能力，达成拓展性目标</td></tr>
<tr><td colspan="5">课后：个性化作业辅导</td></tr>
<tr><td>1. 个性化布置与批改</td><td colspan="4">(1) 共性作业：在资源库中选取有关本专题的知识点习题，教师批改后，有错误的学生需要完成订正，实现全体学生的知识巩固。
(2) 个性化作业：根据课堂反馈报告，针对知识点掌握相对较差的学生，通过薄弱知识点精讲微课弥补不足，较好的同学可以进行拓展训练，将生活中实际发生的问题进行分析，培养独立思考能力</td></tr>
<tr><td>2. 个性化辅导与答疑</td><td colspan="4">在作业批阅过程中，可以针对学生的个性问题进行语音讲解，并在批改订正界面推送给有错误的学生</td></tr>
<tr><td colspan="5">课后：多元化学习评价</td></tr>
<tr><td>1. 课堂评价</td><td colspan="4">利用畅言智课点赞功能，对课堂中发言踊跃、活动积极、回答正确的个人或小组点赞，并灵活运用教师评价、小组评价等多种评价方式</td></tr>
<tr><td>2. 作业评价</td><td colspan="4">利用作业中心教师批阅功能，评选优秀学生作业，并对进步学生和待进步学生进行语音或文字评价</td></tr>
<tr><td>3. 单元评价</td><td colspan="4">根据相关报告情况对学生阶段学习出现的问题进行总结，出现的亮点进行鼓励；利用畅言智课光荣榜功能，对本阶段积分较高学生给予适当表彰；根据教师数据资产平台中的学生对比分析数据，对各方面表现突出的学生公开表扬</td></tr>
<tr><td colspan="5">课后：全景化教学反思</td></tr>
<tr><td>1. 目标预设精准度</td><td colspan="4">教学目标设置符合新课标相关要求，充分体现了学科基本素养，涵盖了不同层次学生的最近发展区需求</td></tr>
<tr><td>2. 难点预设准确度</td><td colspan="4">难点预设结合课表要求和学情，参考预习学习单报告反馈，基本和学生实际相符合</td></tr>
<tr><td>3. 资源采编合理度</td><td colspan="4">资源利用相对合理，既充分发挥智慧课堂的信息化辅助教学功能，又符合学生的认知规律和学情特点</td></tr>
<tr><td>4. 互动与目标匹配度</td><td colspan="4">所有互动设置均与目标要求相匹配，能有效提高学生的学习参与率，有助于提高学生学习兴趣和达成教学目标</td></tr>
<tr><td>5. 数据回收利用度</td><td colspan="4">通过课前测数据指导难点突破、通过课上练数据指导作业布置、通过课后作业数据指导再复习，基本形成了数据采集—分析—利用—再采集的循环应用闭环</td></tr>
</table>

续表

6. 作业布置适切度	作业布置参考课堂数据报告，既考虑全体，又体现个性化差异，辅以针对性批改和评价、辅导作业，既符合减负要求，又满足各层次学生提升需求
7. 本节设计改进处	可以充分利用畅言智课的个性化作业，有筛选对学生进行练习，或形成学生专有错题集

附录 11　智慧课堂物理学科新授课课例设计(二)

学校名称	尚品东越学校	授课年级	八年级	授课教师　王可欣
课例基本信息				
教材版本	人民教育出版社			
章节名称	学情评估试卷讲评			
课时名称	学情评估试卷讲评			
课前:精准化学情分析				
基于诊断性测验的学情分析				
1. 基础学情分析	学生基础知识不够扎实，学习被动，不能举一反三。通过学情总览(畅言智课)的统计数据得知，本次学情评估试卷的难度比例是 0 : 8.8 : 1.3，优秀率只有 6.5%，及格率为 61.3%，小孔成像知识点和计算题部分失分较多，需作为重难点问题集中处理，解决薄弱知识点			
2. 预习资源分析	小孔成像视频及选择题两道(来自畅言资源中心)、计算题两道(来自智学网)，让学生在课前自主复习小孔成像的知识点，有利于让学生重新思考计算题的书写步骤，检测学生学习成果，了解学习困难，以便调整教学难点和教学设计。以上资源进行全班推送，要求完成时间控制在 15 分钟之内			
3. 检测结果分析	从预习检测结果发现，学生对于小孔成像知识点的学习水平有所提升，但计算题的书写过程还有一些问题。本节资源选取基本符合教学进度，未掌握相关学习内容的学生稍多，暴露出的薄弱点正是本课的重点和难点内容，符合课前预设			
课前:精准化教学预设				
(一) 教学目标预设				
1. 课标单元要求原文	无			
2. 课标课时要求原文	无			
3. 教学重点及难点	教学重点:计算题步骤标准书写 教学难点:能用光学知识画图解决小孔成像的题目			
4. 基础性教学目标	通过对光沿直线传播知识点的复习、讨论交流、观看视频等方式解决简单的小孔成像题目。通过模仿和练习，能将计算题的步骤书写清楚标准，培养严谨的科学态度			
5. 拓展性教学目标	通过小组讨论、合作探究、动手实验等方式，使学生对实验中的问题能独立解决，能培养学生良好的习惯和科学素养			

续表

<table>
<tr><th colspan="5">（二）教学资源预设</th></tr>
<tr><td colspan="5">视频资源：视频《小孔成像》（畅言资源中心）、拓展视频《针孔照相机》（来自云资源）；
图片资源：小孔成像装置（来自畅言资源中心）；
PPT 课件资源：授课课件（个人上传）；
互动资源：题库出题练习（来自题库选题）；
作业试题资源：分层个性化试题作业（来自题库选题 + 自行命题上传）</td></tr>
<tr><th colspan="5">（三）教学策略预设</th></tr>
<tr><td colspan="5">(1) 课前：微课预习 + 知识点问题自测。
(2) 课中：通过学生小组讨论、自纠互纠达成基础性目标；通过小组比赛、观看视频达成拓展性目标；通过题库出题练习互动实现当堂知识点掌握情况反馈。
(3) 课后：通过分层布置个性化作业使本课知识点掌握不同程度的学生均能达到针对性提升，通过项目式学习，让学生参与社会实践，促进其核心素养提升</td></tr>
<tr><th colspan="5">课中：智能化课堂实施</th></tr>
<tr><th>教学环节</th><th>问题设置</th><th>学生任务</th><th>资源及
手段利用</th><th>对应教学
目标及作用</th></tr>
<tr><td>以错定标，
明确目标</td><td>大家失分最多的题目是哪些呢？</td><td>学生讨论、回答问题</td><td rowspan="3">PPT 课件展示、畅言智课互动功能之随机选人、学生讲、PK 板</td><td rowspan="3">达成基础性目标，落实计算题基本答题步骤，复习光沿直线传播的知识点，能解决简单的问题</td></tr>
<tr><td rowspan="2">合作纠错，
释疑归因</td><td>小组内能不能互相帮助改正自己的错题？</td><td>学生讨论、修改错题</td></tr>
<tr><td>答题的时候你为什么会错呢？</td><td>学生讨论、分享</td></tr>
<tr><td rowspan="3">典例分析，
概括归纳</td><td>这些题目对应的是什么知识点呢？</td><td rowspan="2">学生讨论、回答问题</td><td rowspan="2">畅言智课互动功能之讨论、PPT 课件展示、畅言智课互动功能之分层选人、PK 板</td><td rowspan="5">达成拓展性目标，使学生能够对实验的结果进行科学的分析，对实验中的问题能独立解决</td></tr>
<tr><td>在答题时，有没有什么专门的思路呢？</td></tr>
<tr><td>小组内做题过程最标准的同学是谁呢？</td><td>学生投票、展示</td><td>畅言智课互动功能之投票、学生讲</td></tr>
<tr><td rowspan="2">范例展示，
学习借鉴</td><td>你能完成下面几道典型例题吗？</td><td>小组讨论、共同完成相关练习</td><td>畅言智课全班作答、题库出题练习互动、学生讲</td></tr>
<tr><td>小孔实验成像过程中，如何调整像的大小呢？</td><td>学生动手实验、回答问题</td><td>实验室小孔成像器材</td></tr>
<tr><td rowspan="2">分层训练，
诊断效果</td><td>本节主要学习了哪些知识点？你有什么收获？</td><td>学生绘制思维导图</td><td>PPT 课件展示，学生讲功能</td><td rowspan="2">通过即时互动报告反馈，了解学生本节知识点掌握情况，为个性化作业布置提供数据依据</td></tr>
<tr><td>本节知识是否已经掌握？</td><td>学生完成相关练习</td><td>畅言智课全班作答、题库出题练习互动 PK 作答</td></tr>
</table>

续表

1. 个性化布置与批改	(1) 个性化作业：根据课堂反馈报告，发现基础知识掌握情况良好，而本课重难点内容还有部分学生存在问题，针对重难点知识点掌握不到位的学生选择5道难度水平为容易的试题单独布置练习作业，对于掌握较好的学生选择3道难度水平为中等和2道难度水平为困难的试题单独布置练习作业，设置完成时间为当天晚上8:30之前；教师批改后，有错误的学生需要完成订正。 (2) 实践作业：利用周末时间，找到身边常见的小孔成像现象，拍照上传，教师点评后无须订正
2. 个性化辅导与答疑	通过作业批阅和报告反馈，了解班级错误率较高的知识点和相关知识点存在问题的学生，推送该知识点讲解微课或试题讲评微课，并在批改订正界面推送给有错误的学生
课后：多元化学习评价	
1. 课堂评价	利用畅言智课点赞功能，对课堂中发言踊跃、活动积极、回答正确的个人或小组点赞，并灵活运用教师评价、学生评价等多种评价方式
2. 作业评价	利用作业中心教师批阅功能，评选优秀学生作业，并对进步学生和待进步学生进行语音或文字评价
课后：全景化教学反思	
1. 目标预设精准度	教学目标设置符合新课标相关要求，充分体现了学科基本素养，涵盖了不同层次学生的最近发展区需求
2. 难点预设准确度	难点预设结合教师多年经验，参考预习学习单报告反馈，基本和学生实际相符合
3. 资源采编合理度	本节课预习资源符合学生基本需求，课上资源符合学生认知规律，课后资源符合学生个性特点，所有资源的开发和应用，既充分发挥了智慧教育信息化辅助教学功能，又充分考虑了学生的基础学情，资源利用相对合理
4. 互动与目标匹配度	所有互动设置均与目标要求相匹配，能有效提高学生的学习参与率，有助于提高学生学习兴趣和达成教学目标
5. 数据回收利用度	通过课前测数据指导难点突破、通过课上练数据指导作业布置、通过课后作业数据指导再复习，基本形成了数据采集—分析—利用—再采集的循环应用闭环
6. 作业布置适切度	作业布置参考课堂数据报告，体现个性化差异，实施分层布置策略，辅以针对性批改和评价、辅导，既符合减负要求，又满足各层次学生提升需求
7. 本节设计改进处	本节教学小组活动设计较多，造成动手实验时间不足，学生未能充分进行实验探究，应进一步优化设计，提高效率

附件 12　智慧课堂物理学科课专题课课例设计

<table>
<tr><td>学校名称</td><td>沈阳市尚品东越学校</td><td>授课年级</td><td>八年级</td><td>授课教师:赵莹</td></tr>
<tr><td colspan="5">课例基本信息</td></tr>
<tr><td>教材版本</td><td colspan="4">人民教育出版社</td></tr>
<tr><td>章节名称</td><td colspan="4">第四章　光现象</td></tr>
<tr><td>课时名称</td><td colspan="4">光学作图专题</td></tr>
<tr><td colspan="5">基于学习报告的学情分析</td></tr>
<tr><td>1. 知识点掌握情况分析</td><td colspan="4">通过本阶段历次学习报告和教师数据资产平台中学情总览(畅言智课)的统计数据得知,8 年级 2 班的第四章知识点整体掌握程度为 83.2%,需加强光的反射、光的折射规律及光学作图能力</td></tr>
<tr><td>2. 单元成绩分布分析</td><td colspan="4">根据作业报告数据得知,15 人达到合格以上水平,17 人还未合格,虽然知识点掌握情况较好,但是作图正确率并不高,需重点关注未合格学生,找出原因,帮助其解决困难</td></tr>
<tr><td>3. 作业完成及提交情况分析</td><td colspan="4">每次作业提交率均为 90%以上,得分率在 76.9%以上,平均时长低于 10 分钟,但订正率较差,需关注学生二次订正完成情况</td></tr>
<tr><td>4. 学生学习态度分析</td><td colspan="4">通过教师数据资产平台中的学生对比分析数据得知,班级大部分学生在互动参与率、资源查看、作业提交率和得分率方面均超过年级平均水平,大多数学生自主学习较差,应引导学生多开展自主学习</td></tr>
<tr><td colspan="5">课前:精准化教学预设</td></tr>
<tr><td colspan="5">(一) 教学目标预设</td></tr>
<tr><td>1. 课标单元要求原文</td><td colspan="4">通过本专题的学习,能够掌握光的反射、光的折射光路图,更好地理解光的反射定律和光的折射定律</td></tr>
<tr><td>2. 课标课时要求原文</td><td colspan="4">(1) 通过实验,探究并了解光的反射定律,探究并了解光的折射现象及其特点。
(2) 通过实验,探究平面镜成像时像与物的关系,知道平面镜成像的特点及应用。
(3) 通过实验,了解白光的组成和不同色光混合的现象</td></tr>
<tr><td>3. 教学重点及难点</td><td colspan="4">平面镜成像的原理图</td></tr>
<tr><td>4. 基础性教学目标</td><td colspan="4">通过复习,学生对本专题的三类光路图能够熟练地掌握,并能灵活运用。结合学生实际,把学过的知识应用到情境中,通过专题课能够做到扬长补短,同时弥补教师在教学中的不足</td></tr>
<tr><td>5. 拓展性教学目标</td><td colspan="4">通过复习,学生在系统掌握知识以外,能深入思考,提高分析和解决问题的能力,进一步培养学生的自学能力和独立思考能力</td></tr>
<tr><td colspan="5">(二) 教学资源预设</td></tr>
<tr><td colspan="5">视频资源:薄弱知识点精讲微课;
试题资源:薄弱知识点专项练习题(智学网精准教学模块薄弱点专练手动选题);本章所涉中考真题训练(智学网选题组卷模块知识点/同步组卷选取合适的历年真题);
其他资源:电子教材(畅言智课自带)、PPT 复习课件(自制)</td></tr>
</table>

续表

<table>
<tr><td colspan="5">（三）教学策略预设</td></tr>
<tr><td colspan="5">(1) 课前：通过专项练习弥补知识不足，夯实基础，提升学生自学能力和独立思考能力，教师根据反馈报告设置学生分层。
(2) 课中：通过梳理本章有关光的典型例题，通过分组讨论、合作学习等活动完成，提高学生作图能力。
(3) 课后：通过共性作业实现全体学生的知识巩固，通过布置个性化作业使本专题掌握不同程度的学生均能达到针对性提升。</td></tr>
<tr><td colspan="5">课中：智能化课堂实施</td></tr>
<tr><td>教学环节</td><td>问题设置</td><td>学生任务</td><td>资源及手段利用</td><td>对应教学目标及作用</td></tr>
<tr><td>系统梳理、架构知识网络</td><td>请同学谈一谈对本章知识点存在哪些困惑？（针对预习报告不合格学生提问）</td><td>学生独立思考并回答问题</td><td>利用薄弱知识点精讲微课视频和专项练习题布置预习作业并查看作业报告，了解还未掌握学生情况，利用畅言智课分层选人功能（提前根据预习报告设置学生分层）</td><td>弥补不足，夯实基础，达成基础性目标</td></tr>
<tr><td>精讲精练、突破重点难点</td><td>精讲例题，重点练习，有错误，通过分组讨论，小组之间纠正问题</td><td>学生通过分组讨论、合作学习完成例题学习</td><td>利用畅言智课全班作答，了解学生掌握情况，通过小组加分的形式，激励学生互相帮助完成例题学习</td><td>培养学生自学能力和独立思考能力</td></tr>
<tr><td>分层达标、实现拓展提升</td><td>举一反三，拓展练习</td><td>认真练习，查缺补漏</td><td>利用随机选人、分层选人上黑板前作图</td><td>提高学生分析和解决问题的能力，达成拓展性目标</td></tr>
<tr><td colspan="5">课后：个性化作业辅导</td></tr>
<tr><td>1. 个性化布置与批改</td><td colspan="4">(1) 共性作业：在资源库中选取有关本专题的知识点习题，教师批改后，有错误的学生需要完成订正，实现全体学生的知识巩固。
(2) 个性化作业：根据课堂反馈报告，针对知识点掌握相对较差的学生，通过薄弱知识点精讲微课弥补不足，对于掌握较好的学生选择简单的光学作图单独布置练习作业，设置完成时间为 5 分钟；教师批改后，学生需完成错误订正，通过分层布置个性化作业使本课知识点掌握不同程度的学生均能得到针对性提升</td></tr>
<tr><td>2. 个性化辅导与答疑</td><td colspan="4">在作业批阅过程中，可以针对学生的个性问题进行语音讲解，并在批改订正界面推送给有错误的学生</td></tr>
<tr><td colspan="5">课后：多元化学习评价</td></tr>
<tr><td>1. 课堂评价</td><td colspan="4">利用畅言智课点赞功能，对课堂中发言踊跃、活动积极、回答正确的个人或小组点赞，并灵活运用教师评价、小组评价等多种评价方式</td></tr>
</table>

续表

2. 作业评价	利用作业中心教师批阅功能，评选优秀学生作业，并对进步学生和待进步学生进行语音或文字评价
3. 单元评价	根据相关报告情况对学生阶段学习出现的问题进行总结，出现的亮点进行鼓励；利用畅言智课光荣榜功能，对本阶段积分较高学生给予适当表彰；根据教师数据资产平台中的学生对比分析数据，对各方面表现突出的学生公开表扬
课后：全景化教学反思	
1. 目标预设精准度	教学目标设置符合新课标相关要求，充分体现了学科基本素养，涵盖了不同层次学生的最近发展区需求
2. 难点预设准确度	难点预设结合课表要求和学情，参考预习学习单报告反馈，基本和学生实际相符合
3. 资源采编合理度	资源利用相对合理，既充分发挥智慧课堂的信息化辅助教学功能，又符合学生的认知规律和学情特点
4. 互动与目标匹配度	所有互动设置均与目标要求相匹配，能有效提高学生的学习参与率，有助于提高学生学习兴趣和达成教学目标
5. 数据回收利用度	通过课前测数据指导难点突破、通过课上练数据指导作业布置、通过课后作业数据指导再复习，基本形成了数据采集—分析—利用—再采集的循环应用闭环
6. 作业布置适切度	作业布置参考课堂数据报告，既考虑全体，又体现个性化差异，辅以针对性批改和评价、辅导，既符合减负要求，又满足各层次学生提升需求
7. 本节设计改进处	全班作答作图批改，教师一个人批改较慢，可以学生互相批改上传，教师检查，既锻炼了学生，也节省时间。另外可以尝试利用 PK 作答，提高学生积极性